中信改革发展研究基金会·中国道路丛书·企业史

海信史
(2003—2019)

迟宇宙◎著

中信出版集团｜北京

图书在版编目（CIP）数据

海信史：2003—2019 / 迟宇宙著. -- 北京：中信出版社，2020.5
ISBN 978-7-5217-1105-9

Ⅰ.①海… Ⅱ.①迟… Ⅲ.①电气工业－工业企业－经济史－青岛 Ⅳ.①F426.6

中国版本图书馆CIP数据核字(2019)第207393号

海信史（2003—2019）

著　者：迟宇宙
出版发行：中信出版集团股份有限公司
　　　　　（北京市朝阳区惠新东街甲4号富盛大厦2座　邮编　100029）
承　印者：北京楠萍印刷有限公司

开　本：787mm×1092mm　1/16　　印　张：20.5　　字　数：280千字
版　次：2020年5月第1版　　　　　印　次：2020年5月第1次印刷
广告经营许可证：京朝工商广字第8087号
书　号：ISBN 978-7-5217-1105-9
定　价：63.00元

版权所有·侵权必究
如有印刷、装订问题，本公司负责调换。
服务热线：400-600-8099
投稿邮箱：author@citicpub.com

"中国道路"丛书学术委员会

学术委员会主任：孔 丹
委　　员（按姓氏笔画排序）：

丁　耘　马　戎　王小强　王绍光　王海运　王维佳
王湘穗　方流芳　尹韵公　甘　阳　卢周来　史正富
冯　象　吕新雨　乔　良　向松祚　刘　仰　刘小枫
刘纪鹏　刘瑞生　玛　雅　苏　力　李　玲　李　彬
李希光　李若谷　杨凯生　杨松林　何　新　汪　晖
张　宇　张文木　张宇燕　张维为　陈　平　陈春声
武　力　罗　援　季　红　金一南　周和平　周建明
房　宁　赵汀阳　赵晓力　祝东力　贺雪峰　聂庆平
高　梁　黄　平　黄纪苏　曹　彤　曹和平　曹锦清
崔之元　梁　晓　彭光谦　韩毓海　程曼丽　温铁军
强世功　蒲　坚　熊　蕾　潘　维　霍学文　戴锦华

编 委 会

主　　任：孔　丹
执行主任：季　红

"中国道路"丛书总序言

中华人民共和国成立60多年以来，中国一直在探索自己的发展道路，特别是在改革开放30多年的实践中，努力寻求既发挥市场活力，又充分发挥社会主义优势的发展道路。

改革开放推动了中国的崛起。怎样将中国的发展经验进行系统梳理，构建中国特色的社会主义发展理论体系，让世界理解中国的发展模式？怎样正确总结改革与转型中的经验和教训？怎样正确判断和应对当代世界的诸多问题和未来的挑战，实现中华民族的伟大复兴？这都是对中国理论界的重大挑战。

为此，我们关注并支持有关中国发展道路的学术中一些有价值的前瞻性研究，并邀集各领域的专家学者，深入研究中国发展与改革中的重大问题。我们将组织编辑和出版反映与中国道路研究有关的成果，用中国理论阐释中国实践的系列丛书。

"中国道路"丛书的定位是：致力于推动中国特色社会主义道路、制度、模式的研究和理论创新，以此凝聚社会共识，弘扬社会主义核心价值观，促进立足中国实践、通达历史与现实、具有全球视野的中国学派的形成；鼓励和支持跨学科的研究和交流，加大对中国学者原创性理论的推动和传播。

"中国道路"丛书的宗旨是：坚持实事求是，践行中国道路，发展中国学派。

始终如一地坚持实事求是的认识论和方法论。总结中国经验、探讨中国模式，应注重从中国现实而不是从教条出发。正确认识中国的国情，正确认识中国的发展方向，都离不开实事求是的认识论和方法论。一切从实际出发，以实践作为检验真理的标准，通过实践推动认识的发展，这是中国共产党的世纪奋斗历程中反复证明了的正确认识路线。违背它就会受挫失败，遵循它就能攻坚克难。

毛泽东、邓小平是中国道路的探索者和中国学派的开创者，他们的理论创新始终立足于中国的实际，同时因应世界的变化。理论是行动的指南，他们从来不生搬硬套经典理论，而是在中国建设和改革的实践中丰富和发展社会主义理论。我们要继承和发扬这种精神，摒弃无所作为的思想，拒绝照抄照搬的教条主义，只有实践才是真知的源头。"中国道路"丛书将更加注重理论的实践性品格，体现理论与实际紧密结合的鲜明特点。

坚定不移地践行中国道路，也就是在中国共产党领导下的中国特色社会主义道路。我们在经济高速增长的同时，也遇到了来自各方面的理论挑战，例如将改革开放前后两个历史时期彼此割裂和截然对立的评价；例如极力推行西方所谓"普世价值"和新自由主义经济理论等错误思潮。道路问题是大是大非问题，我们的改革目标和道路是高度一致的，因而，要始终坚持正确的改革方向。历史和现实都告诉我们，只有社会主义才能救中国，只有社会主义才能发展中国。在百年兴衰、大国博弈的历史背景下，中国从积贫积弱的状态中奋然崛起，成为世界上举足轻重的大国，成就斐然，道路独特。既不走封闭僵化的老路，也不走改旗易帜的邪路，一定要走中国特色的社会主义正路，这是我们唯一正确的选择。

推动社会科学各领域中国学派的建立，应该成为致力于中国道路探讨的有识之士的宏大追求。正确认识历史，正确认识现实，积极促进中国学者原创性理论的研究，那些对西方理论和价值观原教旨式的顶礼膜拜的学风，应当受到鄙夷。古今中外的所有优秀文明成果，我们都应该兼收并蓄，但绝不可泥古不化、泥洋不化，而要在中国道路的实践中融会贯通。以实践创新推动理论创新，以理论创新引导实践创新，从内容到形式，从理论架构到话语体系，一以贯之地奉行这种学术新风。我们相信，通过艰苦探索、努力创新得来的丰硕成果，将会在世界话语体系的竞争中造就立足本土的中国学派。

"中国道路"丛书具有跨学科及综合性强的特点，内容覆盖面较宽，开放性、系统性、包容性较强。其分为学术、智库、纪实专访、实务、译丛等类型，每种类型又涵盖不同类别，例如在学术类中就涵盖文学、历史学、哲学、经济学、政治学、社会学、法学、战略学、传播学等领域。

这是一项需要进行长期努力的理论基础建设工作，这又是一项极其艰巨的系统工程。基础理论建设严重滞后，学术界理论创新观念不足等现状是制约因素之一。然而，当下中国的舆论场，存在思想乱象、理论乱象、舆论乱象，流行着种种不利于社会主义现代化事业和安定团结的错误思潮，迫切需要正面发声。

经过60多年的社会主义道路奠基和30多年的改革开放，我们积累了丰富的实践经验，迫切需要形成中国本土的理论创新和中国话语体系创新，这是树立道路自信、理论自信、制度自信、文化自信，在国际上争取话语权所必须面对的挑战。我们将与了解中国国情，认同中国改革开放发展道路，有担当精神的中国学派，共同推动这项富有战略意义的出版工程。

中信集团在中国改革开放和现代化建设中曾经发挥了独特的作用，它不仅勇于承担大型国有企业经济责任和社会责任，同时也勇于承担政治责任。它不仅是改革开放的先行者，同时也是中国道路的践行者。中信将以历史担当的使命感，来持续推动中国道路出版工程。

2014年8月，中信集团成立了中信改革发展研究基金会，构建平台，凝聚力量，致力于推动中国改革发展问题的研究，并携手中信出版社共同进行"中国道路"丛书的顶层设计。

"中国道路"丛书的学术委员会和编辑委员会，由多学科多领域的专家组成。我们将进行长期的、系统性的工作，努力使"中国道路"丛书成为中国理论创新的孵化器，中国学派的探讨与交流平台，研究问题、建言献策的智库，传播思想、凝聚人心的讲坛。

2015年10月25日

目录

绪论　从江西路到莫斯科 1

第一章　蜕变（1999—2009） 37
　　一颗芯片的诞生 / 39
　　拯救科龙 / 66
　　它不是模组，它是命运 / 96
　　海信人物画像之费立成："重要的是开始了就不要停下" / 102

第二章　冲刺（2009—2016） 109
　　激光突围 / 111
　　你好，互联网风暴 / 138
　　巨变前夜电视产业的抉择 / 160
　　另一个海信 / 170
　　Hi，Hisense / 192
　　海信人物画像：2000年的于淑珉 / 208

第三章 未来已来（2016年至今） 223

壮志凌云 / 225

海信的决赛 / 228

重构线下 / 236

大交易日 / 243

第四章 成为海信 267

海信何以成为海信？ / 269

那所大学 / 299

结论 "无人区"中的赶路人 307

附录 50，海信仍少年 313

绪论　从江西路到莫斯科

很多人无法理解，青岛市江西路11号的一个小电视机厂，在这50年里是如何成为显示领域的最知名的国际品牌之一的？海信的基因是什么？是什么推动了海信不断出海？海信的未来在哪儿？

某种程度上，海信就是中国的缩影。

绪论 从江西路到莫斯科

中国漫长的海岸线上，有一座山叫崂山。它之所以闻名，大半缘于"崂山道士"的传说。崂山诚然是道教圣地，曾留下了丘处机等人的足迹，但崂山的身份不只如此。在中国漫长的海岸线上，它是巅峰。

崂山的最高峰崂顶，海拔 1132.7 米，是中国海岸线上的最高峰，因此，崂山的"海上第一名山"之称，可谓实至名归。

站在崂顶，人们可以俯瞰整个青岛城，可以看到山泉向下流淌，越过层层云际、村庄和城市，越过海湾与岛礁，直至黄海深处。

这是一个隐喻或象征。在崂山身侧的这座城市中，有一家似乎不那么星光熠熠的公司，十数年来，竟然始终身居产业巅峰。它所俯瞰之处不只是电视机产业，在画质芯片、医疗显示、智慧交通、光通信……在很多人们所不熟知的领域，它几乎都以"霸主"的身份隐匿着。

人们认识海信，是从电视机开始的。1989 年，四川长虹发动了第一次价格战，拉开了中国家电业价格战的序幕。这次价格战让长虹尝到了甜头，它坐上了电视机行业的"头把交椅"。1996 年，长虹故技重施，再次发动价格战。这是最惨烈的一次价格战，海信元老王希安曾说，战事结束后，全国电视品牌中，不算长江边上的长虹，长江以北的老牌子除了海信几乎都没有了，长江以南的康佳、TCL 等基本上都是 90 年代新崛起的品牌。

倪润峰在 1996 年 3 月 26 日发动的那一轮价格战，改变了中国的电视版图，也改变了海信。许多品牌因为跟随长虹的降价策略而从版图中消失，一位叫王秀的记者在《六问海信》中曾经写道：

> 西湖老总陈焕新不断地摇头叹息：没有像彩电行业这样的，一见面就打。该出手时出手，不该出手时也得出手。康佳北京分公司经理甚至很羡慕处于竞争下游的彩管厂，虽然彩电一降价它们就得"伤风感冒"，但是形成气候的八大管子厂说联合就联合，不管你是说它垄断也好，操纵也好，反正它们能够坐下来谈。彩电企业绝无可能。

1996年，熊猫老总陈祥兴曾满腔愤怒地说："降价也不向同行打个招呼，哪儿还有社会主义企业的人情味呀！"

市场从来就不相信眼泪，也不相信脆弱的情谊与"人情味"。市场相信的是实力，以及人们在关键时刻做出的选择。

倪润峰在1996年说长虹的降价是"为了振兴民族彩电工业"，周厚健却看得清清楚楚："长虹真厉害，甩货压库存也有这么好的说法。"

1996年7月12日，周厚健在人民大会堂高声宣布：海信不参与价格竞争，要以"高科技、高质量、高水平服务，创国际名牌"的发展战略对抗长虹的降价。在那天的新闻发布会上，周厚健用透明机箱展示了海信电视机芯比其他品牌同型号彩电多出12个零部件。他说："海信产品不降价。我们已经做到了质价相符，也就没有必要降价。"

在某种程度上，那场价格战是海信的"成人礼"。从那连番的鏖战中幸存下来后，海信开始大踏步前行。它就像是一位经过了硝烟洗礼的士兵，摆脱了慌张与恐惧，成为真正的战士。

在海信集团官网，有关海信的介绍如下：

海信集团成立于1969年。

海信坚持"诚实正直、务实创新、用户至上、永续经营"的核心价值观和"技术立企、稳健经营"的发展战略，以优化产业结构为基础、技术创新为动力、资本运营为杠杆，持续健康发展。

海信拥有海信视像和海信家电两家上市公司，海信、科龙、容声、Gorenje[①]、东芝电视等多个品牌，已形成了以数字多媒体技术、智能信息系统技术、现代通信技术、绿色节能制冷技术、城市智能交通技术、光通信技术、医疗电子技术、激光显示技术为支撑，涵盖多媒体、家电、IT（信息技术）智能信息系统和现代地产的产业格局。

海信总部全景

---

① Gorenje 曾为斯洛文尼亚白电品牌，后被海信收购。

海信诞生于1969年9月，一个动荡时代的秋天。

那年秋天，青岛市革命委员会决定，将青岛市革命职工造反总司令部所属的"国营青岛五七工厂"更名为"国营青岛无线电二厂"，作为收音机专业厂。第二年的2月24日，更名的正式文件下发，国营青岛无线电二厂算是诞生了。

海信档案中保留的记录如下：

> "文化大革命"中，青岛市革命职工造反总司令部成立了五七干部工厂，生产工人来源于市总工会那些靠边站的干部，他们到此进行劳动改造，共二十余名……青岛市革委"九一五"会议决定，将革工总司五七干部工厂改名为国营青岛无线电二厂，十二月份，无线电仪表局派邓怡津同志执掌党政财文大权，时有职工三十余人。

1969年海信诞生于青岛市无线电二厂

整个国营青岛无线电二厂的结构是这样的：

负责干部：徐宝山、李茂田、孙居轩。

使用资金：历年来市总工会结存的工会会费。

产品：五七牌五管一波段半导体收音机。

设备：几台无线电仪器仪表，一台18吨冲床，一台C16车床，木工轮子锯、电刨子各一台。

生产组织：机加工组、整机组、油工组、木工组、后勤组（下设元件库一处）。

厂址：广西路24号甲，原总工会办公大楼，建筑面积三千多平方米，生产实用面积二百多平方米。

没有任何迹象显示，这是未来的中国家电业霸主，并能够对整个世界的电子产业产生冲击。那个年代的人们穷极想象，也无法描绘出一个如此波澜壮阔的未来。

然而，历史最终还是选择了海信。在那条通往未来的道路上，在剧烈的动荡与变幻中，命运钦点了一个叫周厚健的年轻人。

1979年，"国营青岛无线电二厂"更名为"青岛电视机总厂"。那一年是海信成立10周年。在此之前，"青岛无线电二厂花了整整8年的时间，电视机的年产量才达到2500台"。

一年前的世界杯决赛，海信的一位老工程师钱钟毓是在一台9英寸黑白电视机前看完的，他说："人就跟个火柴一样，根本看不清……"

事实上，1979年对于海信的最大意义，就如同这一年对整个国家的最大意义一样，都经历了重大变革。"在北京的寒风中，中共十一届三中全会的召开，使改革开放成为一种可能。一个经济封闭的时代终于宣告结束，当然，中国选择了渐进式改革，将逐步过渡到市场经济。"

1982年夏天，一位叫周厚健的大学生来到了青岛电视机总厂。他毕业于山东大学电子系。对于前途，他并未有太多的奢望，只是想回到青岛，陪伴他的父亲。多年后，当命运把他推上中国家电业的风口浪尖时，他忍不住感慨造化弄人。

周厚健的到来，在青岛电视机总厂并未引发震动。他不是什么大人物，虽然是个大学生，而且毕业于著名的山东大学，但那时候电视机总厂的大学生虽然算不上多，却也有十来个。而且，他看起来憨厚得很，既不太爱讲话，又不大喜欢凑热闹，只是闷在一堆电路中，不停地发呆。

如果不是命运特别地垂青，到他年老的时候，他或许会成为一位著名的电器工程师，与其他工程师一样，过着在别人眼中单调、枯燥却自得其乐的日子。

然而，时间毕竟改变了一切。

周厚健后来回忆，当他决定回到青岛的时候，他的一位老师因其未选择留校而大发雷霆。这位老师觉得周厚健留在山东大学更能发挥才能，到工厂是一种浪费。他感慨地说，那时候的老师把学生当作自己的孩子，"你想想你对待自己的孩子，能做到什么程度啊！"

"对我一生影响最大的是在山大读书的4年！山大不仅在学识上培育了我，在作风、做人上也给了我很深刻的教育，这些教育对我一生具有决定性的影响。"有一次周厚健回忆自己的成长经历时说。的确，恢复高考之后10年里，人们渴望知识，尽管其间也流行过"读书无用论"。一大批当年下乡的"知识青年"因为恢复高考而改变了命运，他们有一种对命运感恩的心情。

对山大的怀念持续了好多年，这种感情又往往具体为对某位、某些老师的怀念。

"在那个时候，我们的老师境界非常高，更重要的是，他们注意传输给我们如何做人的高尚的东西。老师处处为学生考虑，对学生一生的前途很关心。我和老师的感情深到什么程度呢？不亚于我和父母之间的感情。当时我们在学校的时候，应该讲我读书是比较努力的。我的班主任宫立昌老师看到这一点，就经常帮我规划我的人生。从大二下学期开始，老师就和我探讨今后应该干什么，告诉我应该侧重于读什么书。毕业之前，老师又和我谈，说我的短处是什么，我的长处是什么，到了社会后我应该多做哪一方面的工作，尽量避免做哪一方面的工作等。老师能够对学生负责到毕业以后，甚至他一生的道路，这确实是我们老师高尚。"

然而，老师的告诫最终没有改变周厚健的人生，他还记得大学毕业时，老师告诉他有两件事情毕业之后要注意：第一，多学点历史；第二，不要做与人打交道的工作。因为他的老师已经从4年的大学生活中看出周厚健不擅处理人际关系。的确，他的缺陷太明显了，脾气大、性子急，心中压抑不住怒火和隐藏不了秘密……

命运不给任何人后悔的机会，周厚健也丝毫没有后悔自己的选择。他不喜欢仕途生活，耿直会使他充满挫败感；他也不喜欢书斋里的生活，毫无挑战的生活会让他度日如年。工厂是个好去处，他可以埋首于元器件与电路当中，有机会去搞技术，也有机会去改变人们的未来。

1984年，海信引进了日本的彩色电视机生产线。当时成立的彩电引进领导小组，组长是李德珍，副组长是王希安，小组中还有一个叫夏晓东的年轻人。这些人，后来都在周厚健的生命中留下了深深的印记。

李德珍那时候是副厂长，后来成了厂长；她调任后，周厚健出任青岛电视机厂厂长，开始设计海信的未来。王希安与夏晓东后来都成为周厚健最重要的搭档与伙伴，他们一个担任了副董事长，一个担任了副总裁。

1984年引进彩电生产线，使海信第一次有机会进入现代家电企业的序列。青岛电视机总厂在引进当年就完成了4057.5万元的工业总产值，生产了10万台电视机（其中包括93 041台黑白电视机），完成了3748万元的销售收入，实现了700.15万元的利税，主要经济指标跃居山东电子行业和全国电视行业的第一位。"青岛牌"彩电一举成为全国的知名品牌。

4年后，李德珍在1988年3月14日的《大众日报》回忆1984年说："我厂在引进彩电生产线上乘了末班车，迟了五六年。只是由于引进的起点高，消化吸收的高速度、高质量，才追回了失去的时间。"

1985年2月12日，青岛市经济委员会的一纸批文，撤销了"青岛电视机总厂"，取而代之的是"青岛电视机厂"，其后不久李德珍担任了厂长。

李德珍带领青岛电视机厂创造了计划经济年代的奇迹，她拔擢了对技术痴迷的周厚健。1989年，周厚健进入青岛电视机厂核心管理层。

接下来的两年属于周厚健，他先是在1990年4月10日担任副厂长，10月24日又成为党委委员。1990年10月19日，李德珍被任命为青岛市电子仪表工业总公司党委书记、总经理兼任青岛电视机厂厂长、党委书记后，搬到了电子仪表工业总公司办公，周厚健开始代理她的职权。

权力容易使人自我膨胀，但周厚健却表现得异常稳重。他谨慎地观察着江西路11号发生的变化，艰难地维持着整个工厂的运营。他还太年轻，在一个讲究资历和辈分的时代，年轻往往意味着缺乏根基。他清楚这一点，有一次，他对一些中层干部谦虚地表现出了合作的愿望，好在那些人还买他的账，于是一切都顺利地进行着。

1990年，这个名不见经传的新手只有33岁，他同雷厉风行并擅长演讲的李德珍性情不同。周厚健一如他的名字，厚道、稳健，不善言辞，除了年轻、喜欢冲刺的感觉外，那时候的他并没有什么过人之处。

李德珍选择了他，很多人不理解。有人问："小周很听话？"李德珍后来说："周总才不听话呢！"她以时代标准判断周厚健是一个合适的人选：学电子，技术出身，政治素养不错……

江西路11号的人们既惊愕又高兴地注视着这一切变动，但对即将发生的权力转移还有一些疑虑。周厚健的对手有很多，刘国栋无论资历和年纪都较他为长，而且有管理上的经验；还有徐东立，他是三朝元老，在接管无线电厂时又受命于危难之际；还有同样是副厂长的刘志学、主持分厂工作的马明太、分管生产的厂长助理滕安生……

人们耐心地等待，私底下悄悄地议论谁将成为李德珍的继任者。他们以好奇的眼光看谁将被铜墙铁壁撞得头破血流，谁又会公开、谦逊地感谢江西路11号的所有人。

周厚健一刻也不愿放慢事物发展的节奏，他尊重他的竞争对手，并努力展示自己的实力，及时察觉和领悟正在发生的变化。他和刘国栋两股力量出人意料地结合在了一起，从表面上看，他们两人迥然不同，但他们对于青岛电视机厂在经济疲软的困境中如何发展进步、如何重建一个新的江西路11号却有着足够的默契。而且，他们都是技术员出身，都喜欢电路和元器件。

李德珍在1991年底离开了江西路11号，调任前她找周厚健谈话。她说："我要调走，你来干比较合适……"她离开的时候说出了自己的心愿，希望自己的继任者能够带领企业在世界地图上点一个点。

在李德珍离开后的1992年，我国正式确立了建立社会主义市场经济体制的改革目标，周厚健在青岛电视机厂经历了10年的体制转型之后，终于踏上了可以大干一场的道路。

《海信史》中是这么描述的：

每当周厚健想起1992年，他就感到了压力。在1992年，命运给予他创造奇迹的机遇，而他也毫不犹豫地接受了。他从那年1月23日开始担任青岛电视机厂厂长，青岛市经济委员会标号"青经任〔1992〕1号"的文件使他名正言顺地开始领导这家日后将掀动风云的企业。

时间像流水一样慢慢流逝，十年过去了。在这个风云际会的城市里，十年的时间足够漫长，却又仿佛只是弹指一挥间。一些企业倒闭了，还有一些被兼并。人们来来往往，生老病死，推土机和搅拌机忙忙碌碌，企业吐故纳新。城市慢慢长大的时候，海信和海尔、澳柯玛也一起逐渐成为这个城市的主角。

那一年，周厚健35岁。他1957年8月出生于烟台牟平一个工商业主家庭，他的祖父和父亲都是"资本家"。在他出生前10年，也就是1947年，周家还是当地极为显赫的家族。那时候中国处于战乱中，而他的父亲却极其豁达地看这世道，22岁发迹之后，不买房、不买地，而是用赚到的钱投资办企业。两年后，新中国诞生了，紧接着便是朝鲜战争。很多工商业主为战争捐款，他的父亲一下子便捐出了160亿元（相当于今天的160万元），这在现在也是一笔很大的数目。

少年周厚健成长过程中背负"资本家"出身的精神包袱，很少活动。当街上人流稀少，大多数人进入梦乡的时候，他开始憧憬一种和平、平等的生活。

多年后，周厚健变成了中国赫赫有名的企业家。他回忆往事说："我认为祖父和父亲都是有头脑的人、有境界的人。在我幼小的心灵里，'资本家'是个政治概念，没有对我造成一点恐惧感。"

等到周厚健看清自己的性格时，他对其解释为"人事上刻薄，人情上豁达"。有一次，海信一位很认真的干部在工作中导致公司损失了几百万，他很坚决地把他开除了，4年后周厚健又把他请了回来，"因为他犯的错误不是人品问题，而是工作失误"。但一位以每台价格比同类产品高出20元进了一批变压器的干部却没有这么幸运，周厚健说，"这显然是人品问题，我坚决把他开除了。"

1976年，周厚健去青岛崂山插队，第二年就返城，接替父亲进了工厂当车工。一年后，正是恢复高考的好时机，21岁的他报考山东大学电子系。他考得不错，青岛市数理化成绩第一、总分第三。他被录取了，并且在4年后带着对青岛的怀念，进入青岛市电视机总厂工作。

关于他为什么回青岛，众说纷纭，其中一种说法是他是个孝顺的人，为了照顾身在青岛的父亲而再次回到这个风云际会的城市——父亲身体不好，希望他回青岛工作，他便回去了。

1982年毕业的时候，周厚健带着一种特别的爱好离开了济南——他爱做高考数学题，这种爱好并未因学生时代的结束而宣告终结，相反却更加顽固地盘踞在他生活中。在参加高考之前，他做完了新中国成立以来所有的高考试题；即使读了大学，他每年依旧做高考题，一直做到1987年。他的理由是"检验一下自己的能力退化了没有，并提醒自己要不断地努力学习"。

从济南回到青岛，从浪漫主义的象牙塔跌落到艰难的尘世中，周厚健便被命运安排进入一个风云际会的行业成为弄潮儿。

在周厚健接任李德珍之前，有人曾问李德珍："如果你不干厂长了，你认为谁能接替你的位置？"她列举了王希安、刘国栋、夏晓东等人的长处，然后重点介绍了周厚健。她认为，周厚健年轻而有魄力，虽然没有直接表态，但她已将周厚健钦定为"接班人"。

1991年12月17日，时任青岛市市长和周厚健谈话时说："在新厂长任命文件下来前，厂里工作暂由你主持。"

1991年12月23日这一天，周厚健和李德珍习惯性地握手，说了一些送别的话。多年后，周厚健依然清晰地记得李德珍那天的最后一句话——

"在世界地图上点一个点，这个愿望我没有实现，愿你们在开拓国际市场方面做出努力，在世界地图上点一个又一个点。"

送别时的这一句话，决定了海信日后的国际化路线。而在当日，李德珍女士的满腹遗憾，到了今天终于变成了欣慰——她的继任者果然"在世界地图上点了一个又一个点"。

1992年，周厚健被任命为青岛电视机厂厂长。上任伊始，他便进行了大刀阔斧的改革，降成本、裁冗员。改革的结果是，成本降下来了，但营业额也跟着下降了。那一年电视行业的大环境实在糟糕，很多人只关心数字，却不关心数字背后的逻辑。

关于周厚健将离开江西路11号的传言持续了一整个冬天，冬天过去，一位叫孙即清的老员工说："随后，1993年，日子好过了……"

事实上，海信在1994年才真正成为海信。1994年8月29日，青岛电视机厂完成使命"退休"，海信电器公司和以它为核心的海信集团同时宣告成立。

在北京人民大会堂，在"青岛电视机厂更名暨青岛海信集团公司成立大会"上，索尼、松下、三洋、东芝等企业及许多机构发来了2000多封贺电。

实际上，"青岛"更名"海信"，是一个被迫的选择。进入20世纪90年代，青岛电视机品牌形象迅速提升，然而按照《商标法》的规定，县团级以上行政区域名称不能作为商标使用。

一个大企业用了十几年的商标不能再用，长期积累的无形资产会不会将付诸东流？后来，国家商标局根据我国实际情况做了补充规定，原先已经长期使用地名作为商标的产品可以继续使用，而新上产品不允许再使用。

虽然名称可以不改了，但是这件事倒是提醒了企业，尽管电视可以继续使用原商标，但以后上别的产品就不能再用了，"青岛牌"反倒会束缚住企业的手脚。长痛不如短痛，为了企业的未来，周厚健痛下决心更改商号、商标。

1994年的这次更名，与其说是从工厂变成为公司，是一场从计划经济时代的工厂向现代企业的变革，不如说是一场观念的革命。也正是从那时候开始，这家偏居山东半岛一隅的电视机厂，开始了自己在中国地图、在世界地图上"点一个点"的长征。

此后的25年里，海信在世界地图上点了一个又一个点。

从1994年开始，海信在国内进行了一系列并购。1994年，海信并购了淄博电视机厂，以投资控股51%的方式，控制和支配了该厂全部的存量资产，一下子就净增了25万台电视机的产量规模，而投资只花了正常投资的10%~20%。1994年，淄博海信只用了一年便扭亏为盈，获利238万元，第二年利润便增至800万元。

在后来描述中，这一经典的案例，使1994年成为海信发展史上有特殊意义的年份，"海信就把眼光盯上了社会上极为丰富的存量资产和潜力无穷的资本市场。实施资产重组，强化资本经营，实现企业规模的低成本扩张，标志着海信经营战略的重大调整。"[1]

自1993年组建临沂海信涉足资本运营领域，到1996年，海信以短短几年时间实现极低成本的快速扩张，其净资产从不到1亿元增加至14亿元，拥有7个全资子公司、8个控股公司和若干参股公司。在未成长为跨国公司之时，

---

[1] 山东大学企业发展研究中心. 大跨越：中国企业发展探索与研究[M]. 济南：山东人民出版社，1999年12月.

先已成长为跨地区、跨行业的集团公司；"有质量、有品牌、无规模"的局面得以摆脱，抗风险能力亦得到提高。企业高速增长，未必全赖资本运营之功效，然而数字的提高有赖规模扩张则毋庸置疑。火箭式的蹿升，必然与资本运营不可分割。至1999年海信成立30周年，周厚健和他的海信团队用不超过3亿元的投资盘活了30亿元的国有存量资产。

多年后，不只媒体和学术界对海信资本运营的模式颇感兴趣，海信内部亦希望总结该模式，于是，便有了海信资本运营"八大模式"，分别是：投资控股、债权转股权、国有资产异地划拨、集团内企业相互持股、内部存量资产重整、非主业优良资产出售变现、海外融资和股份制改造。

1999年，海信成立30周年，内部刊物《聚焦海信》对海信的种种往事、现状进行了颇为深刻的总结和剖析，特别提到了上述"八大模式"，为我们揭示了"一个新国企的成长奥秘"。

海信以有形资产和无形资产，与合作方的存量资产重新组合，累计投入资本6500万元，其中，现金、设备等有形资产4800万元，技术等无形资产1700万元，先后于1994年、1997年成立了淄博海信、贵阳海信、辽宁海信3个青岛以外的彩电基地，净增单班90万台彩电生产能力，并形成了华北、东北、西南"三足鼎立"的市场战略体系。

将确已无法追回的债权与对方的存量资产合作，债权转为股权，输出技术、管理、品牌，将死债变成"下蛋的母鸡"。1993年和1995年先后建成临沂海信和肥城海信两个出口机生产基地，净增30万台的出口机生产能力。

依靠政府间的协调，异地划拨国有资产，1994年成立青州海信，形成地区间国有资产的优势互补。

集团内部企业相互持股，优势和资源互补，使资金与技术、行业经验、市场等优势资本融合，由此孵化出新的增长点。

将系统内部零散的无规模竞争能力的三产存量资产集中整合，进行统一管理、品牌激活等，使存量资产由量变到质变，形成海信有规模竞争能力的第三产业。

将与主业不相关的优良资产出售变现，实现非主业企业的自我发展的机制转换，实现其资本形态的转变和向主业的流动。

利用国际资本市场，拓展海外融资渠道，实行中外合资，大规模进军新产业。

充分利用股份制改造，建立支柱企业现代企业机制。通过开放资本市场为海信高科技产业发展源源不断募集资金。

依靠这"八大模式"，海信不断地在中国地图上点下一个又一个点。一个又一个点的背后，是海信对未来的布局。

海信系列产品

1994年，周厚健就开始谋划进入空调产业。1996年，海信率先引进日本的变频空调技术，并且在1997年下线了中国的第一台变频空调，从此海信开始进入白电产业。2002年，海信并购了北京的雪花冰箱厂，将业务拓展至冰箱领域。

周厚健的白电冒险并购，在2006年举国瞩目。那一年，海信成功并购了科龙。科龙是中国白电产业的巨头，在空调与冰箱市场上都像"巨人"一般地存在，然而顾雏军却将科龙带入歧途，不得已选择出售。

海信并购科龙的故事，曾经被描述为"蛇吞象"的故事，而海信整合科龙的故事，则被很多海信人描述为"血泪故事"。这种描述在外人看来过于夸张，但在海信内部却获得颇多认同。在并购完成后的几年里，科龙几乎是海信干部的"滑铁卢"，很多前程光明的干部被派往科龙，最终却带着失意与落寞回到青岛。

海信并购与整合科龙的故事，在顾雏军跌宕起伏的命运背后，在中国家电业波澜壮阔的发展历程中，成为一桩经典的并购案例。

那场并购使海信在黑电与白电两个领域同时赢得了全国性的影响力，而其建立世界性的影响力之路才刚刚开始。

从2004年开始，中怡康的统计数据显示，海信电视已经连续16年排名全国第一，其"霸主"地位已不可撼动。然而，人们对于海信电视却丝毫没有"霸主"的印象，在很多人的认知当中，低调的海信好像没有那么霸气。

在全球市场，海信的市场份额不断扩大，成功地在2015年跻身世界彩电三强，成为与三星、LG分庭抗礼的中国彩电企业。

与此同时，海信在全球的并购也在展开，夏普墨西哥工厂、东芝电视机业务、斯洛文尼亚白电制造商Gorenje……一个个曾经无比耀眼的名字被海信收入囊中。

2019年,在全球经济持续下行大环境之下,海信着眼全球竞争和企业长远发展,营业收入和利润逆势同比双增长,实现营业收入1268.6亿元,其中利润79.3亿元,同比增长24.17%。在海外收入大幅增长的情况下,海信海外品牌收入同比增长16.22%,利润总额同比增长54%,取得历史最好成绩。这也意味着,海信集团"大头在海外"的国际化战略在不断加速。

海信集团出海十余年来,海外收入年复合增长率超20%

1991年冬天,李德珍女士希望周厚健能够带领海信在世界地图上"点一个点",20多年过后,周厚健将密布"海信"的世界地图描成了图画。

海信的故事在某种程度上就是中国企业的故事，它的成长之路并非一帆风顺，而是被各种困难、挫折与失败推动着，砥砺前行。

2002年8月，海信以一场隆重的庆典，宣告海信的"三园一厦"落成，正在按照"3C"的步伐前进。所谓3C，就是计算机（Computer）、通信（Communication）、消费电子（Consumer Electronics）。这是一个充满想象力与美好预期的布局，它代表了海信的雄心，也代表了海信对未来的期许。

然而，理想很丰满，现实却很骨感。最早从3C布局中出局的是计算机业务。曾经异军突起的海信计算机最终变成了一个"鸡肋"，食之无味，弃之可惜。周厚健最终选择了放弃。

这是不得已的放弃。在那个年代，大部分做电视机的厂商都选择了做电脑，但没有一家获得成功，海信、TCL、长虹、海尔……在该领域失败的企业名单足以写满一整页纸。海信在计算机上的失败不是最惨烈的，TCL的失败才叫真正惨烈。TCL曾经从联想手中夺取了与英特尔合作的领先权，并且在央视做了铺天盖地的广告，然而昙花一现之后，一切都归于沉寂。

十几年来，手机业务一直被海信和周厚健寄予厚望。

《海信史》描述说：

> 日历掀到（2001年）11月21日的时候，周厚健又为自己找到了一桩有象征意义的事件。那一天，第一部C2101手机下线的时候，他和他的工人看到了新生的希望，一些人流下了激动的眼泪，更多人则充满着对未来的憧憬。那一刻，他们不会想到，在接下来的一年中，因为联通的网络问题，以及手机市场格局的变化，他们要面对怎样的苦涩。
>
> 在那段时间，发生了很多如今看来不可思议的事情。一个姓蒋的工程师，他的女朋友在"十一"假期里千里迢迢从外地来看他，可他却没

能抽出一丁点儿时间来陪她，把她一个人晾在青岛。后来他说："等我们的手机下线、上市了，我再把她接来好好地参观一下黄岛开发区。"因为长期辛苦和疲劳病倒，没有卧床休息一天，到医院打上一支吊瓶又回到工厂，这样的事在那段时间里并不少见。

海信不是一个奇迹，但它的身上总会发生不可思议的事情。

2001年11月21日，周厚健在黄岛斥资4亿元建造的CDMA手机（使用了码多分址技术的手机）厂房前剪彩。几分钟后，流水线便将海信CDMA手机推出的整个过程记录了下来。

周厚健剪彩的时候，来自上海蜂星、清华科睿、北京普天太力和长远联合4家经销商的意向销售量达到了120万部，超过了海信通信公司第一年100万部的计划产量。

更令周厚健开心的是，"联通老总用的CDMA手机都是海信的，中国销售的第一台国产CDMA手机，也是海信的"。

2001年12月，联通的老总到青岛，他们一路上不停地用海信生产的CDMA手机打电话——其目的是测试网络信号。

周厚健的判断没错，移动通信会成为时代潮流。海信与日立技术合作的海信通信公司，几乎复制了1984年引进日本彩电生产线"当年谈判、当年投产、当年赢利"的奇迹，一切看起来都很美。

海信手机也的确在市场上异军突起了，高光时刻，它曾经排名全国第五，喧嚣一时的"中华酷联"，后来有了新的称呼，"中华酷联海"。然后，当移动互联到来之后，华为的手机业务崛起为全球第二；中兴虽然受到重创，依旧维持生机；酷派卖身给了乐视，郭德英退场后没多久，乐视与酷派同时陷入死局，联想的移动业务，在经过买来、卖掉、买来、买去之后，如今只剩下了"联想"……

海信呢？海信手机依旧在做，依旧在顽强地维持着生存。李炳忠在2018年5月初创的手机产品realme，只消一年多时间就成为印度及东南亚市场上的新贵。这样的故事说明，只要没有离开牌桌，一切皆有可能。

对于海信集团，对于周厚健，对于所有的海信通信公司管理者和员工来说，只要不离开牌桌，就有机会。

他们一直在寻求一个新的契机，他们把这个契机叫作5G。他们相信，5G不仅仅是一种更好的通信技术，还是一个系统，一个平台。

没有人知道明天会发生什么，5G也许会改变海信通信公司的命运，也许不会。但即使在5G还没到来的3G、4G时代，手机在3C中的定位事实上已经形成了，与其说它是通信产品，不如说它更像是消费类电子产品。

以此判断，在真正的通信领域，海信似乎并没有落伍，反而因为光通信的崛起而颇为惊艳。

海信早在2003年就成立了光通信公司，那时候互联网还处于草莽时期，宽带刚刚开始普及。十几年过去了，中国已经从互联网时代进入移动互联网时代，3G仿似昨日，4G似乎又要离场，5G技术即将商用，海信的光通信业务面对的是饥渴的需求。

作为国内少数能够生产高端光通信芯片的厂商，海信的光模块产品在全球位居前列，国内位居第一，其中海信的接入网光模块产品已经连续8年位居全球市场占有率第一。海信率先推出的5G无线光模块产品集成100G（千兆）业务传输，可以使手机用户达到每秒1G（千兆）乃至几G（千兆）的下载速度。目前，海信的5G无线光模块产品已经开始应用于5G信号基站的建设。

当年海信要做光通信，周厚健与任正非交流时，任正非说，千万别碰光，碰光必死。而海信碰了光，活成了全球领先，任正非率领的华为，在手机、通信设备与5G技术方面，都建立了全球影响力。这是他们各自的选择，某种程度上，也是他们各自的宿命。他们各辟蹊径，但殊途同归，他们都带领企业走进了"无人区"。

海信新研发中心

2016年5月30日，任正非在全国科技创新大会做了汇报发言。他说：

"从科技的角度来看，未来二三十年人类社会将演变成一个智能社会，其深度和广度我们还想象不到。越是前途不确定，越需要创造，这也给千百万家企业提供了千载难逢的机会，我们公司如何去努力前进，困难重重，机会危险也重重，不进则退。如果不能扛起重大的社会责任，坚持创新，迟早会被颠覆。"

任正非坚信，在大机会时代，一定要有战略耐性——

人类社会的发展，都是走在基础科学进步的大道上的，而且基础科学的发展，是要耐得住寂寞的，不仅仅要坐10年冷板凳，有些人，一生寂寞。

华为现在的水平尚停留在工程教学、物理算法等工程科学的创新层面，尚未真正进入基础理论研究。随着逐步逼近香农定理、摩尔定律的极限，而对大流量、低时延的理论还未创造出来，华为已感到前途茫茫、找不到方向。华为已前进在迷航中。重大创新是无人区的生存法则，没有理论突破，没有技术突破，没有大量的技术积累，是不可能产生爆发性创新的。

华为正在本行业逐步攻入"无人区"、处在无人领航、无既定规则、无人跟随的困境。华为跟着人跑的"机会主义"高速度会逐步慢下来，创立引导理论的责任已经到来。

华为过去是一个封闭的人才金字塔结构，我们已炸开金字塔尖，开放地吸取"宇宙"能量，加强与全世界科学家的对话与合作，支持同方向科学家的研究，积极地参加各种国际产业与标准组织、各种学术讨论，多与能人喝喝咖啡，从思想的火花中，感知发展方向。有了巨大势能的积累、释放，才能厚积薄发。

对未来的探索本来就没有"失败"这个名词。不完美的英雄，也是英雄。鼓舞人们不断地献身科学，不断地探索，使"失败"的人才、经验继续留在我们的队伍里，我们会更成熟。现在的时代，科技进步太快，不确定性越来越多，我们也会从沉浸在产品开发的确定性工作中，加大对不确定性研究的投入，追赶时代的脚步。公司要具有理想，就要具有在局部范围内抛弃利益计算的精神，重大创新是很难规划出来的。固守成规是最容易的选择，但也会失去大的机会。

华为在其领域走进了"无人区"，而海信在激光电视、智能交通、智能医疗、画质芯片领域，同样也走进了"无人区"。十几年来，它默默地在这些领域投入、耕耘、收获，在喧嚣中寂寞，在寂寞中成长，在成长中壮大，成为巨人。

很多人无法理解，青岛市江西路11号的一个小电视机厂，在这50年里是如何成为显示领域最知名的国际品牌之一的。海信的基因是什么？是什么推动了海信不断出海？海信的未来在哪儿？

周厚健说，是技术，是一代代海信人对技术的执念，对未来的信念。他相信，某种程度上，海信就是中国的缩影。

2016年7月，欧洲杯决赛即将到来的时刻，赛场上是铺天盖地的海信绿和洗脑般的大标语"海信电视，中国第一"。欧洲杯即将落幕，按照计划，周厚健作为海信集团董事长的职业生涯也应该在一年后也就是2017年8月落幕。这是他一直在等待的时刻，退休意味着他可以告别高强度的工作，专心致志地与多年的病痛斗争，享受有质量的生活。

然而，他的计划突然被叫停了。青岛市政府吹了"加时赛"的哨子，他"被延期"退休。组织告诉他：海信的活儿还没干完，到点也不能走。这就意味着：即使过了60岁，他还将继续高强度地工作，同时要继续忍受顽疾的折磨。

在欧洲杯决赛前的海信集团高管内部会上，一位高管传达了上级的这一决定："周董不能60岁退休，延迟其退休有利于企业家精神和财富的延续，也有利于海信的持续发展。"在青岛市政府看来，创始人企业家是社会的宝贵财富。这是青岛市政府的开明之处，但对周厚健却是一场身心的考验。

周厚健在会上表示，几十年高强度的工作压力令其身体疲惫，他早生退意，但他服从市里的决定。这一决定也是对海信经营团队的充分肯定。

"延期退休，首先，我会利用这些时间坚定地把激光电视做起来，使其成为海信传统旗舰产业的新生力量，这是海信领先世界的难得的机会。其次，把智慧城市产业的梦画圆。海信的智能交通产业已经位居全国第一且达到了30亿元的规模，我相信海信智慧城市未来的产业规模会在200亿元左右。三是把医疗电子产业做出态势。尽管才两年时间，海信医疗利用精准医疗和显示技术的叠加优势，在计算机辅助手术方向上已经取得了生产国际领先产品的机会。而加快技术投入，做大产业规模是完全有条件的。四是实现金融服务的产业化。退休前我会在带人的前提下，和大家一起全力以赴把这几块业务真正做出态势来！"

这是周厚健必须要打的"加时赛"，他必须打一场为海信寻找更广袤未来的"决赛"。

周厚健是技术员出身，多年来，他一直渴望并努力在技术上实现突破，以成为行业的领导者。十多年前，周厚健多次参加海外的电子产品展览会，他发现在平板产品的外观设计上，海信与日本、韩国企业之间的差距正在缩短，这"也为国人挣回了点面子"，但是内在技术上的差距却依旧没有改变。

他曾感慨地说："我曾经讲过，我们最大的危机在技术上。我们与国外同行的技术差距越来越大，大到已不是时间上的概念，而是空间上的。企业技术上的差距让人心痛，这是中国消费电子产业这个行业的集体'软肋'。"

回国之后，周厚健决定选择数字视频处理芯片作为开发方向。那是所有电视机芯片中开发难度最大的一款，当然，如果成功了，它也将成为利润空间最大的一款。然后，"信芯"项目便诞生了。2005年，当装有"信芯"的海信电视下线后，中国自主研发的芯片从此成为国际舞台一股不可忽视的力量。

"信芯"的不断升级，使海信赢得了尊重。2015年11月，周厚健在内部邮件中再提芯片：如果没有自己的芯片，我们永远是二流厂家，所以一定要站在海信生死存亡的角度来看待和行动。

周厚健的道理很简单：没有自己的芯片，就没有自己定义产品实现差异的主动权。而"差异化"是摆脱"跟随"的唯一出路。

"芯片帝国",成为周厚健追逐的长梦。他想退休前看到结局。

海信集团从 2014 年 8 月开始业绩出现下滑,到了 2015 年 7 月,利润下滑的幅度超过了 18%。

"18% 意味着什么?"周厚健说:"崩溃。"

所幸,海信集团没有崩溃。

"到了 2015 年的 8 月份,下滑的幅度就小了,到了 9 月份就开始增长了。我记得当月实现大幅增长,11 月份利润更是实现翻番,增长的幅度很大。到年末实现全年增长,利润、收入、出口、纳税都是增长的。2016 年 1 到 6 月还是继续高质量地增长……"

海信集团成功地度过了危机。

在青岛市市委决定要周厚健打一场"加时赛"后,周厚健心想,他正好可以培育那些"我应该做好却没做好"的产业,给海信奠定一个更好"态势"。

这个更好"态势",就是他在高管会上所说的"四个梦"。

这"四个梦"也是周厚健的野心。周厚健一直希望海信变成通用电气(GE)那样的公司。他并不奢望建立杰克·韦尔奇一般的功业,但他想看到海信更清晰的未来。今天的海信拥有海信视像(600060)和海信家电(000921)两家在沪、深、港三地上市的公司,同时是国内唯一一家持有海信(Hisense)、科龙(Kelon)和容声(Ronshen)3 个中国驰名商标的企业集团。

2015 年,海信集团实现销售收入 990 亿元,在中国电子信息百强企业中名列第五。按照很多企业的"做法",海信原本两年前就可以实现销售收入过千亿,但周厚健一直压着"不让"。他看重的不是数字,而是海信的未来。

尽管如此,周厚健还是想让海信"快"起来。几十年来,他一直倡导"稳健"的风格。现在,留给他的时间虽然延长了,但变化却在加剧。他希望海信除了拥有突破性技术，还能尽快适应移动互联网场景，在动态竞争中稳固自己的地位。对于"加时赛"，组织上没有给出期限，这得看他的身体。"从健康情况看，周董早就想退休。"医生说，常年的投入和压力，病痛的折磨，若非周厚健拥有强大毅力，是很难坚持下去的。既然已经接受了"加时赛"的裁决，周厚健就希望梦想成真。

将海信定义为中国"彩电之王"，已不再有争议。欧洲杯赛场上的醒目汉字"海信电视，中国第一"，也是海信人给自己的信心和对产业的定位。

周厚健说："我一点儿不夸张地讲，没有海信的话，中国的彩电制造业就剩机壳了。"

他的同事说，周厚健就是中国彩电业的"堂吉诃德"——一个理想主义者，带领海信在原本没有任何技术优势的产业里孤军奋战。

转折点是从芯片开始的，"信芯"使海信拥有了有自主知识产权的显示芯片。

接下来的战争演变到了模组领域。周厚健说，模组就是电视的屏，这个屏由玻璃（面板）、驱动和背光灯综合组成。以前模组都是面板企业来做，它们因为相互竞争激烈，就拼命把模组功能整合成一个整体，将信号处理、图像处理功能都捆绑进去，留给彩电制造商的机会只剩下了机壳。

有一次周厚健参加一个电子展，跟一位面板企业负责人谈，说："你们这么做的话，我们干什么呢？"

对方说："周董，机壳也大有可为啊！"

周厚健受了极大的刺激，他下令海信必须做模组。

做模组就需要面板，周厚健就跟所有面板供应商谈："我要做模组，你们可不可以给我供面板？"

"全世界所有的企业都不供，斩钉截铁地不供，他不供面板我怎么做模组？如果我们做模组的话，不就把他们向整机延伸阻断了吗？"

海信内部的意见也不统一，大家都觉得做模组很难。周厚健天生犟脾气，他坚定地要做模组。时任总裁于淑珉挑起了此项目，她带着技术人员四处调研技术、寻求合作；在寻找面板配套商上，经过一次次碰壁，终于获得了突破。中国台湾奇美电子同意了，日本日立公司也同意了……

周厚健跑去跟信息产业部领导汇报，前后汇报了5次。"做模组是唯一可以阻断他们来侵蚀我们电视制造业的办法。"海信做成了模组之后，信息产业部召集了7家企业谈共同做模组的事。

"最后在部里推动下全国都开始做模组，就把全世界的毛病给改了。现在大量中国使用的模组是由整机企业来做。整个彩电的创新就在面板之外了，主动权又回来了。"周厚健说。

"如果没有这个阻断，那就根本不可能有我们的 ULED。ULED 就是用每小块面积的图像来调制其对应的背光亮度。制造业是要伴随研发的，加工业不需要研发。如果任'他人'延伸到电视全部，而不做上述'阻断'，何谈中国电视制造业？"

周厚健是个技术狂。海信集团一直崇尚技术，这与周厚健密切相关。一家技术驱动的公司，如果最高领导者没有技术背景，很难在技术创新方面取得重大突破。

作为企业家，周厚健也正在进行他的决赛。这是一场鏖战。残酷的是，他提前知道了这是他个人的"加时赛"。某种程度上，这是一个理想主义者与未来的竞技，也是一位企业家与时间的赛跑。

他预感这是一场美好的仗。他希望战事结束，打扫战场的时候，海信是最大的赢家。

2016年7月10日，葡萄牙以1∶0战胜了东道主法国队，夺得了欧洲杯冠军。除了葡萄牙人之外，最大的赢家非海信莫属，它创造了体育营销的奇迹。

两年之后的夏天，俄罗斯世界杯，海信又成了大赢家。

2018年，海信成为世界杯官方赞助商

海信官方微信公众号在一篇文章中写道："海信是欧洲杯56年历史上第一个来自中国的全球顶级赞助商，2017年4月，海信又成为2018年FIFA（国际足联）世界杯官方赞助商，是世界杯设立近百年以来首个中国电视品牌赞助商。"

"相关数据显示，仅仅在2016年欧洲杯期间，海信的全球知名度就提升了6个百分点，当年二季度海信产品欧洲市场销量提高了65%，而且，体育营销带来的品牌溢价和长远影响依然在持续。2017年，海信在欧洲、大洋洲、北美洲、南非等主要市场均保持两位数的高速增长态势，即便在以挑剔著称、被视作最难进入的日本家电市场上,海信也已经成为日本本土品牌之外市场份额最大的品牌,2017年销量同比增长79.3%。进入2018年,海信品牌产品在国际市场的占有率继续稳步增长,不断刷新外界对'中国制造'的认知。"

德国《经理人》杂志甚至称:"本届欧洲杯最大的赢家是海信。"

两年后,俄罗斯世界杯说来就来了,海信又成为大赢家。2018年夏天,杨祥玺在《历史转折中的世界杯》一文中写了海信进入顶级赛事开展海外扩张的故事。

大历史往往隐藏于小细节之中,个体奋斗的背阴处,是不可遏止的历史进程。

顶级赛事的赞助商在品类上都是有独家和排他优势的,可以说是一个萝卜一个坑。

2015年,日本企业夏普由于在欧洲市场节节败退,退出了欧洲杯顶级赞助商的家电品类,有丰富的体育赛事赞助经验的海信,被欧足联看中并主动邀约。

与此同时,在夏普退出欧洲杯赞助商的同一年,海信还收购了夏普美洲业务。

2017年4月,海信成为2018年俄罗斯世界杯官方赞助商,取代的正是全球市场竞争对手"索尼"的位置。

7个月之后,海信宣布以129亿日元的价格收购东芝电视(最终交割价格为59.85亿日元,约合人民币3.55亿元),后者曾是两届世界杯的官方赞助商。

这不由让人想到,1997年三星顶替摩托罗拉成为奥运会赞助商,7年之后的2004年,三星即进入全球最有价值品牌榜,排名前二十,成为全球顶尖消费电子品牌。

海信在欧洲杯上接棒夏普，在世界杯上取代索尼，与当年三星顶替并超过摩托罗拉一样，接棒背后隐含着世界显示行业霸主地位的更替，冥冥之中自有定数。

从技术进步尤其是显示技术更迭的历史维度来看，海信成为俄罗斯世界杯官方赞助商，并受国际足联委托专项开发赛事直播显示产品和技术，其实也意味着，全球显示技术进步的"主阵地"，已经从日韩转移到了中国。

近些年来，世界杯历史上的两次转播，都推动了电视技术的发展。2002年，韩日世界杯引入超高速摄像，让球迷体验到精细瞬间的震撼。2014年，巴西世界杯首次引入了4K[①]转播，索尼一时风光无两。

2018年，俄罗斯世界杯，国际足联首次尝试以UHD（超高清）和HDR（高动态范围图像）进行赛事转播。

这一次，中国海信，成了主角。

很快，海信完成了国际足联委托的世界杯定制产品的开发，自动体育模式、球星识别和图搜交互技术等AI（人工智能）黑科技，直接改变了2018年世界观众观看世界杯的方式。

这是海信的世界杯。两年前在家门口丢掉了欧洲杯冠军的法国队，这一次在决赛中击败了克罗地亚，重新坐上冠军宝座，但对于海信来说，无论谁赢得了冠军，它都能够赢得桂冠。这是它应得的，也是它用实力赢得的。

赛场，是选手的舞台，也是海信的舞台。

海信何以成为海信？

---

① 4K指的是4K分辨率，即画面水平方向每行像素值达到或将近4096。另外，8K指的是分辨率达到7680×4320像素。

这是一个如今在青岛市东海西路17号奋斗的每一个海信人最为关心的事。人们试图厘清，在一个充满偶然与不确定的时代，一家并不被媒体广泛关注与褒奖的企业，是如何赢得了时间的。人们也试图厘清，在这样一个巨变时代当中，一家企业的立足之本究竟为何。

如果我们摆脱了概念的桎梏，仅从字面本身寻找意义，或许更容易接近真实的答案。

海信，那些奋斗者在1994年确立的名字，代表了他们的理想与寄托，代表了海洋的壮阔与诚信、信任、信心以及信仰。他们试图为这个世界制造能够与其相匹配的产品，使之变得更加美好。他们也试图寄予这个时代足够的尊重——"言之所以为信者，信也。言而无信，何以为言？"

诚信，是一切商业的立足之本，是一家企业的命脉。产品、市场、技术、管理、财务……倘使这一切不能建立在诚信的基础之上，它们都将危如累卵，不堪一击。

海是海信的胸怀，信是海信的基石。

在海信，干部业务上出现过失，被定义为能力问题；但诚信上出现过失，则被定义为最基本的原则问题，是不可原谅、不可宽恕的问题。

2016年3月9日，周厚健突然暴怒。

周厚健发怒的原因，是内部的一桩"不诚信"事件，一位技术人员讲了假话，这是周厚健最无法容忍的事。还有一个非常特殊的背景是，讲假话的这位技术人员来自激光电视团队，而周厚健除了是海信集团董事长外，实际上在外界看来，他也是激光电视项目的产品经理。他一直希望能够在激光电视方面有大的突破，奠定海信集团在技术上不可撼动的地位。"讲假话"，骗的不只是董事长，还是董事长对未来的布局。

所以，他怒了。

那天下午，周厚健给一位违背了诚信原则的工程师回了一封长邮件。周厚健与这位工程师的邮件"对话"，可谓一堂生动的诚信文化教育课。

周厚健在邮件中说：

30年前，海信一位技术很好的孙姓老工程师，因为在重要事件上讲了假话，从此在技术队伍中无立锥之地，只在半年多的时间里便被迫调离了海信。这才是一个正派的群体应有的反应。

您能承认错误，说明有改正的心态。请记住真话最美，即使乍听起来不好听。希望今后您能起到一位资深工程师的榜样作用，给年轻人、给技术队伍树立好的榜样，而不是相反。只要改正了错误，我也不会形而上学地看待您。

请研发口注意整顿这种风气，且一定要坚决。谢谢！

企业往往有吹牛的恶习，难道我不知道吹牛能换来企业的利益吗？但它损伤的是企业风气，代价将是长期的。若让其肆意泛滥，海信将没有未来。

管理是一个"附着物"，它附着在文化上。文化才是根基，也就是我们常讲的风气。无法想象没落的文化上能附着健康、有效的管理。因此，只要文化不健康，再好的管理规定都是无法落地的。

周厚健始终相信，诚信是海信的基石。

海信之所以成为海信，首先是因为信。

他曾经说：

"人而无信，不知其可。"在企业经营活动中不讲诚信的行为，即使有利于当前工作任务的完成和经营指标的改善，其结果也必然是将企业推向堕落。不诚信实际上是在积累企业风险，追求无德的利润实际上是为企业未来埋下祸根。海信可以因无能而关门，但绝不要失信换来的"发达"。

我相信，在现在这样一个交易耗时很短、靠鼠标点击就能完成交易的年代，"诚信"反而变成了一种更加重要的品质，而且越来越重要。消费者需要相信，他们购买的不是伪劣产品，并和宣传的一样物有所值。而产品质量就是企业诚信的载体。海信明确提出质量就是人品，不能够诚心诚意地为质量负责，就是没有诚信，你也得不到信赖。所以信赖是最好的沟通工具。

海信将"诚信经营"作为全体海信人的行为准则和立足世界的第二个"身份证"。

海信成立50周年庆典，董事长周厚健宣布全面升级企业愿景价值观

一切历史归根结底都是当代史。

从江西路到莫斯科，海信走了50年。

从莫斯科到江西路，海信也许还要走50年。

每一个时代都需要与之相匹配的野心与梦想。

一切历史都是当下的映射。

克罗齐说："历史是活的历史，编年史是死的历史；历史是当代史，编年史是过去史；历史主要是思想行动，编年史主要是意志行动。一切历史当它不再被思考，而只是用抽象词语记录，就变成了编年史，尽管那些词语曾经是具体的和富有表现力的。"

海信史，是一种总结与纪念，也是一种陈述与思考，更是一种展望与探索。"往者不可谏，来者犹可追。"历史提供的是镜鉴，是参照，是曾经的道路与梦想，是缘由与逻辑，是起点与初心。

一切历史归根结底都是当代史。

现在，让我们开始进入历史。

第一章 蜕变（1999—2009）

海信之所以四年如一日进行投入和承担可能随时发生的风险，就是希望证明一件事情：中国企业有能力也有毅力向核心技术挑战，中国制造有决心也有魄力上升到更高层级的竞争，中国工业靠智慧和创新挣钱的日子终将不远。

第一章 蜕变（1999—2009）

一颗芯片的诞生

1999年，夏晓东来到美国一家芯片公司。此时，他正任海信集团副总裁兼技术中心主任。与他同行的是海信集团负责电视研发的同事。就在一年前，双方就电视芯片的开发进行了"异常艰难"的谈判，确定了合作关系。

合作同样是"异常艰难"的。

夏晓东发现，海信的工作人员能获取的不过是一些功能方面的知识，对于代码、设计流程这些细节，对方却讳莫如深。海信人通过跟人吃饭、聊天的方式接近对方，了解到一个有些令人尴尬的秘密：这家美国公司的某款液晶芯片出货量在世界排名第三，但芯片设计研发团队就七八个人，而且都是中国人。

其中一位海信员工心里有了憧憬：既然这么少的人就能做研发，那掌握了研发流程，海信开发芯片是不是指日可待呢？

当时的家电市场，由于技术革新带来了显像管的成本下降，价格战硝烟弥漫。但是在周厚健看来，惨烈的价格战背后是产品的同质化。

周厚健说："产品的同质化缘于技术的同质化。大家都在翻版国外产品。举个例子，大家现在都知道，电脑给大家的印象是技术含量比较高的产品，实际上，产品确实运用了比较好的技术，但是从芯片到CPU（中央处理器）

基本都被控制在外国人手里，具体讲是被控制在美国人手里，它是一种高度同质化的产品，所以它的利润很低，而且会越来越低。"

在另外一个场合，周厚健也提到了掌握芯片技术对于电视行业的重要性。"中国的彩电生产量很大，但是没有自己的芯片。没有自己的芯片就意味着决定不了功能，决定不了性能，决定不了电路程式，就等于你没有决定产品的权力。"

有几个数据佐证了周厚健的观点。2004年的数据显示，我国境内共有彩电企业68家，年产彩电7000万台，是世界上最大的电视生产国。然而，这些电视使用的核心视频处理芯片均是进口的，我国电子信息制造业所用芯片也全部来自国外。商务部的资料显示，仅2004年上半年，我国用于芯片进口的外汇即达262亿美元，本土芯片生产量仅占使用总量的3%，而出自中国企业设计的芯片占中国芯片的使用量比例为0。

数据背后的残酷事实是：中国大陆地区的电子信息企业，在很多时候只能将别人生产的芯片焊接到电路上，这是一种苦力重、利润低的商业模式。国外芯片公司吃肉，中国的芯片生产商喝汤，下游的家电企业吃锅底的残渣。

当时的日韩家电企业一边垂涎中国市场，一边又对中国的玩家嗤之以鼻：中国企业没有核心技术的研发能力，甚至连自主研发都谈不上。长期下去，大多数中国本土企业将在未来消亡。

周厚健分析说："我国制造业越发展，作为消费芯片的强国和设计、生产芯片的弱国这一矛盾就会越激化，我国企业也就会越发受制于人。如果我们不能在核心技术上突破，恐怕日韩企业的预测就要变成现实。"

芯片是家电产业的神经中枢，还是一种隐蔽性权力载体，它的生产商打着无可厚非的自由交易的商业伦理旗帜，却又让交易的另一方惴惴不安。

第一章 蜕变（1999—2009）

周厚健决定行动。敲开美国芯片公司的大门，是他的一次小小的演习。1999年，周厚健和一批电视工程师开了一个会，会议的主题是，现在做芯片研发有没有可能。

演习逐渐演变为争论不休。

与会者回忆，这次会议的反对声淹没了赞成的声音。多数人的想法是，在不冒险的时候仍然可以挣钱，将家底押上去做虚无缥缈的事情不值得。部分反对者的理由是，基于对这个行业的观察，芯片研发的周期性强，生产技术要求太高，海信暂无技术储备。

会议之后，海信集团便成立了集成电路项目筹备组。2000年，海信集团成立"专用集成电路设计所"，决定做芯片。

2001年6月的上海，正值梅雨季节，潮湿、闷热，让北方人战嘉瑾难以适应。他和海信的另外3个研发人员落脚上海的一个四人间宿舍。宿舍毗邻高架桥，没有空调，室内被高温炙烤，窗外高架桥上，汽车轰隆驶过，他们难以入睡。后来，他们学会了避暑，不下雨的晚上，带上凉席，跑到宿舍房顶上睡。

战嘉瑾团队的任务是造一颗芯片，继而造更多的芯片。接下来的1000多天里，他和团队其他人的情绪就在迷茫、困惑、喜悦几个模式中不断切换。

战嘉瑾，1971年出生，山东龙口人。1995年，他大学一毕业就来到青岛海信集团，从事电视机开发工作。1997年，他承担了海信自主开发的100Hz（赫兹）机的项目。1997年也是海信的一个关键年份。这一年，海信经历了市场的残酷价格战，开展了几次小规模的并购，以及一项在海信历史中分量颇重的举措——加强技术中心建设，采取的方式是自上而下的全方位体系重构。

周厚健说："技术中心在引进和培养人才的思路上要有突破，完善激励和淘汰机制。另外，新品开发要与经营挂钩，技术中心要与各子公司衔接好并形成经济关系。"

战嘉瑾是从基层起步，一直做到海信电视研究所所长。他熟悉海信使用过的各种外国品牌芯片，比如西门子、飞利浦芯片。他有个愿望——有朝一日，我们能用上自己产的芯片。当他在1999年前往跟海信合作的美国芯片公司，了解到七八个人就能做芯片的时候，该愿望便更加强烈。在周厚健组织的能否研发芯片的那次会议上，他投了赞成票。

他做了诸多的调研，从市场、开发流程到人才准备、技术趋势等方面。但是集团高管不满意，觉得报告不详细。他一边解释说，自己不熟悉，刚接触行业，一边又不断修改报告。后来，他又多了两个助手，他们后来随他一起去了上海。

让他头疼的上海梅雨天气，不过是海信选址的副产品。2000年，国家出台了鼓励软件开发和集成电路设计的"18号文件"。上海市抓住机会，将在上海市中心黄浦区开发建设的商场改变角色，命名为"科技京城"，国家集成电路产业化基地就设在这里，这是一个规划中的"芯片王国"。

这座产业园——拥有华东地区最大的电子元器件物流中心，还拥有大量的可租赁开放试验设备和频繁的培训交流会，吸引了不少企业。上海有关部门了解到海信研发芯片的意向后，专程到青岛与周厚健等人交谈。几次交谈后，海信便派遣战嘉瑾等人到上海组建海信专用集成芯片（ASIC）上海研发中心。

当这4个人来到上海，忙着租赁办公室，忙着装修和采购设备的时候，海信集团正在争论着一个问题：芯片的种类有很多，从哪个品类入手？

上海研发中心逐步建立，人员逐步扩充，但却缺乏方向感。

2000年左右，全球半导体行业陷入低迷，海信的决策也受到质疑。团队调研了十多个产品项目，电视遥控器芯片、空调遥控器芯片、通用 8 位微处理器、数字电视解码芯片、全球定位系统（GPS）芯片等都进入了他们的视野。

当时国内还流行微控制器，那是一种低端的集成电路。有的公司还做逆向设计——把其他公司的芯片拆开研究，继而仿照着设计。逆向设计成功可能性极大，无失败的风险。与此相反的正向设计，则有可能面临失败后满盘皆输的风险。这是两种思路，逆向，代表的是从后往前走，你永远走在别人后边；正向，代表的是从前往后走，走对了，就是领路人，走错了，前路不通，回到原点，在时间、金钱、精神上将受到三重打击。

争论持续到 2001 年冬天，芯片方案最终确定。海信要做正向设计，海信要做专门提升画质的数字视频处理芯片。战嘉瑾说，海信做芯片要考虑到整机的优势，"项目一旦完成，就可以参与技术的高层次竞争。以后与跨国企业的技术合作，只有在中国企业拥有核心技术后，才能与合作者平等地坐到谈判桌旁。"

当然，这是一种混合着理想、自恋、野心、胜负欲的预言。门槛高、技术含金量高的背后，则是高风险，假如项目失败呢？周厚健在某个时刻想过这个结局。

几年后，《中国企业家》杂志采访他，问他万一研发不成功，有没有做好这样的准备？

周厚健说："想过！任何一个开发都有可能失败，特别像这种难度比较高的开发，失败的可能性就更大。我们认为，失败是很可怕，投入几年金额很大，几千万，最后失败了给企业带来很大的损失，但是如果我们长期没有核心技术，长期没有自主知识产权，这样一个企业更可怕。所以在这样的权衡下，我们应该冒这个险，应该使我们的技术有更大提升。"

他愿意赌一把。

芯片团队在上海落脚的次年，人员数量增加到8位。这个数字和那家美国芯片公司的研发人数相当。海信的这8位员工，平均年龄是28.6岁。这是优势与劣势都极为突出的一个年龄。

优势，能熬夜。

劣势，经验不足。

他们接触过芯片，了解海信对不同芯片的要求，知道芯片的价格，知道芯片要安装在电视机的哪个位置，但这都是知识碎片，不系统。他们不知道在集成电路板上，上千万个晶体管的位置，不知道如何建立高效的设计流程。简直是"十万个不知道"。

"这就像做菜一样，一种原料可以有多种搭配，你要找出自己擅长和合口味的。芯片设计也是这样，不是说哪一个理论上的流程最好，而是哪一种符合你的需要；当理论成熟时，还要考虑实际设计和操作是否经济。而且，设计仅是芯片产业链上的最先一环，后面还有芯片加工、整机应用等环节。而当时芯片的生产厂家大多在中国台湾和欧美地区，我们对后面的相关环节也不了解。"战嘉瑾说。

在电视领域，核心的芯片有3类，即接收与解调芯片、解码芯片以及数字视频处理芯片。数字视频处理芯片因为没有统一标准，没有固定程式，因此开发难度大。

于是，他们开始疯狂补课。看书，向业界专家请教，团队讨论、分享、争吵、消化。

有人坐出租车思考芯片，有人在听音乐时还在想着芯片。他们满脑子都是芯片，没有时间聚会，每天熬到深夜，偶尔的娱乐活动是打赌办公大楼的两部电梯，哪一部先到办公室所在楼层，赢家得到的奖励是午饭时分发的一个苹果。这是一种"不疯魔不成活"的状态。

当然，开发也在同步推进。数字图像的缩放、抖动完成，边缘检测与增强完成，电路设计、仿真、验证等工作在一步步开展。2002年，他们完成了一项工作，那就是从算法到全部液晶显示器电路的FPGA项目。一张比A4纸（尺寸：297×210毫米）还小的电路板上，团队的心血和代码汇集成了300多万个晶体管。

FPGA，即现场可编程门阵列（Field Programmable Gate Array）。举个例子，有一种集成电路像是超市里的可爱玩偶，商家已经做成了一种固定的样子，如凯蒂猫（Hello Kitty）、小黄人。还有一种，就像橡皮泥或者乐高积木，你可以按照自己的想法随便捏、随意组建。FPGA就是后者。

完成FPGA项目是一种突破。它起码在两个方面证明了海信芯片团队的实力。首先，是开发流程的可行性；其次，是集中集成电路设计拥有了正确的方法。

青岛总部肯定了上海团队的努力，并决定进一步追加研发经费。

在芯片项目初期，周厚健强调的是"试验田"的意义，他没有向上海团队下达具体的目标，也没有传递具体的压力（起码表面上如此）。而在2003年1月的海信集团年度工作会议上，海信将数字视频处理芯片项目列为该年的十大重点科研项目之一。

在完成FPGA项目的基础上，上海团队又完成了对算法、电路设计的验证工作。但接下来一种难以想象的困难几乎让上海团队的工作陷入了停摆。

2003年8月，当他们把经过软件仿真后的设计代码进行实际的电路验证时，发现理论上完美的东西，在验证阶段却成了一团乱麻，并且经过多次校正修改之后还是无法发现问题。

这两个月，上海酷暑难耐，芯片研发仍毫无进展。团队陷入自我怀疑和情绪低迷期。一种忙活3年一无所获的屈辱感在团队里悄悄蔓延，有人想到了散伙。

他们成立了一个攻关小组，决定想尽一切办法找到答案。他们有两个解决办法：一个是对原有模块进行大幅度的修改，另外一个是做一个新的、优化后的模块。

三周，一周讨论争吵，一周分配任务，一周写出代码。两种办法都取得了效果，系统恢复正常，清晰稳定的图像处理效果再次出现。

而事后的复盘则有点令人尴尬，让他们差点散伙的难点竟然是一个不应该成为问题的问题——某个元器件的型号弄错了。

为何会出现这样的错误？

研发的流程管理是企业管理的基本环节，强调的是一种科学、高效、协同的机制。但是，上海团队对项目的管理属于激情管理，强化了个人激情驱动下的单打独斗，弱化了相互的协同。具体的表现是，芯片团队每个人都热情高涨地撰写极具个人风格的代码，但整个项目组因为协同问题，没有形成统一的风格，因此，一旦出现小问题，各自不同的代码风格无形中提高了排查问题的难度。

此后，芯片团队重新梳理了研发中的节点性问题，形成了规范。

而借助座谈会对问题的复盘和解决，团队的凝聚力、抗击打能力又进一步增强了。

当芯片团队遇到困难时，一位博士承担起了心理建设的职能。他似乎具有一种安慰人的天赋，可以跟人一次聊上七八个小时。他让你如沐春风，紧接着，他又会把你的思绪拉回来，提醒你，任务必须完成。

他知道人天赋各异，能力有别，但骂别人笨蛋这种话，他说不出口。传递压力，以"菩萨心肠"感化人心，这倒也正常，聚人心为做事。如果他不拥有这种处理能力，这家公司很可能在电器技术几次迭代中错失机遇，掉队，

第一章 蜕变（1999—2009）

接着被碾压得粉碎。海信集团一直流传着他的传说，比如说他敢和周厚健拍桌子，吵架。

你就此事问他，他说，不靠谱，传闻，起码的修养我还是有的，怎么会拍桌子？接着他又解释，周董到哪儿都有气场，吓得人不敢说话，我刚来那几年不注意，谈论研发问题时就容易争吵。

这位博士名叫刘卫东。

他如今在海信拥有3个头衔：海信视像首席科学家、电子信息集团研发中心副总经理、芯片公司总经理。他的个人成就，用一张A4纸恐怕都难以罗列完。

刘卫东重要的几个经历是，他主持了芯片研发，他主导了模组研发、产业化，他牵头研发了多项行业领先显示技术并取得成果，他带领团队开启了海信激光电视的关键技术研发。这4项，分别代表了艰难，艰难，艰难，艰难。至于这4项技术对于海信的意义，你在本书的章节中都能读到。

我们需要认识刘卫东。

只有在对此人有了一个粗略的印象之后，我们才能了解一家倡导技术立企的公司，在技术上的投入、苦心、担忧和执着。周厚健是一位工程师出身的董事长，而刘卫东某种意义上则是其镜像，通过他，我们才能知道周厚健到底在想什么。

博士是大家对刘卫东的称呼，而他本人也确实是个博士。他是西北工业大学博士后，主修电子材料与元器件专业，从硕士研究生时起就研究显示技术。他考虑过当老师，但经费难拿。他择业时教师经商的比较多，但他不喜欢这种做法，于是就想到企业里工作，做技术、做产品。

1997年底，他来到青岛，这座城市干净、凉爽，不像一般的北方城市那么多土、沙尘。他爱上了青岛。接着，他面试通过，进入海信。他爱上了海信，

47

至今已在此奋斗22年。那时候，周厚健重视技术，开始大规模引进人才，次年很多名校的博士生、本科生也都加入海信。

刘卫东从江西路的小楼里一步步走到今天——同为博士，刘卫东之于海信，恰似王坚之于阿里巴巴。

刘卫东热爱学习，害怕自己掉队，但他说，许多媒体的文章不专业，甚至是错误的，要花时间看专业的东西，要学会专注。他甚少接受媒体采访，除非逼不得已。他讨厌花里胡哨的营销，强调产品要靠技术和质量说话。他不喜欢开会，多数跟研发无关的长会让他头疼。

他指出了家电行业的问题：对外合作不够，完全靠自主研发远远不够，要跟外部合作。"自主核心技术的开发，很多需要与外部进行深层次合作，这个我认为是非常重要的。"

他的知识量让下属吃惊，机场候机时，别人掏出手机，他经常掏出一本有关技术动向的书。他难以容忍技术上的瑕疵，擅长挑毛病，有些演讲稿要经过他的审核，弄得人有压力。偶尔，他帮人改论文，逐字逐句看，修改得密密麻麻。

在他眼里，周厚健善于做决策，"但团队得有信心，周董说冲，你向后退，肯定不行，我们执行团队得把事情做成了"。

周厚健建立了一家技术立企的公司，他需要有人去践行他的想法。这个人需要技术能力服众，没沾染官僚习气，敢于直言反映问题，较真，专业又有奋斗精神。

周厚健需要这样的技术人才，刘卫东也需要痴迷技术的老板。

但刘卫东不愿意过多谈及以往的研发经历，只说现在还不是回忆过往的时候。他说，研发最深的体会是，"要敢于做最领先的东西，如果你没有这个胆气，你真的可能一事无成，有些问题有些事情不要想太多了，就想这一定得做下来。而且这个机会稍纵即逝，你一犹豫就完了。"

2004年6月20日，时任国务院总理温家宝来到青岛海信集团考察。周厚健陪同总理进入海信展厅。这个占据海信一个楼层的展厅，囊括了海信历史、当下、未来的重要秘密。海信人将展厅作为一张名片，展示给八方来客。

总理被电视机展区的芯片所吸引。

海信人向总理介绍情况：这是海信自主研发的专用集成电路芯片，主要应用在视频类产品的核心数字处理部分，中国年产彩电6000万台，但由于没有核心芯片，只能称为电视制造大国，而不是电视制造强国。中国的电视机正在升级换代，由于未掌握芯片制造技术，产品常常受制于国外企业，同时要付出大量的专利费用。海信芯片的推出，将彻底打破国外垄断的局面。

这个演示的调试平台是从上海运到青岛的。

周厚健说："总理，该芯片对于我们视频行业的意义太大了。虽然我国的电视生产量很大，但主要芯片都是国外的，这样下去，我们不仅在选择产品上没有自己的主动权，而且我们只能赚取靠廉价劳动力得来的辛苦钱。"

周厚健还说："我们这颗芯片推出后的成本只有3美元多，而同样的国外芯片都在15美元，便宜了将近12美元。这就是自己拥有技术的价值。"

温家宝说，拥有自主知识产权和核心技术，企业才有竞争力。[①] 战嘉瑾随后演示了海信芯片的效果。

周厚健说："可以应用在各类电视、视频处理设备中，应用面广，如果我们上机成功，这将是我国自行设计的第一颗电视核心芯片被批量使用，它对提升整机产业的水平意义非常重大。这颗芯片将在近期上机试验。"

随后，总理又观看了海信的网络安全设备演示。讲解者说："由于我们国

---

① 2005年7月1日，温家宝为海信信芯上市的题词中再次提到这句话，被收藏在海信集团。

家在芯片开发等基础产业方面与国外还存在差距，所以我们的产品与国外的产品相比，在硬件性能上还有一定的差距。"

在总理离开海信集团后，周厚健便在想，一定要给总理写信，一定要告诉总理一个事实，一颗"中国芯"是可以诞生的，还要告诉总理另外一个事实，一颗"中国芯"是如何诞生的。

此时的周厚健为这颗芯片想好了名字——"信芯"，它是海信自己，是中国家电行业，是中国制造业，是中华民族的信心。

刘卫东说，看完展览后温总理很感动。这次参观接待活动结束后，芯片的研发又提速一挡。

在温总理考察海信的几个月前，芯片已进入关键的流片阶段。所谓流片，是像流水线一样通过一系列工艺步骤制造芯片，它是一种试生产，意为设计完电路后，先生产几颗、几十颗，供测试使用，测试通过，就可以批量生产。

可以说，这个阶段来自内外部的质疑是最强烈的。举个通俗的例子，之前芯片团队的辛勤研发就如同沙盘推演，是演习，而到流片阶段，则是实战。

不确定，上海团队不确定，青岛总部也不确定。

有一次，周厚健看到他们演示的芯片效果时，发了火。周厚健发现，团队在做项目演示的时候，利用更改设置来回避存在的不足，他严厉地批评他们："我们搞的是自己从来没有做过的，搞不出来不要紧，我们一点错误也没有，但是如果我们科学的态度出了问题的话，那就不行。你们要大胆暴露你们的问题。"他们也认可了这一点。

高密度地汇报，高密度地质疑，高密度地修改。上海团队和青岛总部的频率慢慢实现了共振，芯片性能等方面的问题逐步得以解决。也就在温总理访问海信集团的那个6月，周厚健认可了芯片的技术，认可了芯片的成本优势。

2004年，芯片团队的工作艰辛、琐碎但又高效地推进着，5个月的时间，完成了电路的设计和验证工作；两个月的时间，完成了芯片的IP（知识产权）整合工作；两个月的时间，完成了芯片的后端设计工作。

到了2004年9月28日，他们完成了数字视频处理器芯片全部设计工作，交付加工厂进行加工。即便在当天，他们还在调试、检测。密密麻麻的晶体管，十几万的设计代码，一个纰漏，就会产生蝴蝶效应，引发一场"海啸"。

"我们拿出去的东西如果流片后不工作，如果需要改动（哪怕你只在代码上改动一个小标点），海信的这100万元就等于付诸东流。"

他们不断加班，检查，反复验证。他们充分利用晚上的时间——人休息时，机器必须工作起来。每天晚上当机器运转起来时，他们才回去睡觉。

2004年11月27日，海信芯片完成MPW（多项目晶圆）流片，专业测试通过验证。但团队好不容易放松的神经又再次紧绷——在12月初的一次应用前测试中，又发现了折磨他们3个星期之久的问题。

2005年元旦，上海罕见地下起了大雪。当天半夜，他们从测试公司出来，雪花打在他们的身上，他们走了好久的路，道了一声"新年快乐"。

但问题解决一个又来一个，芯片的数据不稳，毛刺多，无法调试，仿真结果与实际结果对不上。与测试公司开了好几次会也没有论证出结果，青岛总部因为担心进度，骂得很凶。

造成问题的原因是，芯片团队在研发的时候为了省芯片面积而没有进行针对性的测试开发，而请来的外部测试公司又不懂芯片结构，他们只能动手自己解决，在汪洋大海般的代码中找到解决方法。

没出几日，好消息来了。这款芯片成功地应用在支持1080P高清显示格式的电视机上了。反复的测试表明，海信设计的芯片一次流片成功。而流片的一次性成功，在国际芯片知名公司中也不常见。

据刘卫东回忆，就在流片之前，还有两个小问题没有完全搞清楚，不能完全确定会不会有事。"但已没有时间确认了。当时我和一位领导讨论后决定，如果有问题，责任我们承担。结果流片成功了，问题没有出现。"

周厚健坐在海信大厦23层的办公室，伏案，提笔写信。当写完"总理"两个字后，他起身望向了窗外。窗外是大海，波涛如心境，他有太多事情想汇报给温总理，心有千言万语，却难以下笔。

那是2005年5月19日，"信芯"经历了数次的工程批量生产和验证。6天后，海信第2000台与芯片对接的整机下线。在海信看来，通过与国际产品严格比较，运用"信芯"的电视整机产品与采用国际先进芯片的电视相比，技术性能毫不逊色。

山东省科技厅在2005年4月份完成了对"信芯"的鉴定，认为"信芯"在视频处理算法、芯片体系结构、深亚微米集成电路设计技术方面达到了国际同类产品领先水平。此时，周厚健给"信芯"取了个全名——"HIVIEW信芯"。

信芯

2005年6月26日，海信在北京发布了"信芯"，它通过了信息产业部（如今的工业和信息化部）的鉴定。周厚健写给温家宝总理的那封信终于完成。温总理在收到信几天后做了批示，鼓励海信再接再厉。在那封1445字的信中，周厚健谈到芯片："信芯的名字，既代表了海信之芯，也代表了中国彩电人的信心。"

他谈到行业命门："企业在积极应对激烈市场竞争的同时，要立足于自主研发，踏踏实实地潜心专注于基础技术的研究和开发。我们深信，唯有如此，彩电企业才能逐步解决核心技术这个难题；也只有如此，中国才能从彩电大国锤炼为彩电强国。"

他谈到技术信仰："海信之所以四年如一日进行投入并承担可能随时发生损失的风险，就是希望证明一件事情：中国企业有能力也有毅力向核心技术挑战，'中国制造'有决心也有魄力上升到更高层级的竞争，中国工业靠智慧和创新挣钱的日子终将不远。在外国大公司依靠技术日益对我国经济进行封锁的现状下，中国本土企业只要树立攻克核心技术的雄心大志，牢牢树立永不放弃的精神和'技术立企'的信仰，中国企业是可以扭转行业的不自信的！"

他谈到了人："我们年轻的、平均年龄只有28岁的项目研发团队4年多来封闭在上海，潜心研究，刻苦攻关，在瞬息万变的外部环境下，克服了浮躁与诱惑，埋头专注于一件或许失败概率很高的研发项目。"

这封信，上海的芯片团队看到了，海信集团的其他人也看到了。周厚健打心底钦佩芯片团队。在一次会议上，他说道："不容易，我说的不容易不仅仅是技术上获得突破，从开发芯片的整个过程上看也很不容易，坚持了这么长时间。我觉得在这个事上，最应该赞扬的是这些研发人员。大家说'是用生命换来的'可能有些夸张，实际上，他们在30岁左右付出了5年的时间，应该说是太珍贵了，对他们来讲代价太大，但对企业的意义却很大。关键是5年前开始搞这个东西，他们不知道是成功还是失败，很可能付出了5年的心血得到的是个失败的结果，从这个意义上讲，虽然业务上会有提高，但（失败了）工作业绩上5年下来是个0。如果我5年前搞一个东西，当时就说这要花5年的时间才能完成，这个不难，关键是5年前大家还看不到什么结果，所以能坚持下来非常困难。"

上海团队自然知道"信芯"的意义，这种意义正如当时媒体铺天盖地的报道那般：代表着海信创造，代表着打破垄断，代表着中国彩电无"中国芯"历史的结束，等等。

但这种意义，是对成功结果进行的回溯总结。而回到前途未卜的2001年，海信孤注一掷的勇气、攻克核心技术的雄心、永不放弃的决心更值得回味。

2005年7月2日，时任青岛市市长夏耕与周厚健亲自为彩电装箱。青岛市政府对海信"信芯"课题组奖励200万元，以表彰他们的成果。海信分布在青岛、沈阳、贵阳、淄博和临沂的五大彩电生产基地同时下线装上了"信芯"的彩电。下线仪式后，海信还将首批100台"信芯"彩电捐赠给了西部地区的30所海信希望小学。

但整个芯片团队还要承受更现实的紧迫感。2005年夏天，海信信芯科技公司成立。芯片产品可以提供给海信集团下属的上市子公司海信电器（2019年12月更名为海信视像）使用，但信芯科技是独立运作的，需要基于商业买卖关系，赢得海信电器的认可。

海信的电视机，需要比较各种芯片后，再决定使用哪一种；海信的芯片，既要争取到海信电器这家内部客户，也要争取到外部的客户。

早在芯片研发期间，上海团队已经开过两次产品定义会，他们需要考虑以下几个问题：芯片如何满足中国市场？如何提供更多的功能？如何做

第一章 蜕变（1999—2009）

营销？

"信芯"团队转变成了一家公司，他们需要放下科技极客的精神，站在市场化的角度去考虑产品；他们需要将一个松散的研究组织转型为市场化运作的公司。

这是周厚健的想法。虽然他在很多公开场合表扬芯片团队的付出，但是周厚健并不着急给团队物质奖励。

周厚健说："实际上我们在等市场效果。我们一定要给大家树立一个概念，不是从实验室出来就成功了、就结束了，我们一定要等市场检验后的结果，只有在市场上成功，你才算成功了。实际上，我们这个芯片整机做实验通过是在2005年3月份。按照以往的开发做法，整机试验通过就算成功了，但这个产品我们刻意等到上市以后再证实是否成功。"

海信的芯片研发投入是3000万元，虽然周厚健可以对外宣传投资了几个亿，但周厚健选择实话实说。这是钱变技术的阶段。而芯片公司的任务是，要让这投入的3000万生出更多的3000万。这是技术变钱的阶段。

周厚健算过一笔账，如果每颗"信芯"的成本可以降低4~5美元，100万台彩电带来的实际收益就增加了四五百万美元。"光海信也不止100万台"，他说，"我想往外推广的话，它带来的实际经济意义更大。"

海信视像已经开始使用"信芯"。

谈及回报周期，周厚健说："信芯"使用量达到10万颗的规模就可实现赢利。肯定地讲，即使仅仅海信视像使用，使用规模也大于这个数。我们希望有更多的企业使用，更多的中国企业及国外的企业来使用这种芯片。海信的芯片从技术上取代进口芯片是没有问题的，因此，我们希望业内同行也能使用，还希望"信芯"能出口给国外的电视制造企业使用。销量越大，我们的成本会越低。

当然，还有一个问题，那就是如何说服其他电视品牌商放下复杂的心理情结，使用"信芯"。在海信的计划中，国内排在第一梯队的家电企业是"信芯"的重点营销客户，另外一块就是海外市场，毕竟在海外，还有许多的家电企业。

在一次采访中，周厚健说："希望我们的同行更多使用它……我想只要技术好，价格低，而且这种态势能够持续下去，我坚信'信芯'一定会被接受。"

"信芯"，必须经得起市场的千锤百炼。首款芯片虽然具有象征性、开拓性的意义，但是它在跟竞争对手的比拼中，要继续壮大，用周厚健的话说，那便是：好的技术就是，一样的成本我的性能更好，一样的性能我的成本更低。

当然，海信的计划是，在现有芯片技术的基础上，进一步提高芯片的集成度，开发下一代高性能、高集成度、低成本的数字视频 SoC（系统级芯片）；同时，针对数字电视、宽带多媒体应用等，开发数字多媒体处理芯片。

周厚健喜欢以写信的方式去激励团队、传递企业文化、说明企业战略。他曾经因为团队的员工讲了假话，勃然大怒，在邮件中措辞严厉："企业往往有吹牛的恶习，难道我不知道吹牛能换来企业的利益吗？但它损伤的是企业风气，代价将是长期的。若让其肆意泛滥，海信将没有未来，如果是公然说谎我会坚决停止你们的工作。"后来，这封邮件在企业内刊《海信时代》中刊出。

2015 年 11 月 23 日，周厚健在一封邮件里表示：没有自己的芯片，就没有自己定义产品的资格。这是第一代"信芯"发布之后，周厚健再次重申芯片战略。当然，这封邮件还是有点公关味道的。因为就在两天后，海信在北京召开了发布会，正式发布了 HS3700 芯片。

第一章 蜕变（1999—2009）

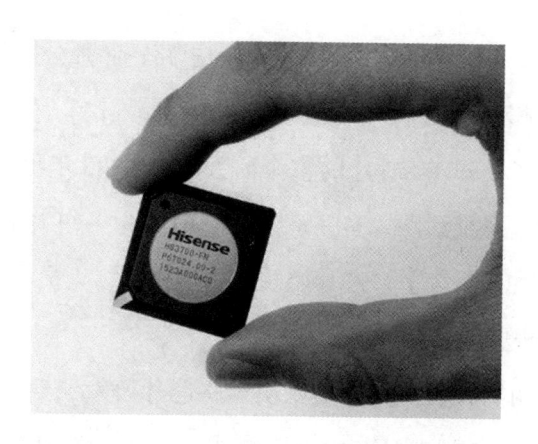

海信发布国内首款 4K 120Hz 高端画质处理芯片——HS3700

从第一款产品到 HS3700 芯片，中间跨度 10 年。这段时间，是海信芯片团队的波动期。海信芯片团队一位员工回忆，2009 年前后，上海的芯片团队中有很多人离职，和地域有关，外面的诱惑也很大。另外一位员工表示，当"信芯"发布后，团队有了骄傲情绪，彼此之间不团结，彼此不服，之后开发某款芯片时出现了延期，芯片团队的管理层、员工也有很多离职。

"2009 年、2010 年能平稳过渡的话，海信芯片的研发能力会更加厉害。"HS3700 芯片依旧是画质芯片。在周厚健看来，画质就是海信的差异点，大屏时代，画质芯片是差异化竞争的武器，这是海信芯片仍然坚持的路线。

HS3700 芯片的特征是：采用了 40 纳米低功耗工艺，搭载画质引擎 Hi-View Pro，内部拥有数十个自主算法和 IP。曾任海信芯片公司总经理助理的曾小光说，这款产品让芯片团队浴火重生，"如果没有这个项目，芯片团队就垮了"。

但这款芯片的意义又远非如此。从它推出以后，海信的芯片研发速度大幅提高，做出一款芯片的周期从两年减到一年；海信布局兼并的海外企业开始源源不断为芯片研发提供新的技术、新的思路；芯片公司正式走向市场化，在市场销售理念驱动下，拥有了诸多外部的客户。

曾小光参与了 HS3700 芯片的整个研发。他 1980 年出生，江西吉安人，善于软硬件开发，思维活跃，有一双浓眉，但因为工作太忙，正饱受脱发困扰。2007 年，他加入海信上海芯片团队，据他回忆，人员流失那段时间，"什么都没有，真的想哭"。

考虑到上海团队人员流失，集团决定将芯片研发挪到青岛，又走了一批人。上海芯片团队中坚持下来的，就剩他一个人。刘卫东记得，最困难的时候，他不断给曾小光做思想工作，接着又重新组织了芯片队伍。当然，安慰曾小光，是为了让曾小光坚持战斗下去。

与其说曾小光转岗到了青岛，不如说他是全家都迁居到青岛。他卖掉了上海的房子，成了青岛人。谈起 10 年前的这个决定，他半开玩笑地说很后悔。但他觉得，破釜沉舟才能做事。"我不想让自己有退路，因为如果人有退路，他就不会尽全力去做一件事；当你做的这件事特别特别难而你又有退路的时候，你就不会全力以赴。"

当然，海信的吸引力也是重要原因。每年，海信都会在青岛举行运动会，曾小光作为上海芯片团队代表来参赛，走方阵的时候，"我一看这个环境和氛围，我就想这是我想待的地方"。

迁离上海那天，他找了一辆货车，大包小包的家当填满了车厢。他就坐在货车后边的车厢里，妻子抱着儿子坐在副驾。他曾告诉儿子："爸爸要做一个特别大的事。"儿子问："有多大？"他说："比给你买的玩具都大。"

芯片在物理属性上比一般玩具小，但如同钟表的机芯，越小，越意味着只有大代价才能换来丝毫不差的精确。

精确，是一种压力测试，它往往会让人高度紧张。"这就像你高考的时候，突然有人告诉你，你涂的答案卡，交卷后全变了样子。"

一般来说，芯片的调试大概需要3个月，而曾小光他们用了1个月零3天就完成了。方法就是一个，天天加班。唯一让他们高兴的是，深夜的时候可以玩德州扑克，谁输谁请客。曾小光说，他几乎没赢过。

有一次加班熬夜太晚，他带着同事们开车回家，途中，他突然睡着了，幸好立刻就被同事拍醒了，不然可能就出事了。

对于上游的生产伙伴来讲，海信的芯片体量并不大，若想拿到优先生产计划，便需要调整自己的时间，去适应生产商的节奏。

方法，还是加班。

芯片每次到就是当天贴片、通电调试。团队下午四点从苏州封装厂拿到芯片，就要立即飞到青岛，晚上十点到实验室贴片，主板被送到海信实验室就是凌晨两点，初步测试通过就得到凌晨四点。早上八点，有人接续，继续更多的测试。

对画质及系统稳定起重要作用的DDR（双倍速率内存）模块需要做到万无一失，芯片设计师们很多时候就得通宵战斗。4个月时间，他们几乎没有好好休息过。发现问题，及时沟通。这头的人坐在地铁上，那头的人正在刷牙，电话在凌晨一点响起是常事。他们在细节上争分夺秒。国庆期间，有人到黄岛园区生产跟线，有人在实验室通宵调试，几乎全公司的人都在熬夜加班。发现问题讨论分析，并同步返回验证……

加班。加班。加班。

一位研发人员开玩笑说，最忙的一个月，月底行政人员告诉他没有打卡。他感到奇怪，这个月天天都在工作怎么会缺勤呢？后来他想了想，生物钟乱掉，晨昏颠倒忘记打卡了。

但HS3700芯片发布的时间还是比原先计划的时间晚了两个月，原定是在

2015年9月发布，最终是在11月底发布的。起因是芯片会让画面闪动，这是一种很细微的、常人眼睛难以察觉的闪动，但为了追求质量，芯片团队开始艰难地排查。他们每天就盯着屏幕看，一直看。屏幕也会跟他们开玩笑，可能看几个小时都没有动静，突然又闪动那么一下。团队发泄的方式就是出去跑步，哪怕大雨倾盆也出去跑，顺带强身健体。最终，他们发现是一个模块出了问题。

HS3700芯片发布会现场，曾小光是作为演讲嘉宾登台的。接着，他和团队的几个人还在台上自豪地按下了一个在其他发布会上很常见的象征性按钮。

他至今还记得台下同事的疑问：你究竟练习了多久，怎么在台上讲PPT（演示文稿）不紧张，不忘词？曾小光说，产品就像自己的孩子，太熟悉了。

这可能是曾小光第一次在海信的对外舞台上展现出他的口才。他的这种才能，在芯片的销售领域也派上了用场。

在HS3700芯片发布3个月前，时任海信集团总裁的刘洪新找曾小光谈了一次话，谈话内容是，你要不要卖芯片？

集团对芯片公司的定位是，对内，做一家一流的芯片公司，做最好的系统方案提供商，站在集团的角度，满足各个兄弟公司对芯片的差异化需求。在集团，除了电视显示业务外，商用显示、医疗显示、智慧交通等业务都需要芯片公司去解决技术上的痛点。另外，冰洗空产品、网络科技公司都能跟芯片产生联动，比如空调的MCU（微程序控制器）对其需求量很大，芯片公司以接近成本价的价格卖给兄弟公司。还有一点，芯片价格不仅便宜，还能根据兄弟公司的具体需求进行定制，这样的芯片在市场上很难买到。

但芯片不能只让海信品牌的产品使用，集团希望做外销，这是周厚健自第一代"信芯"推出后一直秉持的观点。"信芯"不能只是海信用，要放在市场上，跟其他芯片竞争，增加营收，证明并锻造出海信芯片的实力。2017年春天，周厚健到上海芯片研发中心调研（经过一段沉寂后，芯片团队又在上海落脚）。他听了几个项目的汇报后，给工程师们提了要求。

"作为研发人员，如果你不知道产品采购公司有什么需求，就很难把自己的潜能挖掘出来。客户是我们的衣食父母，是企业持续经营的唯一保证。大家一定不要把它只当成是一句套话。"周厚健说。

曾小光不愿意当销售，不愿见"衣食父母"。他认为，销售需要专业人才。但是管理层的意见是，曾小光外向，卖芯片不像卖电视，需要真正懂这门技术的人。曾小光答应了，但他向刘洪新提了两个条件："第一，拿下前两个订单后，你要帮我站台，在合同上签字；第二，如果实在不能做好，我就回来做技术。"刘洪新说，可以。也就是在几年之后，曾小光才恍然大悟，卖不好芯片也必须卖，这是死任务，不容商量。

他需要将研发的学问暂时收起来，想一想怎么让整机厂、板卡厂、屏幕厂心甘情愿买他的芯片。这几年下来，他又有了一番跟研发不一样的体验。他曾用两段精彩而饶舌的话语来总结销售。

"销售首先给你感觉是没有希望，你停一下，觉得还是没有希望，你再停下来，你看到一丁点儿希望，你认真分析之后还是觉得没有希望，你不能嗅到成功的感觉，就只能不停地试错，真的。"

"做技术你能嗅到成功的感觉，做销售不行，变数更大，但是，做销售一定能嗅到失败的感觉，就是知道一定做不成，从他看你的眼神你就知道。"从这些话中就能感受到曾小光承受的巨大压力，尽管他聊起天来始终乐呵呵的。

他去看《影响力》这样的书，认为销售就是在糖衣炮弹般的礼貌用语中销售恐惧——如果你不用我的产品，将会是你的损失。他会注意与客户交谈的各种细节，展示自己的诚意，通常他不会直说自己是在卖芯片，而是说在卖方案，在卖海信的口碑和影响力。他偶尔还会准备3份PPT：第一份PPT里，是介绍海信集团的情况，意思是芯片是由海信研发的，值得信赖；第二份是分析对方的产品，以及如果不用海信芯片的结果（诉诸恐惧）；第三份是海信芯片较之于竞争对手的优势。

他锁定的第一个潜在客户位于广州，但他遇到了另外一家公司推销芯片的竞争对手，那人告诉他："你技术好，但销售跟技术是两回事，我敢肯定你半年之内一颗芯片也卖不出去。"但曾小光卖出去了。后来他经常拿这个故事给员工们打气。

谈第二个客户时，他约对方的CEO（首席执行官）见面，人家没空，他便在门口等了两个小时。那天风雨交加，打伞也没用，他浑身湿透。等对方CEO出来，他逮住了机会。打动对方CEO的是他的一句话："我知道你们现在用的是谁的芯片，我也知道这种芯片在什么样的场景下会出问题，如果你不相信的话，你可以问一下你的技术总监。"

刘洪新履行了自己的承诺。曾小光完成了两单生意，刘洪新就带着一帮高管站台签字。曾小光的第一单，赚钱并不多。但是，刘洪新发了一封激励性质的邮件：这是从0到1的好开头，未来可期。曾小光说，这是一种激励团队的好方式。

周厚健也会帮他们拉客户，他和TCL的CEO李东升是好朋友，便帮助芯片团队联系到TCL旗下的华星光电。谈合作那天，对方17人，海信就曾小光1人。曾小光讲了3个PPT后，对方问他，合作条款怎么办？排产怎么办？对方觉得他可能没有决策权，他说："你们把合同放在这儿，只要条件合理我就可以签。"后来，有小道消息传到海信总部：海信有个做销售的，一个人过来谈判，很嚣张。

HS3700芯片是海信芯片正式对外销售的开始。第一年的增长形势不错，目前还在尽力拓展客户。而曾小光的销售能力也得到了认可。

"要逼自己，特别是做困难的事情的时候，不要留退路"，曾小光说。当然，自从他开始做销售，周厚健也是这么跟他、跟其他员工说的。

2018年春天，一场关于芯片危机的大讨论发酵。

2018年4月16日，美国商务部宣布，将禁止美国公司向中兴通讯销售零部件、软件和技术等商品7年，直到2025年3月13日。经过3个月的斡旋、调整、沟通，中兴在缴纳4亿美元保证金后，获得10年的暂缓执行期，随后，几乎瘫痪的主营活动才恢复正常。

"解禁了！痛定思痛！再踏征程！"中兴员工打出这样的标语。2019年，华为遭遇更严厉的制裁，低调的创始人任正非被迫面对媒体，接受连轴转的采访。政界、商界乃至普通人都被该事件牵动，有表示乐观的，更多的则表示忧虑。

华为卷入制裁的一个重要原因是芯片，在通信领域，他们需要借助美国的合作伙伴和供应商提供的芯片。

缺芯少魂的大讨论持续发酵。

根据中国半导体行业协会统计，2017年，中国集成电路产业销售额达到5411.3亿元，同比增长24.8%。中国是全球最大的集成电路市场，但主要的产品却严重依赖进口。2013年以来，中国每年需要进口超过2000亿美元的芯片，而且连续多年居单品进口第一位，2017年更达到历史新高——2601亿美元。

根据赛迪研究院数据统计，在2017年世界排名前二十的半导体企业中，美国企业占了13家，在中国市场销售额合计是667亿美元。其中，高通、博通、美光有一半以上的市场销售额是在中国实现的。在电视主芯片领域，前三大供应商为MStar（晨星）、Media tek（又称MTK或"联发科"）和Novatek（联咏科技），它们的市场份额大致为40%、16%和15%，而这3家均为中国台湾的企业。

对于一家电子设备公司来说，如果重要的芯片依赖进口，那就像被人卡着脖子，如果因为不可抗拒的外力而失去了进口渠道，那就像是被卡死脖子，继而是挣扎和休克。这是20年前，周厚健决定做芯片的动机。20年前，周厚健拿出一堆数据，仔细分析，那是他决策的一个逻辑参照物。如今，这些数据变了个样子，中国的芯片产业正在发展，但刺眼、无奈的差距还在那里摆着。就在芯片大讨论愈演愈烈之时，周厚健关注的是海信正在研发的高端画质芯片。

偶尔，他还会通过邮件的方式显示权威。芯片团队的人发现，周厚健回复邮件很少客套，他会就你邮件的第几行哪个字、哪个数据有问题，让你去再次核查。这种交流方式，用芯片团队的话来说，就是"你会惊得一身冷汗，驱使你不得不老老实实、认认真真去做这个事"。

海信于2018年推出的芯片名字很长，叫Hi-View Pro画质引擎芯片第三代产品Hi-View Pro III HS3720，公司内部称它为"3720"。

海信的芯片正在提速。

2015年11月25日，3700芯片研发成功。

2017年1月18日，3710芯片研发成功。

2018年9月24日，3720芯片研发成功。

2019年投资5亿元，成立芯片公司。

信芯 H3 画质芯片推出

　　由于"信芯"研发经验的积累，芯片的研发时间缩短了。芯片的性能一步步改进，而到了 3720 芯片，则实现了一次飞跃，2019 年是海信集团成立 50 周年，这一年旗舰机配置了这款高端画质芯片。根据海信的介绍，这款芯片通过内置 AI-HDR 引擎技术和顶尖的图像处理技术，大幅提升了电视画面的色彩、清晰度、对比度和流畅度，全面优化了电视的观看体验。

　　2018 年，海信以 3.55 亿元的价格收购东芝旗下 TVS（Toshiba Visual Solutions Corporation，东芝映像解决方案公司）业务后，3720 芯片的研发得以借助 TVS 的画质技术积累。据悉，TVS 的 3 个 IP 用在了这款芯片上。TVS 之前的一颗芯片的价格是 20 美元，而海信、TVS 合作的 3720 芯片在成本、价格上都极具竞争力。

　　与日本人沟通芯片的时候，曾小光也会偶尔思考些别的事情。比如，对方的细致程度让他惊讶，再比如，韩国芯片后来居上超过日本，他觉得是因为日本这个国家老龄化了，做芯片研发的人年龄多在50岁左右，芯片研发比拼的主要是谁的体力好，"他们每天工作10个小时已经是极限了，我们这边可能一堆人，每天能坚持工作20个小时"。

2018年12月的某个下午，曾小光决定讲述他的故事的当天，还做了两件事情。

第一件事情是，他对手下发了火。原因是当月生产1800颗3720芯片的计划有可能完不成，但这位同事只说是西安一家工厂排期出现了问题，没有讲具体原因，"情况没搞清楚，方案也没有，这不是做事的态度"。

第二件事情是，他当天上午去见了他的上司刘卫东。刘卫东会开导人，曾小光扛不住的时候会找刘卫东聊天，刘卫东可以和人促膝谈心几个小时，但永远不会降低工作的目标。

员工的压力来自曾小光，曾小光的压力来自刘卫东，刘卫东的压力来自周厚健。

压力的传导机制不会放松。特殊的大环境又给了周厚健压力。特朗普当选美国总统，发动贸易战，被制裁的中兴、华为两家公司给中国制造包括中国家电企业敲响了警钟。

曾小光谈中兴、华为时说，这场贸易纠纷似乎难以避免，芯片是战略资源，寄希望于别人手软是不大可能的事，"对于我们做芯片的人来讲，其实真的就是4个字——提枪跨马，没有其他的。"

早早决定做芯片的周厚健已经预知了这种紧迫感。当然，紧迫感能催人快马加鞭，也能激发一家制造企业的雄心。

日本厂商在画质芯片上有积累，观察TVS，海信认为，东芝做画质芯片思考维度更多，日本做了几十年的东西，绝对不是付出低成本便能够追赶的，中国还有很大差距。原来，海信的画质芯片一直对标台湾公司的芯片，现在，要对标世界高端芯片。

而3720芯片的诞生，则是实现雄心的第一步。周厚健和芯片团队一年多来不断研讨，他们希望在画质芯片上打败日韩的对手。

海信正在研发的，是SoC（System-on-a-Chip）芯片，这是一种系统级芯片，可以理解为多种软件的集成，它可容纳多个芯片。曾小光说："这对于我们这个产业来说，应该也是一件特别大的事，因为这个东西真的很难，如果你能做出SoC芯片的话，你就可以活着，活得让别人很害怕。"

实际上，SoC芯片曾经是芯片团队的重点方向。可惜在2009年动荡时期，海信推出的SoC芯片是样品概念，错过了一次机会，但已经完成了部分的经验积累。而自3700芯片研发以来，部分的技术优势可以实现迁移。曾小光说："画质芯片跟SoC芯片是有耦合度的，SoC芯片是更重要的。"

周厚健曾说："我们这块做的并不好。现在我们不停地往外推我们自己的芯片，但是在SoC芯片上，我们的差距还是明显的。"目前，芯片公司尚未赢利，未形成自身的造血能力。

从"信芯"到3720，周厚健还在等待一场胜利。曾小光记得，2017年11月13日，在海信大厦23楼召开的一次会议上，周厚健问，做SoC芯片需要多少钱。大家说，可能需要四五个亿吧。周厚健站起来说，我给你10个亿，你帮我把它做出来。

拯救科龙

2005年那场中国家电史上最受瞩目、最轰动的并购案之一，最早发酵于一条不确定的消息。在青岛天泰体育场正在举行的海信集团运动会现场，周厚健、汤业国等集团领导得到消息：科龙电器股份有限公司陷入了危机，科龙董事局主席顾雏军因为要偿还债务，想出售手中持有的科龙股权。

海信集团高管们在运动场附近找了一个房间，开了一个紧急会议。他们不清楚科龙的具体情况，不确定这条消息的真假，但海信还是对收购科龙抱有期望。

"大家感觉基本是一样的，这是很好的机会，若条件允许，就要拿下来。"汤业国回忆说。

他们开始行动。

海信并购业务部门的年轻员工夏峰在运动场没待多久，就收到任务，立即完成科龙电器上市财务信息的PPT报告，当天提交。他提交的报告结论是，科龙有价值。另外，海信通过渠道商和经销商，陆陆续续从不同信源获得了对科龙不利的消息。

当时是2005年初夏，关于科龙的消息逐渐成为事实。证据既来自海信人的调查，又来自官方。

科龙深陷泥沼。公司的业绩从剧烈动荡转为亏损；深圳证券交易所和香港联合证券交易所进驻公司，调查其财务问题；香港联交所指责顾雏军内幕交易；证监会以涉嫌违反证券法规为名，正式对科龙立案调查。科龙，一个昔日的白电巨头岌岌可危。

海信是顾雏军眼中的一根救命稻草，而科龙则是周厚健的一个选择。

周厚健密切关注着科龙不可预知的发展动向。那是一种狩猎者的目光和姿势。他继续对科龙公司进行摸底，同时又借助关系去接触顾雏军。

2005年7月4日，在朋友的牵线下，周厚健见到了正在北京奔走的顾雏军。

在长安街的贵宾楼饭店，两人首次见面。顾雏军当时提出的价格是15亿

第一章 蜕变（1999—2009）

元，并且希望海信能把他在科龙之外的资产都考虑进去。但周厚健感兴趣的只是科龙，不想牵扯其他，他不了解科龙的真实状况，很难对顾雏军的报价做出回应。

但顾雏军的报价以及他们交谈的内容增强了周厚健并购的信心。"他再想维持下去就很困难了。当时我们内部主要分析的就一件事，就是如果海信用了15个亿收购了科龙，会不会影响到海信的生死？最坏的情况是，我们15个亿血本无归，但海信不会死掉。"周厚健说。

这是周厚健奉行的底线思维，在过去的跨国并购中，他一直坚守这种决策。"我们总会按照最坏的情况来决策，这个底线、最差的情况我接受不了，我就不去碰它。这是海信做很多事的一个原则。"

在北京那次见面两天后，顾雏军飞到青岛海信集团总部，与周厚健、汤业国等高管见面。他们从晚上一直聊到第二天凌晨三四点。双方谈判重心围绕两个主要问题，其一，是以15亿元为起点往下压价，还是以10亿元为起点往下压价。他们确定的谈判价格的起点为12亿元。其二，价格谈判必须建立在对科龙全盘详细了解的前提下，海信还需要做深入调查。

这是汤业国第一次见到顾雏军。汤业国回忆，顾雏军对海信的高管说，科龙企业如何优秀，证监会针对他，他干不下去了，想给周厚健当顾问。周厚健、汤业国知道科龙处境堪忧。即便他们搜集了科龙的情报，看到了科龙公开的财报和新闻，但他们对科龙、对顾雏军的了解，还只是盲人摸象。

"胆子大，口气大"，这是汤业国首次见到顾雏军时的直觉。

广东顺德，当今中国家电之都，是全国最大的空调、电冰箱、热水器、消毒碗柜生产基地之一。

一座约长1公里的容奇大桥跨过德胜河，连接着顺德区政府和容桂镇，连接着广州和珠海，每天有10万多次的车辆通过，是中国最繁忙的公路之一。

69

在桥的南端，那便是科龙总部所在地，科龙的广告牌子高高竖立。"你过了容奇大桥，基本上都是科龙的天下。"一位参与科龙并购的海信高管说。

2001年，顾雏军跨越这座桥，成为科龙的主人。

顾雏军出生在江苏泰县（现泰州市姜堰区）一个村子，研究生读的是热力学。30岁那年，他发明了一套热力循环理论，名为"顾氏理论"。1991年，他在惠州创办了一家空调厂，3年挣了1个亿。1994年，惠州市技术监督局认为空调不合格，封掉了他的公司。他将惠州市技术监督局告上了法庭。

"1996年以前，我的人生几乎都在跟世界斗气。"他后来回忆说。他又到了天津，成立了一家无氟制冷剂厂，名叫格林柯尔。当时，无氟利昂家电正流行，他的技术得到了官方认可。2000年，格林柯尔在港交所上市。但他对外宣称的个人经历，是在英美两国的创业、投行经历，他的个人财富的来源曾被人质疑。一同被质疑的，还有他公司的业绩。在2001年年报中，格林柯尔宣布营收达到5.16亿元，毛利4.1亿元，净利润3.4亿元。《财经》杂志称，这个收入简直是无法达到的数字。还有媒体形容该公司"到处签虚假订单，假订单多得可以用麻袋装"。

有疑点的格林柯尔，凭借3.48亿元的价格，成为科龙第一大股东。媒体记者获知这个消息后，疑问重生：家电巨无霸科龙为何出售？价格为何如此之低？

科龙本身也是一家特殊的公司。科龙的前身为珠江电冰箱厂，一家乡镇企业，创办人为当地官员潘宁。只有小学学历的潘宁，在极其简陋的条件下，打造出中国第一台双门冰箱。那天雷雨交加，他独自一人在雨中号啕大哭。凭借地方政府的支持和潘宁的经营才华，公司的容声牌冰箱在20世纪90年代连续8年全国销量第一。

1992年，邓小平视察南方时途经顺德，来到该工厂，他连续问了3遍：

第一章　蜕变（1999—2009）

这是乡镇企业吗？听完发展情况汇报后，他发表讲话说："我们的国家一定要发展，不发展就会受人欺负，发展才是硬道理。"[①] 后来，科龙的一楼大厅里竖立着一座邓小平的铜像，他身穿大衣，目光凝视远方，铜像后方的墙壁上有几个字：发展才是硬道理。等海信收购科龙时，这座铜像的象征意义也起了作用。

珠江电冰箱厂虽然由潘宁创办，但产权属于镇政府。1994年，潘宁将公司改名为科龙集团，创立科龙品牌进入空调行业。他希望科龙品牌能摆脱政府的控制，独立运营。两年后，科龙在香港上市。

此后，潘宁和政府的关系变得越来越微妙。政府希望科龙并购陷入困境的华宝空调，并许诺事成之后科龙还可以在深交所上市，成为两地上市公司。但并购之后，科龙做得并不成功。1999年，潘宁突然辞去董事长职务，他没有对外做出解释。之后的科龙陷入动荡期。2000年财报显示，科龙亏损6.78亿元，但在上一年，公司利润还有6.3亿元。财务数据的巨大反差引来质疑，其中一种声音称，科龙的大股东，即政府部门，有转移资产的嫌疑。外界的猜测始终没有得到正面回应，有专家说，科龙就要被掏空了。

这个时候，顾雏军出现了。2001年，容桂镇镇长解释说："作为政府，对企业最好的结果是零持股，零负债，应该退出企业，只负责宏观管理即可。"有消息称，科龙电器与大股东之间存在关联交易，因为顾雏军提出的收购条件是，完成收购，大股东欠科龙的钱就不用偿还。但顾雏军很快就认清一个事实，科龙的亏损比他前期掌握的情况要严重。

历史的迷人之处，就是惊人的重复。当海信收购科龙时，海信也发现，科龙的亏损不仅比他们预料的严重，而且糟糕的还不只是财务数据。

[①] 顺德：一份特殊的怀念 [OL]. 人民网，2004 年 8 月 25 日.

顾雏军入主科龙的前两年，公司连续亏损总计达22亿元。2003年，凭借他的铁腕治理以及科龙自身的品牌积淀，科龙扭亏。也就在2003年，他四面出击，先后控股了亚星客车、美菱电器、襄阳轴承等4家上市公司，名为"格林柯尔系"。2004年，他又完成了两起收购。他的目标是打造一个"制冷王国"。

顾雏军的并购对象大多是国企，而谈判的神秘，成交的速度，都引起了外界的猜疑。

2004年秋天，香港科技大学教授郎咸平做了一个名为"格林柯尔：在'国退民进'的盛宴中狂欢"的演讲，批评顾雏军侵吞国有资产。

顾雏军以诉讼为手段要求郎咸平闭嘴，但郎咸平拒不道歉。很快，这两人的口水战席卷媒界和学术界，引起了一场国企产权改革的大讨论。郎顾之争引起了监管部门的注意。港交所、深交所开始对顾雏军和科龙进行调查。2005年5月，证监会正式立案调查。多年后，出狱的顾雏军戴着"草民完全无罪"的帽子，对媒体说，他很后悔跟郎咸平辩论。但他无罪的希望破灭，因挪用资金罪，最高法判他5年有期徒刑。

当时，四面楚歌的顾雏军跟周厚健正式会面，寻求脱身的机会。那时的周厚健已经完成了几次规模不大的并购。2002年，海信控股了北京雪花冰箱厂，进入北京市场。2005年，海信又先后把南京伯乐冰箱、浙江先科空调收入囊中，进入长三角地区市场。

在2004年海信集团成立35周年的庆典活动中，周厚健分析了集团的三大遗憾。海信的规模不足、资本经营能力不足是其中两大遗憾。他说，在家电企业发展最快的1999年到2004年，海信营收规模由106亿元发展到270亿元，每年的增长速度平均保持在20%以上，但是，规模问题是海信未来5年要解决的基本问题。他坦言，海信在资本经营上的"落伍"直接制约了企业的扩张步伐。他希望借助资本市场来扩大规模，在冰箱和空调领域展开收购行动。

周厚健看重科龙对海信中长期发展的战略意义。

首先，以黑电起家的海信集团以彩电为主营业务，尽管冰箱业务势头不错，但全年的销售额只有5.2亿元，产能不能满足规模扩张的需要。在空调业务上，海信的规模并不大。海信冰箱和空调的市场份额远不如电视机那么耀眼。若能收购拥有1200万台冰箱、600万台空调年生产能力的科龙，海信将会提升自身在白电领域中的地位，业务将会横跨"黑""白"两大家电板块。

其次，海信可以利用科龙的渠道优势，拓展海外市场。科龙2004年年报显示，外销在销售总量中的占比已经达到4成。科龙出口的产品中，以低端的OEM（代工生产）为主，客户有GE、惠而浦等近10家超级大客户。

跟顾雏军几次接触，就股权价格进行初步的商议后，一批青岛的海信人带着尽职调查的任务，从北到南，跨过了容奇大桥，来到科龙集团。

大学刚毕业就加入科龙，在营销岗位工作的冯涛回忆，在2005年劳动节的时候，科龙的生产已经不正常了，产品缺货。接着，科龙的生产便不能维系了，员工们不断接到当地家电企业的挖人电话，人员开始流失。恰逢夏季，上海等地的卖场反映，很多型号的产品无货可补。

证监会立案调查后，一位在国内证券集体诉讼领域颇有经验的律师带头成立了倒顾派，要求顾雏军在内的几位高管辞职，计划利用法律手段，维护中小股东的合法权益。这位律师购买了科龙100股股票，自称背后有委托人。

当地政府介入混乱的科龙，成立"风险处置办公室"，由当地政府领导亲自挂帅。银行断贷，供应商停止供应原材料，科龙的银行存款、资产被扣押。顺德科龙电器生产区已经基本停产，一些生产车间开始裁员。

占地1200亩、号称世界最大冰箱生产基地的扬州科龙电器厂区，几乎看不到人影和车辆。一位记者这么写道："半年前还热火朝天的车间突然变得冷冷清清，从空旷的生产线走过，仿佛能嗅到坟墓的气息。"

2005年7月29日，周厚健、汤业国等9名高管来到科龙。他们开始调查科龙各个生产基地的真实情况，了解科龙的财务状况。当天，他们制订了分组行动的计划，晚上，科龙的一位副总裁带着他们去和地方领导吃饭。但周厚健在饭局结束出门后，发现科龙副总裁不见了，只剩下一位司机。

那位不见了的副总裁以及顾雏军等6位高管就在周厚健到达科龙的当天，被佛山市公安机关采取了刑事强制措施。

汤业国说："第二天我们去科龙，不让进，到处联系顾雏军，但联系不上。后来，通过当地政府，我们才了解到一些情况。价格虽然还在谈，但科龙具体什么情况，我们也不清楚。在未知的情况下我们也不敢往前走。"汤业国开始接触科龙的供应商、经销商、中层干部，了解公司的信息。

尽管这一切都是悄悄进行的，但有关海信斥资11亿元收购科龙的消息还是不胫而走。海信的公关称，海信只是有这方面的意向，并不像外界传说的那样，11亿元属于谣传。

谁会成为科龙的接盘者？

顺德当地政府倾向于本地的美的、格兰仕接手。但美的称，没有明确的计划。格兰仕的副总裁说："这是'八字没一撇'的事。"外地的家电企业，除了海信，还有长虹、TCL，有媒体报道称，顾雏军第一个电话打给了长虹董事长，但被长虹拒绝了。

国际冰箱巨子伊莱克斯高管也开始接触科龙，但是他们称，还没有收购科龙的打算，因为有许多问题还看不清。也许，他们真的没有收购计划；也许，他们是暂时按兵不动，等待一个恰当的时机；也许，他们跟海信一样，正在隐秘操作。

顾雏军被抓后，周厚健"都不知道联系谁，完全茫然"。有一天，一位德恒律师事务所的律师找到他,自称是顾雏军的代理律师。周厚健有了一条跟顾雏军联络的信息渠道,可以继续推进收购价格的谈判。

在拘留所,顾雏军告诉律师,委托工商联参与科龙重组。《中国企业家》杂志援引一位知情人士的讲话称,"8月初,工商联组织有关方面就科龙重组事宜开会,讨论的结果是,根据收购价格、企业资质及顾雏军本人意愿多方面因素考虑,在众多的争购者中,海信是收购、重组科龙较理想的对象。"

一个由工商联组成的5人工作小组成为信使,在海信、科龙、政府、顾雏军等几方之间传递信息。这个曲折的信息通路的运作模式是,5人小组代表顾雏军与海信谈判,接着将谈判形成的文字交给顾雏军,顾雏军就此形成意见,5人小组再将顾雏军的意见传递给海信。后来,公安机关特批了一条通道,允许周厚健与顾雏军见面讨论重组事宜。

周厚健在拘留所里见到了顾雏军。谈判现场,有专门的录音和录像设备。双方见面按照程序并不被允许。"在法院还没有判决前,被告人一般不准与外界接触,只允许律师和他接触,但那个时候吧,我们还是破了很多先例。"周厚健说。

这是证监会、法院、工商联等有关部门多方为谈判开了绿灯,它们是基于现实做出的考虑。"这件事涉及面广,关乎社会稳定的因素很多。"周厚健说。

谈判取得了一定的进展。双方在青岛谈判的价格是以12亿元为基础,但鉴于科龙每月上亿元的亏损,以及海信对科龙的摸底调查得到的大概情况,周厚健与顾雏军把股权转让协议价格定在5亿~9亿元之间。

2005年9月9日,双方签订转让协议,以科龙电器2005年半年报为基本依据,顾雏军以每股3.432元的价格出售科龙26.43%的股份,转让价格为9亿元。

这份转让协议还有一个关键的规定:双方共同聘请会计师,对所转让股份进行全面审计,并将根据审计确认的科龙电器净资产与审计基准日(2005年8月31日)的账面净资产差额,调整股权转让价格。

据《中国企业家》杂志报道,协议中没有公开的条款规定是:若审计后净资产总额在18亿元以上,海信集团将支付9亿元溢价收购科龙电器26.43%的股权;若净资产在18亿元以下,海信集团将以评估值为基数按26.43%的股权比例支付对应收购款,收购款最多为4.77亿元。

这是一份对赌协议,如果科龙的净资产超过18亿元,海信将要支付9亿元,如若低于18亿元,海信的收购价格将锁定在4亿多元。当然,擅长财务的周厚健派出100多人的审计队伍,对科龙进行了几个月的摸底调查。科龙的详细家底儿,他都会知晓。

另据《财经》杂志报道,这份转让协议,开价9亿元只是初步约定的价格,而非最后的价格,具体的收购价格双方一直在谈。而协议中"共同审计"的环节,则为日后焦灼地讨价还价埋下了伏笔,弄得周厚健几次想放弃收购。周厚健希望快速结束并购。虽然他与顾雏军的协议已经签订,但变数除了收购价格,还有一个——科龙会不会在还未正式过户前就休克死掉?

因为就在2005年9月21日,科龙接到佛山市中级人民法院的查封清单,轮候冻结顾雏军持有的科龙电器26.43%的股权及红股、配股、红利等收益。大股东顾雏军被羁押,其股份又被法院冻结,股权短期内无法转让。资产被查封,存货被查封,股份被查封,能查封的都被查封了。

科龙是私企而非国企,政府托管的方式并不现实。海信即便有钱,也无法通过证券市场合法渠道进入科龙。"科龙作为上市公司,这么困难,没有角度切入,带不进去资金,活不了。"汤业国说。

海信采取的策略是,先合作经营,后操作收购。它很快就拿出了一个方案,这个方案不仅可以帮科龙输血,同时又可以间接接管科龙。方案简称代理销售协议,全名是"广东科龙电器股份有限公司与青岛海信营销有限公司销售代理协议"。

该协议的内容是,海信将代理销售科龙总计不超过4亿元的产品。即在维持科龙原有销售体系的情况下,海信作为科龙内销的独家代理,采用"预付货款"形式,让科龙先把产品卖给海信,再转卖给经销商。而经销商则将货款打入海信营销公司的账号,从科龙提货,海信营销公司在提取1%的代理费之后,将货款返还给科龙。

海信以"预付货款"的形式,先借钱给科龙,科龙销售产品的货款通过海信"走账"。这样做的好处在于,既可以满足科龙的资金需求,又可以降低海信的财务风险。"我认为这是个创新,很大的创新。"汤业国说。

这份代理协议,最早由周厚健、汤业国等高管商议、碰撞、细化而来,而后又交给官方部门去讨论。他们花了将近一周的时间去讨论条款细则,因为它涉及法律,又涉及各方的利益。

这个方案的谈判异常艰难。

现任海信集团财务公司副总经理舒鹏当时跟着汤业国与银行谈判。他当时刚到科龙,就通过审计以及银行对科龙的诉讼等消息得知,科龙欠了银行40亿元,这还没算上供应商的钱。他大概是最早知道科龙窟窿的人之一。

他们没有依靠背后的海信做担保,"当时是一个代理经营的状态,我们是国有企业,我们不可能为一个代理经营的企业去做担保,毕竟没有实质性的股权交割,但这并不代表我们在代理经营的状态下就不应该去管理科龙的负债和资产,任由它发展下去。我们还是将科龙当作自己的企业去和别人沟通"。

舒鹏和汤业国就去找银行,协商信贷的事情。他们一共找了28家银行(大多是银行的不同分行)做了28份方案。海信主要的诉求是,如果银行拿到的抵押物是厂房机器等设备的话,能否给予一定的宽限时间,并允许他们从查封的原料和物资中拿出一部分按照抵押率来偿还，而其他物资用来生产商品，商品换成钱后就还债。

他们找到的第一个商谈对象是当地中国银行的一个分行。这个银行是科龙最大的债权银行，债权达 6 亿元，获得的抵押物是科龙的房产和土地。他们找到中行，主要考虑到中行是国有银行，又是上市公司，海信资金往来也通过中行，是中行的客户。谈下它的话，以后的谈判就容易多了。

中行派出一个团队，分行的领导偶尔也加入谈判。白天谈，晚上谈，六七轮谈判，耗时 4 个多月。支行承担不了 6 亿元的坏账。最重要的谈话大概就 4 句。

银行："还是房产安全。"

舒鹏："那还钱的速度就很慢了，您可以先搁置一下，我们可以先让货物流转起来，这样还钱的速度就很快了，我们有清偿的时间表，会严格按照时间表执行。"

银行："那罚息呢？"（注：借款人在规定的日期未还款造成的逾期而交纳的罚金，罚息的年利率在 18% 左右，一个将科龙打入死局的数字。）

舒鹏："正常利息每月交付，海信集团和贵司有合作，未来我们还有很多合作机会，希望您能免除罚息。"

舒鹏终于谈下了中行，接着谈下了更多的银行。据舒鹏分析，其中的一个原因是，"银行看到了重新成长起来的一些希望，银行还要考虑后边跟海信的长期合作，将来的合作"。

舒鹏当年以一个应届毕业生的身份加入海信。多年后，他说这次兼并教会他一个道理。"海信领导一直强调信用。通过这件事，我才真正理解了信用。信用真的可以给你换来很多资产和机会，包括利益。信用是有价值的东西。"

汤业国说："应该说政府是很支持的，银行也不得不支持，最大的支持应该是来自证监会。"周厚健和汤业国与证监会的领导开会,证监会的领导说,救企业要紧。考虑到社会的稳定,科龙的仓库解封,现金流开始运转。不过,还有媒体援引消息称,海信就代销协议与科龙讨论时,科龙内部有人反抗,个别条款来回修改多次,最后还是因为政府介入,平息此事。

代销协议于 2005 年 9 月 16 日签订,有效期为 6 个月。海信"预付货款"的资金为 3.01 亿元,可以理解为海信向科龙注入了 3.01 亿元的生产启动资金。在 2005 年底,这笔资金帮助科龙完成了 8 亿多元的销售回款。

海信向外界展示了他们的百日成绩单:2005 年第四季度,科龙冰箱中国销量、回款分别比 2004 年同期增长 41.21% 和 19.11%,比处于惯常销售旺季的第三季度分别增长 80% 和 119%,产量增长 117%;空调的销量、回款分别比 2004 年同期增长 5.31% 和 29.73%,比第三季度分别增长 198% 和 80%,产量增长 330%。

海信的这份销售代理协议意在打消供应链端、渠道各方疑虑。

这份销售代理协议的另一个作用,则是部分缓解了海信人的身份尴尬。海信宽带公司党委书记宋文辉是较早进入科龙的海信高管,他回忆说,在这份协议生效之前,周厚健、汤业国基本上就待在酒店,"哪里都去不了,科龙也不接待"。

而就在代理协议签署后,海信的高管得到了名分。3 位海信的高管被任命为科龙副总裁,汤业国则被正式聘任为科龙总裁。从此,跨过容奇大桥来到科龙的海信人越来越多。海信的原则是,不管在海信的职位有多高,在科龙要服从安排。

据宋文辉回忆,那时候周厚健青岛、顺德两头跑。"经常晚上开会,凌晨两三点下班是常事,天天讨论对策,既要保证公司的正常运转,还要担心额外的干扰。"

担心干扰，是害怕海信的高管进入科龙后，引起科龙人的反感。尽管当时的科龙已经千疮百孔，但是它的董事会还在运转，海信人还只是职业经理人，在没有完成股权正式转让之前，他们就是一群高级打工仔。

2006年3月22日，春分次日，北半球的白昼渐渐变长，而海信在科龙的时间似乎正在变短。当天，海信团队得到周厚健的指示：准备撤出。

海信做好了放弃收购的准备。气氛发生转向，接着是紧迫、紧张。宋文辉接到好几次撤退的会议通知，很多人则索性将行李装进了箱子，等着那道正式的命令，他们面前放着一份解聘书，撤退时，他们自己把自己解聘。

3月既有春分，也有微妙的时间节点。因为那份代理销售协议，规定了6个月的有效期，截止日期就是2006年3月31日。海信的身份问题还没有解决，股权交割还未完成。

海信接管科龙这半年，科龙的回款达20亿元，按合同1%的代理费来算，海信赚了2000万元。海信耗费了人力、资金成本。而这些资源如果投在别处，产生的价值很可能高于在科龙这段日子。

周厚健后来对媒体表示："海信毕竟是一个企业，如果为了收购科龙而令海信有损，我就认为自己失职了。我准备撤出，并且做了所有撤出的准备。比如，由于海信进驻给银行带来了负担，给供应商带来了负担，我们一直在考虑如何偿还。"

与顾雏军的谈判僵持不下是一个重要原因。海信掌握的审计结果是，科龙的净资产状况比想象的要低，海信想压低价格，但顾雏军依然坚持协议中约定的9亿元的价格。

2006年那个春天，周厚健和汤业国在拘留所跟顾雏军谈判，有时候谈两三个小时，有时候则谈七八个小时，但价格始终没谈拢。而就在2月底的一次谈判中，周厚健告诉他，海信对科龙做了调查，9亿元的价格海信是无法接受的。

在这次交谈后,周厚健与顾雏军的谈判价格区间缩小到6亿~8亿元。但在3月底代理销售协议到期前,如果无法确定股权转让价格完成过户,海信就得撤退。

一条新闻也在干扰海信。有媒体报道称,科龙电器方面和顺德区政府已基本达成一致意向,科龙电器中顾雏军所持股份将通过公开拍卖的方式寻找买主,届时,如果海信仍有意收购科龙,将同其他一些有意向购买的企业一道参与竞拍。

汤业国觉得,拍卖的周期长,会拖累科龙,最终会变成破产拍卖。2006年3月27日,汤业国预感形势不对,开会让所有人都收拾一下,准备撤出科龙。会上,汤业国说,就当是一次练兵。

第二天,周厚健、于淑珉与工商联的领导以及聘请的律师和广东省领导、顺德区领导,谈判价格。最后,达成协议——海信出资6.8亿元对格林柯尔持有的科龙股份进行收购。

"海信不怕以预付货款的方式向科龙集团注入的3.01亿元资金丢失,因为海信签的代理协议,足够保证该项资金。"

汤业国给顺德的海信同事们打了个电话:把飞青岛的机票退了吧,继续干。"当时场面还是很激动人心的,这半年大家都经历了磨难,说起来我也很激动。"宋文辉回忆。宋文辉当时协助汤业国,担任总裁办主任一职。"商务部、省政府、市政府、区政府,反正我主要和政府打交道。"据他回忆,那时候国务院为了解决科龙的问题,专门召集有关部门开了4次会,有关部门最终支持海信的收购。

为了解决科龙涉及的100多个官司问题,当地政府通过国务院协调最高法出台了"三暂缓"指令,凡涉及科龙案件的,暂缓受理、暂缓审理、暂缓宣判。

宋文辉说:"发展是硬道理,如果科龙倒了,你连一个发展的地方都没有。"他看到了邓小平的铜像,推测政府是在考虑发展的问题,科龙背后涉及几万人的就业乃至社会稳定。

周厚健后来对媒体说:"海信收购科龙的促成与其说是海信的决心、意志起了作用,不如说前期是海信起了作用,后期是靠社会各界的支持。我始终讲,没有广东省各级政府和工商联以及有关方面的支持,这事根本就不可能做成。"

2006年4月21日,科龙发布公告称,顾雏军已与海信签订了股份转让补充协议,前者将所持有的科龙电器26.43%的股份以6.8亿元的价格转让给后者。这是双方各退一步的结果。直到2006年12月14日,海信才完成收购科龙26.43%股权的过户手续。

现任海信日本分公司高管高宏霞曾跟着汤业国等人一起来到科龙。一天早上,她收到一条宋文辉的短信,短信上就几个字:老顾签字了。她眼泪流了下来。那天晚上聚餐,汤业国喝了很多酒。"我知道他很难,喝了那么多。"她说。

周厚健后来说:"如果知道完成要17个月,可能就不收购了。原来预期2005年12月份就能过户的,我的心都疲沓了。"从达成收购意向到股权过户,耗时17个月。周厚健完成了当时国内家电企业规模最大、价格最高、情况最复杂的收购案。但是,艰难的并购历程只是第一步。

就在股权过户的一周多以前,海信大厦楼下堆满了各种文件柜子,大批人马整装待发。海信营销公司开始了大搬迁,奔赴顺德。他们开始过起了双城生活,在顺德待一年,每个季度有几天可以返回青岛老家。

当海信完成并购时,科龙的财报让人心惊肉跳。经过多次推迟之后,科龙在2006年的8月终于公布了2005年年报，年亏损额高达36.93亿元，刷新了国内上市公司年度亏损额之最。坏账、大量欠付费用、不良存货、过度无效投资、资产闲置、经济纠纷等潜在亏损集中爆发。

他们像是接管了一个重症监护室里的病人。

"海信是用跳下悬崖的方式来探测这个悬崖有多深。"一篇新闻报道这样写道。

2006年初夏，汤业国数次来到深圳证券交易所，沟通科龙2005年那份巨亏年报的事情。

在股权没有过户前，他虽是科龙总裁，但当时只是一个"打工仔"。交易所不接受这份不合规的年报，因为年报需要董事会通过，但在拘留所的董事不签字。（拖到8月份，这份不符合规范的财报才正式公布。）

这一天，已临近下班时间，汤业国才抵达交易所。他想将科龙的年报放在一楼的大厅里。一个交易所工作人员对他说，这份年报必须得拿走，不拿走就属于泄密，对股市造成的影响谁都承担不了。

司机连夜带着他开车从深圳返回顺德。凌晨四点，大雨倾盆。车子碰到水坑，熄火多次。司机走了神，车子跟前边的一辆车发生剐蹭。车上下来几个人，每个人手里拿着长棍子，叫嚣着，说你们必须把车上的东西都交出来，否则砸车。汤业国赶紧拿钱，息事宁人，对方记下了他们的车牌号，走了。万幸，年报没被抢走。

"这个小事跟海信收购科龙有没有关系？我也不知道，但我们很害怕这样的事情。"汤业国说。相比于收购科龙那堆糟心事，这真的算"小事"。

汤业国，山东青州人，操着一口山东话。他毕业于天津财经学院会计系，硕士研究生学历，曾在山东大学经管学院任教。加盟海信后，他花了7年时间做到集团副总裁，来科龙之前，他还分管着海信空调业务，是学院派转型为职业经理人的代表人物。他谦虚地说，在海信谈不上成就感，就是努力把分内工作干好，企业的工作很辛苦，非常累，闷头干。

2005年9月，他带着27名海信人接管已千疮百孔的科龙。他正式担任科龙总裁，被推到聚光灯下，不久之后担任董事长。在海信收购科龙的过程中，他是股权协议谈判的重要参与者之一，也是代理销售协议这个创新事物的重要制定者之一。他花了一年多的时间，调整理顺了科龙的经营机制，为摇摇欲坠的科龙撑起了一把伞。

他是一个奠基者。

履职科龙总裁那年，他42岁。科龙稳定后，他拥有了70平方米的办公室。房间空空荡荡，就一张4米长的办公桌，一个沙发。夏天再热，他也多是正装打扮。偶尔，他会给前来采访的记者开玩笑说，进入科龙后，我的头发正在慢慢变少。汤业国把科龙比作一个病人，一个症状复杂的病人。

周厚健分析了关键的病因。"80亿元的债务，银行40亿元，供应商40亿元。"

汤业国的任务是救活它。

那份充满创造力的代理销售协议功不可没。它对科龙恢复生产以及争取部分合作伙伴的信任发挥了重要作用。借助政府等部门的支持，查封的货物可以流转。恰逢"神六"发射，科龙借力启动营销活动，在央视等"神六"节目上亮相，在终端卖场宣传造势，向外界传递信心。

但这远远不够。

海信虽然投入了3亿元，但科龙一个月的支出费用就是7000万元，必须要让库存滚动得更快，让钱流动得更快。

科龙的仓库里隐藏着解决问题的答案。舒鹏回忆说，科龙在顺德有60多个仓库，一人分几个仓库去盘点，发现里边落了厚厚的一层灰。海信人发现，科龙的仓库使用极不合理。一个冰箱箱胆仓库，写着最大库存量1500件，但他们经过盘点发现，仓库里堆着6500件物料。汤业国查看了一个仓库，51万平方米，仓库的货都朽了。

仓库的配件库龄达到5年以上，很多金属器件都在溃烂，大量资金就压在这些不能配套的元件和未能及时清理的老垃圾上。科龙拥有大量闲置的土地和仓库。科龙欠银行的40亿元，恐怕有很多来自这些破铜烂铁。

舒鹏觉得，这是顾雏军当年接手科龙后，急于赢利造成的。"这样不对，从企业管理角度讲，你要搞清楚真实的优质资产是多少，做好跌价准备。东西放仓库，占地方，贬值，还要花钱来看管它。"

闲置和垃圾，代表着利息和成本。他和汤业国都觉得，顾雏军如果在企业管理、存货管理上更细致，兴许能避免资金危机。

汤业国开始出售无效资产，接手后的半年里，他卖地、卖物业、卖仓库。在他看来，对长期资产进行处理，是降成本、回笼资金、偿还债务、优化资产结构的好事。不这么做，科龙有可能会一蹶不振。

但有媒体称他是在卖地度日，还有人批评海信在掏空科龙。

他对媒体解释说："我们处理闲置资产是为了科龙公司的利益最大化和股东利益的最大化，不能把企业的这种经营行为和家庭居家过日子相提并论。"

他当时还打了个比方：居家过日子，是一个积累实物资产的过程，当然是攒的东西越多越好；企业是一个经营性组织，最根本的宗旨是要利用最少的资金来源，形成最少的资产，创造最大的生产经营规模和效益。

同时，他开始做生产基地的优化工作。科龙的18个生产基地，他关停了8个。理由是设备落后，生产力低下，地理位置偏远。有些工厂5年只生产50万台电器，产能太低。有些工厂的产权不明晰，容易引起纠纷。

汤业国将资金周转列入科龙的头等大事。2005年11月，他亲自为科龙的副部级干部开了一场培训会，主题为"清理资金占用，加速资金周转"。"各种占用形态必须处于不断运转中，任何停止都将使资金周转断裂"，汤业国在一份讲义里写道，里面还有复杂的图表与计算公式。

汤业国向销售部门传递利润的观念是：对于卖出的产品不仅要知道价格和利润，还要算直接间接费用、毛利、成本。他还将产品周转、资金周转纳入考核体系中。科龙的销售跟踪报告从原来的不分型号的一周一结算，变为一天一结，分型号汇报。

采购和营销开始挂钩。过去科龙对成本的关注，主要是从各个环节独立分别控制，与产品在市场上的利润关系不大。现在，营销部门对产品出一个定价，据此再将成本分配到各个部门，最终确保产品在市场上取得可观的毛利。

科龙的各个部门针对自身情况，出台了一批管理制度。他们调研了科龙的各个部门，通过交流沟通，发现问题。在采购环节，科龙的做法是提前一个多月就保证原材料到货，而海信入主后，要求最多提前两三天，有的甚至只提前一天就到货，这为公司节省了大量的现金流。在计划的环节上，跟踪每日生产进度和排产的情况，将库存管理做到精细化。

这实际上是海信稳健财务风格的落地。自2003年开始，海信连续多年将资金管理作为年度经营管理的重中之重。海信认识到加速资金周转、降低资金占用的重要性。

当时，科龙年销售额为80亿元，其原材料整体存货资金高达15亿元。而海信电视、冰箱、空调的年销售额总计为200亿元，材料存货资金才2个多亿，远少于科龙的存货资金。

"科龙偿还供应商欠款共计3亿元，此前已还3亿元。2006年下半年，科龙的银行应付账款减少了24亿元。科龙全部流动资金周转天数从2004年到

2006 年加速 203 天，目前是 140 多天。"周厚健在 2007 年 1 月接受采访时说。2008 年，他们还清了债务。

海信以代理销售的模式收购科龙，成为国内民营企业破产保护的范例

2006 年 12 月 15 日，海信人刘文忠来到科龙，当时他主要负责采购和制造。刘文忠上午到了科龙，下午科龙就因为某个零件的质量问题暂时停工了。

刘文忠来科龙的前一天，顾雏军的股权才正式完成过户。尽管厂房里有大约几亿元的生产材料，但物料配套仍然不足。他说："有时候缺个螺丝钉也不能组织生产，我们那时候遇到过这种情况。供应商因为信心不足，或者遗留问题没有解决，供货积极性和主动性也不够。"

汤业国正为欠供应商几十亿元而焦头烂额。科龙欠供应商钱，时间最长的有一年。早些时候，债主堵门、堵电梯，有的要不了钱，就把科龙公司其他的货物给拉回去。汤业国几乎没有假期，桌上放着几盒金嗓子喉宝。

他不断地向债主们解释，"不是有钱不还，货物流转起来才会有钱"，"一次不能付清货款，分10次行不行"？

汤业国每天早上做的第一件事情，就是看昨晚收了多少钱，"100万也好，200万也好，500万也好，只研究今天怎么过得去，明天的事再研究，你还得发工资，越是这个时候越不能少一分，不能拖一天"。

为安抚人心，科龙召开了多次供应商大会，承诺还钱。还钱的规则是：既保证科龙的正常生产，也保证供应商的正常生产，尽快地支付货款。这种态度赢得了部分供应商的认可。虽然偶尔出现因为缺个螺丝钉就无法生产的事故，但科龙厂房的机器始终轰鸣，从未真正停产。

刘文忠回忆，他们后来通过谈判来增强大的供应商的信心，带动小供应商的积极性，保证供货的及时性。"这个过程经历了大半年。那时候大家整天忙，效果确确实实，虽然很辛苦。"一边生产，一边还钱。一边还钱，一边生产。2007年后，科龙的生产系统逐渐流畅。最能增强供应商信心的其实是科龙在卖场里的销售业绩。有新闻报道，在2006年底，科龙的欠债只有10亿多了。

有两件事情，汤业国至今还印象深刻。

科龙当时欠上海日立1.5亿元，上海日立的高管和汤业国认识。汤业国拿着10万元银行汇票，找到这位高管说：我暂时还不起钱，我还想买1000个压缩机。对方说，钱暂时不用还，然后给了他5000个压缩机。还有一家南方的公司，它欠了科龙47万元，对方的高管提着一个黑色塑料袋子来还钱。日立和南方的这家公司都曾经跟海信有过合作，它们认可海信的口碑。"海信在社会上的口碑，以及海信的诚信起了决定性作用。"

2006年底，海信人贾少谦来到科龙，担任副总裁，主管人力资源和行政。那年他34岁，自嘲是"毛孩子"做副总裁，后来担任海信科龙总裁。现在，他是海信集团总裁。

1997年毕业后，恰逢海信一次吸纳高校人才的大规模招聘，他就进入了海信，从底层一步步做到高管。如今，他拥有一个私人的微信公众号，借助跟供应商和客户的互动，去了解真实信息。他的理由是，"信息层层传递后，重要的消息可能会被屏蔽"。

"毛孩子"做副总裁的代价是，从那个时候起，他和汤业国一样，开始不断地掉头发。

他承担的是一项极具挑战性的工作，那就是文化整合。海信与科龙，一个稳定一个动荡，员工心态有差异；一个北一个南，区域文化有明显差异；一个国企一个民企，工作方式有差异。"这是海信历史上的第一次大型收购，虽然发生在国内，但也是一个跨文化收购，广东文化和山东文化差异太大了。"

周厚健知道文化整合的重要性。他说："世界上并购案但凡成功的，是首先重视了文化的认同与整合。海信重组科龙的成败关键也在于文化的整合能否成功。"

并购之后的整合绝非易事，一个例子是，TCL并购汤姆逊彩电业务一度受挫，除了对技术误判外，文化冲突造成的整合成本也是一个重要原因。

汤业国刚到科龙时，每天面对一堆需要签字的报告，购买打印机这种琐事也需要他的批准。这是一种高度集权的组织架构。

一个几千元的活动，需要10人以上签字，而在海信，类似的情况签字者不超过5人。

2005年10月，汤业国对科龙的组织架构进行调整。17个部门缩减为12

个，6个层级缩减为3个。集团总部400人的管理层，配有27部轿车和12名秘书。调整之后，仅剩下46人，7部车，2名秘书。

另外，组织架构调整后，分公司总经理权力增强，实行总经理负责制。总经理拥有分公司的人事权、财务权、决策权。同时，科龙成立了国内、国际营销公司，各自拥有独立的人事财权。"必须上中下游分权，必须要调整，每块业务独立经营，独立核算。再一个，个人绩效要根据业绩衡量，不能吃'大锅饭'，这是海信执行很多年的老方法。"汤业国说。

当时有媒体以"海信进驻，科龙干部全部走光"为题做了篇假新闻报道。汤业国发怒，投诉。在敏感脆弱时，谣言会打乱海信拯救科龙的工作。后来，报社开除了员工并道歉。

一系列架构调整造成部分科龙人员的离职，而科龙自身的动荡也让部分员工心态不稳定，有抵触情绪。一个例子是，海信派驻的员工和科龙员工住在一个小区，当时安排了中巴车接送，这让科龙人不满，因为科龙的通勤车已经取消了。汤业国知道此事后立即取消了中巴车。

"管理"二字，管为制度，理为人心。汤业国需要照顾到老科龙人的心。在并购的初期，员工的安全感、自尊心都相对脆弱，海信和科龙两种身份，很容易被解读为强者与弱者的对立关系。曾有科龙员工对媒体说："科龙这些年的确出了问题，但海信不能说科龙不好。"这多少反映了科龙老员工的心态。

"顾雏军被抓后，有些高管被抓，有些高管离职，员工不知道老板是谁，企业给我收入我就干，很多科龙的员工可能会觉得不知道海信之后换谁，像个没妈的孩子。"贾少谦说，从情感上讲，他理解科龙员工的心态。汤业国不断强调，海信是融入科龙而不是进入科龙，不是海信文化吃掉科龙文化，而是依据实际情况，将两种文化加以提炼升华。

适应，是双方都需要同步进行的工作。那些在海信担任要职的海信人来到科龙，住集体宿舍，吃不惯粤菜常常饿肚子。后来，他们找到了一位厨师，偶尔做几盘山东菜。一位海信的女员工来到科龙3个月后，因为经营压力以及对企业文化不适应，跟领导打电话说，她想跳河。一些海信人也会崩溃、哭泣。

因此，海信人也需要适应。贾少谦说，海信人到科龙像创业，但这个创业又跟一般创业不一样，"第一，你欠了几十亿元的外债要还；第二，你手下的这些创业者和你同心的人有多少是需要时间去观察的，这不像咱三五个人一块创业，彼此互相了解"。

在救活科龙的巨大压力之下，汤业国必须要确立制度，提高效率，而这些制度不可避免地制造了紧张感。

海信接手科龙后，取消了原有的2个小时的午休制度，中午就餐时间缩短为1个小时。以前，科龙全凭员工自觉和领导监督，现在，公司建立了较为严格的考勤、打卡制度。为培养员工的经营意识，科龙还在整个企业推行视频会议制度，讨论经营情况和销售情况，由于两位区域经理在视频会议上态度不端正，被公开通报批评。

贾少谦认为，摩擦的主要原因是文化不同。"科龙没有形成加班文化，到点就都走"，"海信是组织和企业至上，但科龙强调的是个人至上，于是就产生了碰撞"。

拯救科龙，海信需要在企业生存和员工管理之间找到一种平衡。刚到科龙时，贾少谦到科龙生产线看过。墙皮脱落，地上散落着螺丝钉和塑料纸，走路硌脚。当他去检查员工生活时，既惊讶又疑惑。有些员工宿舍类似民工宿舍，是由车间改造的板房，非常简陋。

顺德上万名员工，中午就在路边随便买点炒米粉和粥，草草了事。"我们觉得不可思议，怎么会有这种现象？货币化的分配体系不应该把人性关爱的东西放弃了。"2007年，在生存困难的状况下，他们在科龙投了700万元建了食堂。后来，他们又为员工盖了宿舍。

贾少谦说，企业最大的特点是持续经营，而不是做一锤子买卖，为了长期的竞争，应该做好投入。这笔福利投入果然发挥了作用，2013年珠三角招工难时，很多人因为科龙公司福利待遇好，而加入了科龙。

海信始终不克扣工资，且按时发放。不过贾少谦发现，因为科龙当时经营困难，员工们都拿不到奖金。他和汤业国商量之后，对薪酬体系进行了改革，设立了保底线：企业经营好，大家拿得多；企业经营不好，也能拿到40%的保底奖金。

十多年之后，贾少谦反思，科龙跟海信融合出现摩擦，一个重要原因还是双方沟通不够，没有将现实情况说清楚。当时，科龙很多中层干部并不知道科龙具体的负债情况和家底，海信人又承受着巨大压力拯救科龙，拼死拼活。

不敢彻底公开的原因是，"怕伤害他们的自尊，怕伤害他们的感情，所以在很大程度上来讲，越想去维系一种情感，越会隐隐约约地把很多问题藏在面纱里，这样越会产生隔阂"。

也就是在磨合之中，海信人通过自己的行动慢慢感化队伍。几位接受本书作者采访的高管都说，真正解决文化融合问题的时间，是在2012年之后。公司逐步赢利，偿还了债务，员工的办公条件和福利待遇都有了大幅度提高。

这个看似简单粗暴的解决方法就在公司总部大厦邓小平铜像背后，那里刻着几个大字：发展才是硬道理。"核心就是让企业恢复生产，让员工看到希望。"贾少谦说。

有一次，海信时任总裁刘洪新在一次月度会议上，推荐了一本名为《增长力》的书。在现场，刘洪新分享了书中的部分观点：增长型企业可以使员工增加斗志、增长自信，并为员工提供更广阔的发展空间；而增长停滞的企业却弥漫着负面的心态和气息，优秀的人才萌生退意，剩余的人则在毫无激情地工作着。

很多人都曾就海信科龙并购整合跟贾少谦讨论过"发展才是硬道理"这句话。但他常告诉对方的一句话是：科龙的问题恰恰证明了中国改革开放的艰辛，企业运营也不可能一马平川。

2010年，科龙的股票名称还是科龙，但公司实际名字早已经换成了海信科龙。在海信集团那年的运动会六大项比赛中，海信科龙拿到了4座冠军奖杯。一个名叫蔡刚的海信科龙员工在长跑项目上拿到了第二名，他说："2010年就是龙腾虎跃的开始。"

蔡刚那年37岁，喜欢长跑，在顾雏军时代进入科龙。当科龙出现危机时，他和其他员工一样也曾陷入迷茫：海信能拯救科龙吗？自己还能待在这个公司吗？那时，他爱跑步。

海信收购科龙后，慢慢涨工资，研发、工艺、销售的工资统统上调。他继续跑步。

2010年，海信科龙在运动场上的优秀成绩充满着象征意义。5年前，周厚健在运动会现场得知了科龙危机，开始了曲折艰难的兼并行动；5年后，海信科龙公司全年实现主营业务收入158.31亿元，同比增长32.37%，实现归属于母公司所有者的净利润为5.85亿元，同比增长274.10%。

当年，证监会批准海信科龙向青岛海信空调有限公司发行约3.62亿A股股份，收购对方旗下冰箱、空调和模具等白色家电资产，以解决与海信集团之间的同业竞争问题。这次资产重组过后，海信科龙净资产实现由负转正。海信集团将白电业务注入科龙，完成"白电加黑电"布局的同时，又实现了中国南北市场的彻底整合。

准确来算，只有注入资产完成时，这桩收购才算真正结束。在此之前，海信并非控股股东。

实际上，早在2007年，集团就已经开始筹划此事。2007年11月，科龙公布定向增发融资25.4亿元收购海信白电资产的初步方案。

但到了2008年3月，该方案被证监会否决。5月，科龙重新发布了资产重组的新方案，将海信资产的作价调低至16亿元，再为海信旗下白电资产注入铺路。两个月后，双方又主动宣布暂停重组。

暂停的原因是：国际及国内经济形势发生了重大变化，全球性金融风险加剧，能源和主要原材料价格大幅上涨，国内及境外资本市场大幅波动，国内宏观经济形势严峻，诸多不利因素叠加使得未来一段时间内实施此次资产重组并非最佳时机。

2008年，全球爆发经济危机，顾雏军被判入狱10年。那段时间海信科龙的高管们，不仅被业绩和整合的压力折磨，而且外界的经济下行也吞噬着他们的努力。一位高管讲起科龙往事时说："那段时间很痛苦，需要学会忘却。"

为了挽救科龙的经营危机，周厚健、于淑珉都曾在顺德驻扎很长时间。

海信的一位高管开玩笑地表示：海信几乎所有的干部都去科龙轮训了一遍。科龙是一个"痛苦的练兵场"。而这批经过淬炼的队伍中，一批人带着他们的经验以及教训开始了国际化并购的征途，一批人则开始在海信集团其他业务部门担当重任。

一个叫冯涛的年轻人最终留在科龙，现在是海信冰箱公司副总经理。他每天都在琢磨，怎么让现在的冰箱卖得更好。他还记得当时的顾雏军，脾气不好，老骂人，喜欢打牌，你打得好，他骂你，打得不好，他还骂你。还有一个叫林澜的科龙副总裁，在顾雏军被抓后，维持着科龙海外业务的正常运转。"你不要看林澜嘻嘻哈哈的，他是真正的男人。"周厚健评价道。林澜现在是海信集团副总裁，他开启了海信真正意义上的国际化征程。

2006年，汤业国辞去科龙总裁职务、担任董事长之后，两位总裁继任者因业绩不佳而陆续辞职。

接着，海信科龙迎来了第四位总裁周小天，他在2008年全球经济危机爆发的几个月前加入科龙。前几任总裁是海信内部培养的干部，周小天则是空降兵。此前，他在德国西门子工作了13年。在制冷和冰箱界，他获得多项专利，是技术权威博士。尽管在西门子还有职业上升空间，但海信科龙的技术氛围吸引了他。

"希望海信科龙是退休前最后一站。"他曾对媒体说。

他曾奉行周游世界、按时休假、周末不加班三法则，在圈子内以享受生活著称。加入科龙后，他的三法则换成了公寓、办公室、食堂。

刚入职时，他就观察到一个不妙的现象。在生产线上，虽然看到有大幅提高生产效率的可能，但工作人员的工作状态让他没有条件去提升生产效率。员工没有归属感，责任感和使命感不足。企业经营混乱，效率低。当时大宗材料上涨趋势明显，而冰箱的价格却在不断下降，可谓危机重重。

他采取的第一个重要措施就是引入行业标杆项目，目标是一年内降低3亿元成本。这个目标遭到管理层的反对，有的担心降成本会影响质量，有的觉得大家都在救火，没有时间搞这个项目。他花了两个月的时间，分享西门子的经验，现场示范改进空间，跟团队讨论，最后达成共识。

他组织培训，梳理流程和组织架构，从西门子引进专家。终于，这个标杆项目实现了既定目标，他的方法开始在海信集团内部推广。

2010年，海信科龙赢利。

在白电领域，海信科龙还是一个追赶者和挑战者，规模和效益都需要提升。周小天对《海信时代》说，进步是因为公司基础差，管理薄弱。他谈到了公司的"虚胖"和"体态臃肿",流程和人才金字塔还需要慢慢搭建。

2011年6月,周小天因为个人和家庭原因离职。他在接受媒体采访时表示,在海信科龙做总裁的3年像打了兴奋剂。离职的一个原因是因为工作而忽略了家庭,他希望补偿家庭,连轴转工作之后,他身体状况比3年前差了很多,也希望能够修整一下。

离职,换人——曲折。企业活过来了,但企业要活得更好——曲折。冯涛说,并购之后,海信的渠道和科龙的渠道并不兼容,一个领导过来砍掉代理商,一个领导过来又推倒前任的计划,发展代理商,"很可惜"。

2012年,公司净利润达到7.18亿元,成为ST板块近百只个股中"最赚钱"的ST股,经营性利润高达5.97亿元,增幅超过200%,净资产收益率高达47.47%,在同行业上市公司中高居榜首。

通过一款炒股软件,你大概就能知道海信为拯救科龙而付出的艰辛。在同花顺上,这家公司被海信收购后,曾用名有很多,比如ST科龙、S*ST科龙、*ST科龙。科龙的这些前缀代表境内出现异常情况的特殊公司所享受的待遇,俗称"披星戴帽"。这些公司要么连年亏损,要么有退市的风险,通常是投资者唯恐躲之不及的股票。

2013年,公司"脱星摘帽",它的股票名称由"科龙"变为"海信科龙"。

2018年中,"海信科龙"证券名称变更为"海信家电",科龙不再是一个企业的名称,而是一个产品品牌的名字。变更的原因是,海信科龙已从单一生产冰箱、家用空调的家电制造企业发展成为集生产冰箱、家用空调、中央空调、洗衣机、厨房电器、环境电器、商用冷链等产品于一体的综合电器产品制造企业。另外,海信通过赞助世界杯等营销活动扩大品牌影响力,更名,是为了利用海信的知名度。

目前,在中国白电领域,三大巨头在前,海信家电还在追赶的路上。

2018年财报显示，海信家电实现营收327.91亿元，同比增长7.76%，净利润为13.77亿元，同比下降31.75%。

贾少谦称，海信白电在2025年要实现年销售额1800亿元的新目标，这个目标颇具挑战性，但并不是无法完成。他在接受媒体采访时表示，已经找到"一把打开任督二脉的钥匙"。首先是组织架构的变革。以研发体系为例，主打白电的海信家电已经将各个品类公司所属的研发中心进行整合，成为一个大的白电研发中心。其次是梳理产品。集团在产品端布局更深，除了冰洗、空调产品外，还有抽油烟机、灶具、消毒柜、电磁炉等厨电用品。

海信白电拥有海信、科龙、容声、日立、约克、Gorenje等品牌，海信也对这些品牌做了非常清晰的定位。Gorenje是全球化的高端家电品牌；科龙是一个空调的专业品牌；容声定位是冰箱品牌，将更加强调质量。在ToB（面向企业客户的业务）领域，日立品牌（中央空调）定位于全球化一线品牌，约克定位于中国一线品牌，海信品牌将以科技感为主要品牌诉求，定位为中高端，以集团力量运营。

"科龙"变为"海信科龙"，是从一个垂死的病人变为一个正常人。

这是往事。

"海信科龙"变为"海信家电"，是从一个正常人变为巨人。

这是未来。

它不是模组，它是命运

优秀的造物者，都喜欢用一个斗篷，将一系列复杂的技术遮住。当你买了他的产品，只需照着说明书演练一番，就能上手了。

斗篷盖住的复杂秘密，那就太多了。

就拿电视来说，我们经历了黑白电视，笨重的彩电，接着就是平板液晶电视。直观的感受是，画质越来越好，功能越来越多，内容越来越丰富，遥控器的按键越来越少。那后盖就是个斗篷，技术的迭代升级都藏匿在斗篷下。

感兴趣的话，你可以拆开液晶电视机，你会看到各种电线、集成电路以及一块屏。屏的运作，主要靠背后的背光灯组件，背光灯组件发射的光射到屏上，屏又通过对光的处理而后形成图像，然后，你就看到画面了。液晶屏幕、背光灯以及其他一些必不可少的驱动组成一起的组件，就叫模组。它不仅存在于电视中，而且存在于手机、电脑里。

也许你不知道，你拆开的那台电视机，最贵的零件就是屏，屏的另外一种称呼叫面板，它占一台液晶电视成本的70%。屏大多是由日韩等国外企业生产的。

中国的电视机厂商都是从这些外国公司购买面板。

那你可能要问了，面板利润这么高，中国的家电企业为何不做？

因为面板生产线是资金密集型项目，类似半导体行业，风险高。另外，面板技术门槛高，日韩公司又在做技术封锁，很长一段时间内，中国缺乏此类人才。即便近两年中国面板企业零星出现，但差距还是很大，处境正如当下的芯片产业。

这些日韩面板厂商，以前还顺带着做模组，后来它们完善了模组，把信号处理、图像处理功能加了进去。面板的功能越来越多，最后中国的电视机厂就剩下拧螺丝，做个机器外壳了。

有一次，周厚健去参加一个电子展。他和一家面板企业的负责人交流，说："你们这么做的话，我们干什么呢？"那个负责人说："周董，机壳大有可为啊。"这话的意思是，面板公司卖面板挣大钱，中国的家电企业就做壳子，挣一点点辛苦钱，做个遮盖技术的斗篷，话语权丧失，陷入被动局面。

周厚健受了刺激，决心做模组。这个决定是在2004年形成的，"信芯"诞生前一年，这个决定跟他看到电视芯片被别人卡着脖子，于是决定做芯片的逻辑一致。模组处在液晶产业链的中游，是连接上游关键面板等零部件和终端整机的重要环节。周厚健试图往上游挤一挤，稍微摆脱上游的一些控制。但是做模组，少不了面板。他就跟面板厂家谈："我要做模组，你们可不可以给我供面板？"

周厚健得到的答复是"不可能"。"全世界所有的企业都不供，斩钉截铁地不供，它不供面板我怎么做模组？如果我们做模组的话，不就把它们向整机延伸阻断了嘛。"

对此，海信内部的意见不统一，电器股份公司有人觉得难，但他决定做。时任总裁于淑珉开始筹备模组团队，带着技术团队去调研，寻求合作。

刘卫东博士肩负重任，这是继"信芯"之后，他承担的又一个重大项目。他跟面板厂谈合作，对方瞧不起他。"你们干吗做这个东西，你们会做吗？你们能做好吗？你们做的肯定是一堆废品。"刘卫东也不生气，一来，他们还是上游供给方；二来，"我们某些技术也不是特别好，也得承认"。

尽管碰壁，但海信最后还是找到了突破口。中国台湾做面板的公司奇美电子、日本的日立公司都愿意与海信合作。

三年艰苦攻关。

曹建伟回忆，当时模组研发规模虽小，但公司对此非常重视，几乎是用尽了全力。他上班后的第一件事情是开早会，复盘进展，梳理并安排工作，"我几乎有大半年的时间都耗在这里了"。他是2002年加入海信的，是电子信息集团研发显示部的专家，他口中的专业屏幕词汇量惊人，这可能与他经历了21世纪所有的主流屏幕技术有关。

海信液晶模组生产线

2007年9月，位于青岛经济技术开发区海信信息产业园内的海信电视液晶模组生产线正式投产，随着首批"海信制造"的液晶显示屏从生产线上下线，中国液晶电视模组几乎全部依赖进口的现状被彻底打破。

中国彩电行业第一条液晶模组生产线由此诞生。"海信是通过自主研发模组，以及模组整机一体化开发，掌握了核心技术。"曹建伟曾在一次公开发言中说。

直到正式投产，业内人士才知道海信做了模组。2007时，周厚健对媒体解释说："涉足模组制造风险很大，事情没有成功之前要低调。"

周厚健的计划是，投资7亿元，建多条生产线。2007年9月投产的生产线只是规划中的第一步，2008年8月，海信模组二期工程建成投产，投资约

2.1亿元，形成150万片制造产能。接下来几年，海信模组的产能继续扩大。

海信还建成了一条LED背光模组生产线。所谓LED，就是我们现在常见的平板液晶电视的一种。

"芯片和模组是电视的两大核心部件，'信芯'结束了中国彩电业'缺芯'的历史，我们希望做好模组，从而改变彩电业'无脸'的现状。"刘卫东当时接受采访时表示。

就在模组生产线悄悄建立时，刘卫东还有个任务。2006年底，他带领的"低成本动态LED光源系统开发"课题获得国家"863计划"支持，这是我国彩电企业首次承担国家"863计划"在该领域的课题。2007年7月，海信大尺寸液晶电视LED模组技术开发及产业化项目中标电子信息产业发展基金重点项目，海信成为该项目唯一中标的彩电企业。

2008年，海信推出了国内首款全球最薄的42英寸LED液晶电视。在全球，当时也只有包括海信在内的4家企业将大尺寸LED背光源电视液晶模组应用到产品上。当时，青岛作为2008年奥运会帆船比赛举办场地，这个产品趁势推出，震撼了整个行业。

对于模组，海信的计划是自用。

刘卫东称，在上线模组的前一年，海信只有40万台液晶电视，当时规划的150万片产能的野心确实大，但事后证明规划很有前瞻性，因为此后海信液晶电视开始大发展，在很长一段时间内，"在中国电视机企业里，海信是中国规模最大的模组厂"。

批量的模组生产降低了整机的成本。《第一财经日报》援引一位专家的话表示："经过将液晶模组与电视整机中电源、主板、结构件的整合，液晶电视的整机成本可以降低10%。这对于利润率一般在5%~6%的彩电企业而言已相当可观。"

2010年前3个季度，海信通过液晶模组为企业带来了4000万元的净利润。

而在刘卫东看来，模组还有两个优势。第一，如果是面板厂做模组，到整机最终成形，需要流转多次；若是整机厂做模组，加上机壳和少数配件就是一台液晶电视，提升了流转效率。第二，对于海信来说，自己做模组，可以根据需求灵活调试，比如画质亮度不行，调试模组就可以实现差异化产品优势。

周厚健曾先后5次向信息产业部（现为工业和信息化部）领导汇报。

"做模组是唯一可以阻断它们来侵蚀我们电视制造业的办法。"海信做成了模组之后，信息产业部召集7家企业来谈共同做模组的事。"最后在部里的推动下全国都开始做模组，就把全世界的毛病给改了。现在中国大量使用的模组是由整机企业来做。主动权又回来了。"周厚健说。

在海信之后，TCL、康佳等中国的家电企业开始涉足液晶模组。

2008年4月，TCL宣布投资13亿元建设产能超过800万片的12条液晶模组生产线。几乎同一时间，创维购买广州LGD（乐金显示）液晶模组工厂5%的股权，并在广州LGD工厂附近建设整机工厂，以此进入液晶模组领域。2009年，康佳在昆山的年产能达410万片的液晶模组生产线正式投产。随后，它们又进一步扩大了产能。

"周董把整个行业都翻转过来了。"刘卫东评价。

于无声处听惊雷。

周厚健扮演了一个低调但又非常重要的领袖角色。这场由周厚健主动发起的温和行动，最终逆转了行业的竞争格局。国内的家电企业切入模组行业后，掌握了一定的主动权，避免了"我为鱼肉"的危险局面。国外面板企业试图借助模组向下游垂直整合的机会被切断，它们又回归到面板供应商的伙伴角色。

海信人物画像之费立成：

"重要的是开始了就不要停下"

费立成加入海信的时间甚至早于周厚健。他于 1980 年 12 月 22 日加入海信，如今已近 40 年。

普通车间工人、班组长、技术员、工段长、车间技术组长、副厂长、厂长、总经理助理、微电机厂分厂厂长、照相机厂分厂厂长、音像公司总经理、模具公司总经理，这是费立成回忆版本的不完全职位变迁史，从这些职位便可直观感受到他见证了海信的成长与发展。

用他自己的话说："我的一切都是海信给的，所以我的一切都源于海信，我生是海信的，死也是海信的——我无数次和我的家人朋友这么说。"

这话真诚且严肃，费立成在接受采访的过程中，给人印象深刻的是他富有幽默感，苦涩的经历也更多用自嘲的方式来表述。他回忆自己当年被派去处于艰难中的微电机厂时说："我绕厂区转了一圈，眼泪就出来了。"他有山东青岛口音，为了一次推广会的演讲苦练普通话，"我觉得我讲得很好，下台后一个老教授抓住我说，费总，听了你的演讲，我就像是回到了家乡，太亲切了——从此以后我放弃了学习普通话。"

在加入海信日立公司之前，费立成在模具团队任职，他很纳闷，海信日立团队的管理者都是博士，周总为什么要把他这个连大学都没上过的人派来这儿？

2003年1月8日海信日立注册成立，主营产品为中央空调（多联机）业务。2月18日举行奠基仪式，厂房还没建好，"非典"就来了。费立成从北京飞回青岛开会，整架客机就只有海信的几个员工。计划中，7月18日第一期厂房就要竣工投产，没人相信能如期完工——"特别是日本人"。

日立方面对"非典"如临深渊，认为这是不可能完成的任务，想延后投产时间，但费立成态度坚决，不同意。没有办公室，他就向模具公司借房子、在集装箱里装空调作为办公区，"硬干起来的"。

2003年7月18日，海信日立竣工投产，现场有媒体采访，费立成照着准备的发言稿，硬着头皮说，10年做到20亿元。厂房很空旷，他觉得自己在胡说八道。他只是想，自己有生之年，能不能把这个厂房填满了。

10年后的2013年，费立成不仅让海信日立填满了当初那个厂房，还把连自己都不信的数字从20亿元变成了切切实实的30多亿元。2018年海信日立成立15周年时，海信日立的营业额超过了100亿元。

这是费立成第一次经营如此大规模的公司，注册资金1亿元，厂房和设备就花光了这1亿元，生产时已经没有流动资金。需要贷款，海信日立争取不到担保，银行的人都躲着费立成走路。最终，日本三菱银行给了海信日立小额度的贷款。

"都是困难，没有任何方法，有一种'叫天天不应，叫地地不灵'的感觉。"费立成后来回忆海信日立成立初期时这么说。第一年亏损，日立方提出要求海信日立裁员、降薪，费立成决定不仅不裁员、不降薪，还提出口号，要在黄岛工业园里用最好的班车接送员工，让工业园里最好的人才都看到，"我们公司真的是上上下下憋着一股劲儿"。

第二年末，海信日立扭亏为盈。这的确让当初不看好海信日立对等投资模式的人刮目相看。海信日立这家合资企业，海信与日立各占股49%，当时合资模式大多为一方控股，对等投资极为少见。

而日立和当时在中国投资的很多跨国公司一样，在投资初期，看中的是中国的政策利好与低廉的劳动力成本。用周厚健的话来形容，海信日立对于日立的中央空调业务来说，只是一根指头，顶多算个胳膊，但对于海信的这个产业来说，海信日立就是全部。也就是说，海信日立在两个大股东心目中的位置不一样，日立断了这根手指，不会影响大局，但海信如果少了这块业务就会在这个领域里失去位置。

费立成如履薄冰。中央空调的技术比家用空调复杂得多，他发现另外两家竞争对手也没有掌握核心技术，只是把芯片技术解码，一旦运行复杂状况就会出现难以解决的问题。在这之前，他几乎只关注业绩，对技术研发"放任不管"，费立成叮嘱员工要始终把市场放在第一位，把客户利益放在第一位，"谁不把市场放在第一位，就是不把企业利益放在第一位"。周厚健因此对他没有停止过批评，即使周厚健明白，海信日立经历过磨难，费立成为了拿订单呕心沥血。

转变就发生在发现技术壁垒之后，费立成下定决心要掌握中央空调的核心技术，做强研发，但他也半开玩笑地说，是被周总批怕了。

2006—2009年，海信日立更加注重博士人才引进，外籍专家成为引援重点；费立成多次带领经营班子根据不同发展阶段调整研发组织架构，优化开发流程，改进激励制度，鼓励研发人员争取每年在申请专利、技术鉴定等方面做出技术成果；经营班子与研发人员定期座谈、交流，每年年底费立成必做的一件事就是与研发人员聚餐，请大家说出心里话。2010 年，3-6p 水冷模块开发成功，日立的技术提成费到账——这是第一次，钱不算多，但每个员工都很兴奋。

海信日立成立 7 年时，海信与日立的合作才开始有了真正的技术交流，费立成感觉踏实了一点儿，他没想到非技术人员出身的自己，有一天也会鼓励研发人员："海信日立就是剩下最后一分钱，也要把这一分钱砸到研发上，就是要传递一种全力做研发的理念，让公司上上下下不要有退缩的念头，强调的时候要做好研发，没强调的时候仍然要全力以赴做研发，就是要形成这种机制。"

在 2015 年海信集团的年中经营会上，海信日立是为数不多的被评价为"对技术研发强调比较到位的公司之一"。

费立成办公室的墙上有四句话被装裱了起来："施乐错过了激光打印技术，惠普却因此建立起一项巨大的业务；柯达对数码技术的迟疑造就了之后很多的数码摄影技术公司；对仓储式卖场的应对不力，让西尔斯公司辉煌不再，却产生了今天的沃尔玛、麦德龙和家乐福等零售巨头；电子商务的出现威胁到传统实体零售业，在中国，我们看到淘宝、当当和京东等一批网上商城的兴起。"

他还找人将施乐与惠普的案例翻译成日文，送给分管技术研发的日方副总办公室、海信日立开发中心，以提醒所有研发人员：如果没有研发，海信日立不会有今天；如果不重视技术，等于慢性自杀；如果研发不强大，企业毫无未来可言。

2008 年全球金融危机爆发，海信日立开始进军房地产配套领域，5 年时间与全国 360 多家房地产公司建立稳定合作关系，与其中 38 家知名地产商签订了长期战略性合作协议，广州大一山庄、大连西山别墅、深圳天琴湾、北京盘古大观等高端住宅区或商用写字楼在装修阶段就装上了海信日立的中央空调。2013年，海信日立成立10周年，销售额突破40亿元，年平均增长率达30%以上，这与海信日立进军地产配套战略密不可分。随着房地产市场的发展、家用中央空调产品的普及，家装零售市场成为中国中央空调市场中增幅最大、增速最快的产品板块。美国、日本家用中央空调普及率高达70%以上，而中国家用中央空调普及率在5%~10%之间——增长空间巨大。

而且，这种良好的市场走势没有在那一年停止。根据艾肯空调制冷网统计，2018年度中国中央空调市场整体容量逼近1000亿元，在由大金、海信日立、美的、格力4家企业组成的第一阵营里，海信出货额排名第二，超过100亿元。

但海信日立有所不同的是，费立成多年来一直坚持"款到发货"，从未改变，哪怕他被周厚健称为"不会用经济手段的土财主"。

双品牌战略，让海信日立从商用市场做到房地产市场、家装市场，再到国际市场。15年来，海信日立保持了每年30%以上的增长率，销售额从成立当年的3000万元，到接连突破10亿元、50亿元大关，并在2018年实现突破百亿元规模的目标。

不管是哪个阶段接受采访，费立成说的永远是"我们做的还不够，主要是运气好，谈不上能输出经验"。

他并非过分自谦，务实已经成为他无声的标签。

在他看来，海信日立成长到现在没有秘密——"海信日立能发展到今天，我有一个深刻的体会，就是持续做好自主研发、产品质量、渠道维护、服务提升等基础的工作，即使在困难时期，我们也没有改变这一初衷。"费立成说，"这么多年来，海信日立可以少挣钱，但没有为了哪一笔合同或者眼前的经营目标去做一些不计后果的事情，从来没有动摇。我们一直要把主动权牢牢掌握在自己手中，一开始做事可能没有明确、清晰的理论依据，后来发现这是对的，就会一直坚持到底。重要的不是什么时候开始，重要的是开始了就不要停下来。"

这些年，他成了海信日立的黏合剂，黏合了海信与日立，中国人与日本人，市场与技术。如今，他也终于明白了周厚健最初派他这个连大学都没上过的人管理海信日立的用意，"原来就我这一个不是博士的人，在这也可以协调得很好"。

海信在商用多联机领域保持行业领先

第二章　冲刺（2009—2016）

技术是海信成长的命脉，当海信变成一个电子信息产业的"巨无霸"时，它如何在主业之外开辟新的路径呢？

激光突围

"让海信从容地搞技术投入、技术开发，像索尼一样靠技术差异性吃饭。"20世纪90年代的周厚健一直相信，市场会给海信一个合理的利润空间，即使那时压价战术在充满硝烟的电视战场上层出不穷。

如果说那时周厚健的如上言论过于理想主义，那么激光电视则是他作为一个技术理想主义者所付诸的实践。

工信部电子信息司副司长乔跃山曾在一次公开讲话中说道："在CRT（阴极射线管）时代，我们中国品牌只能做整机生产，不掌握核心技术，因此只能连年打价格战，连年在亏损的边缘挣扎，绝大多数利润被外资品牌抢走；在平板电视时代，中国品牌的处境有了很大改观，但还是跟着欧美日韩在走，不需要对战略方向考虑太多。"

几十年来，海信都在不断思考中国彩电企业的方向。

经过了一代代的技术更迭，液晶电视成为目前市场上最普遍、最强势的主流电视显示技术产品，这是一些曾笃信PDP（等离子）技术的专家未曾想到的事。同样地，他们也无法准确预测液晶电视在市场上作为主流显示技术产品还有多长时间，能有多大的技术进展，但可以肯定的是，液晶电视终会被新的技术产品淘汰。

对于一直饱受日韩显示技术和显示产业控制与宰割的中国家电企业来说，激光显示这一全新的视觉解决方案，被赋予了机遇和使命。

海信激光电视现已成为行业领军者

海信激光电视这个产品的立项起始于2006年。海信在与专家学者交流中认识到，投影技术在满足人们观看电视的需求方面有更多的技术优势，并且激光技术在逐步成熟，半导体激光器的体积减小了，成本不断下降，使用寿命也在不断延长，达到或超过其他技术的电视产品的寿命应该是完全可能的。

相比于液晶电视用的背光，激光用于显示能更自然精准地还原人眼能看到的颜色。人眼能分辨自然界中的上百万种颜色，液晶电视只能覆盖人眼色域范围的60%左右，而激光显示的色域覆盖率可以达到人眼色域范围的90%以上，即90多万种颜色。颜色准确、画面层次丰富，绝美的场景常常只有激光才能最好还原。国际最高的色彩标准BT2020就是由激光来定义的，激光显示技术最先被应用于顶级的显示领域——电影工业。

从市场角度来看，用激光投射技术制造大尺寸电视产品是非常合适的技术路线，在大屏电视市场竞争中具有更高的性价比优势。

如果把液晶电视的尺寸作为横轴，价格作为纵轴，可以发现，价格并非随尺寸线性增长。当屏幕大过一定尺寸后，其价格会陡然上涨。比如一个55英寸电视的用户想要看更大一点儿的电视，也许要支付两倍于55英寸电视的价格。

当时人们还未能预见到，价格还不是液晶电视唯一的问题。当液晶电视增长到超大尺寸时，大部分的楼道难以进入。2017年有一则新闻，有顾客购买了一台100英寸的液晶电视，仅安装费用就高达3万元，因为必须拆掉外墙才能把电视搬进去。

周厚健决定，将激光显示技术作为重点项目展开研发工作。由此，海信作为一个拓荒者，于2007年正式向"无人区"进军了。

值得注意的是，当时离海信激光电视产业化还有7年时间，激光显示尚无明确的实现路径，当时，OLED（有机发光二极管）也同样未成为一个技术方向，甚至连液晶显示技术本身都还不够成熟。如果不是极度自省的企业，很难在一片模糊中看到一条前途未卜的路，并摸索着走下去。

2007年，海信获得国家"863计划"的激光显示项目支持，现任海信视像首席科学家、电子信息集团研发中心副总、信芯微公司总经理的刘卫东担任课题组组长。经过了4年的技术研究，"863项目"取得了成果，海信做出了激光显示的样机，但是体积偏大，功耗高，这样的工业化设备怎么看都不像是能放在客厅里的家庭消费品。

在海信集团内部有个共识，周厚健分管哪块业务，这块业务就是当下海信的重中之重。某种程度上，周厚健是海信激光电视的首席产品经理。

在相当长的一段时间里，这位首席产品经理不得不与海信激光电视团队一起处于无思路、无具体技术方案、不断走弯路的状态中，但所有人都不怀疑，大屏激光电视这个方向是有机会的，先拿出解决方案者必能抢先一步攻城略地。2011年，经过"863项目"的研究，海信激光显示研究已经基本完成技术积累，激光电视相关研究人员划入新成立的激光显示所，直属于海信数字多媒体技术国家重点实验室。海信如今的智慧家居产业、医疗设备公司等板块都出自这个实验室。

现任海信激光显示公司副总经理、首席科学家的刘显荣，2011年从北京大学光学专业博士毕业后就加入了海信。加入没多久，刘显荣就见证了激光电视研发过程的一个重要节点。

经过多个方向的反复尝试，研发团队选定了一个此前没有的技术路线——超短焦。超短焦的投影方式让激光电视可以在0.5米的距离投射大约100英寸的画面。将激光光源和超短焦结合起来，这孕育了激光电视的雏形。

全身心投入技术研究的刘卫东博士在接受本书作者采访时，表达了对激光显示的观点，他认为，传统的远距离投影不是最好的家庭观影解决方案，必须将机器的存在感降到最低。

2011年下半年，团队通过与外部合作做出了第一台激光电视原型机。这台原型机外观纯白，除了屏幕外，今天激光电视的主要技术元素全部具备，包括超短焦镜头、激光光源、电视功能。但这台原型机各种性能指标跟液晶电视相比还有不少距离，4∶3的画面比例，80英寸画面，只有1024×768的分辨率。

团队携带这台原型机参加了2012年1月的CES（国际消费类电子产品展

览会，International Consumer Electronics Show）。这个由美国电子消费品制造商协会主办的展览会，旨在促进尖端电子技术和现代生活的紧密结合。从2012年在展会上首次亮相以来，参加这个展会已经成为海信激光电视团队验收成果、不断促进自身优化的重要节点。

首次亮相获得关注后，激光电视团队继续深入研发。2012年5月，以李文宗博士为核心的台湾超短焦投影研发团队整体加入海信多媒体技术国家重点实验室。至此，海信在激光电视的核心技术——光机技术上拥有了完整的研发团队。

台湾团队之前在业界已经有所成就，他们推出过45cm的超短焦光机。李文宗本人有20多年投影产品开发团队管理的经验，团队成员技术专长分布在激光投影所需的光机、引擎结构、电路、散热等方向。李文宗博士团队的加入，弥补了海信在各方面的研发短板，海信激光电视团队搭建起了激光显示研发的技术框架，奠定了海信激光电视产业研发的基础。

台湾团队的加入给了海信信心，当时分管技术研发的集团副总裁王志浩在内部表示，核心团队建立后，下一步就是产业化，要在2012年当年年底推出第二代激光电视样机，第二年年初实现激光电视产业化，"即变成经营性质，要生产、要销售、要上量"。但后来的情况表明，海信对于激光电视的预期与热情没有丝毫问题，只是低估了激光电视产业化的难度。

"自然光的能量比激光大很多，却穿不透一张纸，而激光却可以穿透钢板，这就是专注和聚焦的力量。"这是2012年"两会"上周厚健发言时做的比喻，本意与激光显示无关，但好像一个伏笔。

2013年CES，激光电视团队事前做出了新一代样机，分辨率得到了提升，但在整体系统设计上仍然存在很多问题，比如，在功耗大幅提高的情况下亮度并没有明显提升，新的镜头设计方案效果并未达到预期等，所以那一年的展示并不成功。2013年CES之后，李文宗博士接手整个团队，调整了技术方案，在亮度和镜头两个方面进行提升，此外，激光团队开始寻找屏幕的合作厂家。

周厚健每周都会与激光电视团队进行多次交流，对激光电视发展过程中的重大技术非常熟悉，包括更加开放地进行技术合作，引进大量行业内部专家，甚至关键人员的薪酬制定，周厚健也直接参与指导。

当研发人员试探性地询问周厚健某项技术指标能否定低一点时，得到的答案总是很简单的两个字——"不行"。研发人员心里也十分清楚，激光电视必须对标成熟的液晶电视标准，一个新产品在走向市场、想要替代某种成熟产品时，价格因素不是能否完成替代的关键因素，能否实现使用体验的完美替代，才是最具决定性的关键因素。

拥有技术基因的海信要将一款新产品打入市场，在这个过程中研发人员必定是无数次听到、感受到周厚健一直以来强调的话：要么不做，要做就做最好。

2014年，凭着在激光电视领域已经完成的前期创新，海信成为国际电工委员会（IEC）激光显示标准组组长单位，经过两个环节的演讲，刘卫东博士获得的票数超过了同台竞争的日本技术专家，成为该标准工作组的召集人。这是中国专家第一次在显示领域担任国际标准工作组召集人。在此之前，显示领域的标准制定多由日韩专家主导。

当IEC官方网站上关于激光显示工作组的介绍里，出现五星红旗的图片时，刘卫东第一时间截图发给了海信的同事们。刘卫东虽然后期没有再参与激光电视的具体研发工作，但是他还是对激光技术充满期待，他认为，虽然经过多年的发展取得了一些进步，但在大多数显示技术上，中国仍然处于落后的位置，而激光显示给了中国先发优势。

2014年的CES上，海信展出的激光电视经过对镜头和光源方案的调整，整机的亮度达到了设计目标，但画质距离液晶电视仍有较大的差距，这是因为缺少了激光电视的最后一个技术要素：抗光屏幕。

抗光屏幕能针对激光电视短焦的特点，利用光学反射和光学吸收的作用，让画面更亮。这是因为，抗光屏幕是"菲涅尔锯齿"结构。超短焦镜头加激光光源加抗光屏幕，激光电视核心的显示技术架构终于完成。

至此，海信已经为激光电视持续投入7年，当然不只是海信一家在面对没有回报的境况，包括LG在内的几家电视厂商也是如此，不过它们已经默默终止了激光电视的开发工作，而在2013年CES上，LG才刚刚展示过一台跟海信2012年展出产品有类似技术路线的产品。

2014年9月，海信终于为激光电视召开了新品发布会，推出了自主研制的100英寸产品，内置VIDAA操作系统[①]，可在距离墙面不到0.5米的空间内，投射出100英寸以上的显示画面，售价69999元，国庆节开卖。

这款产品在电视行业的意义非凡，并非海信自己所宣传。首先，100英寸超大的显示画面远超当时的主流规格。其次，与普通家用投影机相比，灯泡作为光源的使用寿命只有激光电视的十分之一左右，约为2000小时。而在能耗方面，100英寸激光电视的功耗是420瓦，仅为85英寸液晶电视功耗的70%，更为环保。此时，激光电视比液晶电视具有的最大优势——健康护眼，开始逐渐体现。

发布会当天播出的央视新闻联播对其进行报道并评价：激光显示技术，打破了国外企业在电视显示技术的长期垄断地位。媒体与业内人士评论，2014年这一年也许就是激光电视的元年，激光显示将代替液晶显示，成为第

---

① VIDAA操作系统是海信集团旗下智能电视操作系统，相比普通智能系统而言，主打极简操控理念。

四代电视显示技术。

海信激光电视一时间获得了种种殊荣，但研发团队知道，第一代产品的道路还很漫长，产业化的进一步推进，需要激光电视成本不断降低，技术和市场不断成熟。

第一代产品上市之后，经过市场验证，研发团队发现其在画质的品质可靠性方面存在一些关键问题，画质随着用户的长期观看会出现下降。虽然它能够勉强满足消费者的需求，但还远没有达到海信研发团队自己对自己的目标要求。

"一个成熟的电视产品，需要在用户家里摆5—10年的情况下画质都不能下降的。这个要求听起来非常自然，但是对投影行业当时的技术人员来说却不简单。我们当时还是用的投影机的设计思路，所以出现了问题。"刘显荣解释道。

激光电视的产业化面临困局，周厚健更是常来给研发人员开会，亲自组织技术分析会。同时，他要求激光电视研发的相关邮件都必须抄送给他，不管跟他有无关系——他急迫到需要了解激光电视全部的工作进展。

研发团队为了解决这个问题，近半年的时间里，尝试了20多种方案，在烟台、黄岛、青岛研发三地来回跑，反复试制、试产、测试，但均告失败，团队承受了非常大的压力。

"研发人员要有自己的体面，这个事情总得有个交代吧！"最难的时候，刘显荣用这句话给自己和团队打气。

后来，团队终于找到了可能的解决方案，投入了大量资源对关键部件进行了重新设计。外观看起来差不多，但里面具体的技术结构是经过重新设计的。

"我们经过了大量的试验，最终识别了根本原因。但知道了原因后回头审视之前的设计,就好像是一个纸糊的窗户,修修补补风一吹它就破了,你想办法这贴一点,那补一点,但最后你发现一个纸糊的窗户怎么修补都没法达到玻璃窗户的水准,那干脆就把它拆了,重新设计。"刘显荣比喻。

人员与组织架构的调整,体现出了海信在2015年激光电视产品遇阻这一年,没有丝毫退缩迟疑,反而更加坚定了做激光显示的决心。

也是在2015这一年,高玉岭开始负责激光电视事业部。高玉岭可以称得上是坚定的激光技术支持者。在液晶自身迭代、OLED和激光显示这3个方向中,高玉岭认为,激光显示技术是最接近未来一代产品的技术。也就是说,在将来整个产业技术换代的时候,激光是最接近正确答案的一个选项。

这个判断形成于高玉岭带领激光电视团队的第一年,直到本书作者采访高玉岭的2019年初,他仍然相信自己的判断,并且从未改口。

首先,高玉岭认为液晶电视已经到了换代期。"液晶面板生产线体的投资期已经结束,面板行业整体进入"寒冬"。现有生产线体的产能也是过剩的,这么大的产业规模没有更新的技术、更新的产品,全行业一味进行价格战,真的是非常危险的。液晶电视就是到了这样一个节点。"

高玉岭

其次,"我认为8K也救不了液晶电视的命,8K不但救不了液晶电视的命,它还可能会加快液晶电视被淘汰的速度。大尺寸8K液晶面板和液晶电视并不比现有4K面板有更大的技术难度,也不需要更高世代的面板生产线体投资,那么问题就来了,4K都活不了,8K这种在成品率、技术上都会增加成本的品类如何为自己找到发展的道路,这是非常困难的事情。中国电视厂商饱受上游液晶面板成本控制导致利润空间狭小的问题并非是一日两日出现的。"

最后，电视厂商如果想活下去，除了降成本和开发新技术，就是做品牌差异化，做内容和交互的运营。"但是这些东西就都无关液晶了，什么屏幕都可以做。"高玉岭表示。

在追求极致的道路上，个别人退缩了，但也有更多的精兵强将愿意参与到这一事业当中来。

现任海信医疗设备公司首席显示专家的曹建伟，2015年正任海信多媒体研发中心显示研发部部长，他接到命令——调派"能工巧匠"支援激光团队。

"舍得，这点敬业精神还是有的。"曹建伟后来回忆说。当时，他把手下唯一一个博士、最有经验的电路专家都输送给了激光团队。

"因为我自己也做过新东西，知道其中的难处，要什么没什么，只能一点一点了解，所以我几乎是尽全力，挑最靠谱的人过去。"曹建伟提到的"新东西"是指 ULED 电视。

那些原先模组团队的骨干后来在激光电视团队大多都挑了大梁，其中就有后来任激光显示研发部总经理的钟强。

当时，钟强还是显示研发部模组技术所光学组组长，电话拨过去时，曹建伟已经做好了给钟强"灌鸡汤"的准备。他问钟强，海信现在哪块工作最重要？钟强答，激光电视。曹建伟没想到的是，钟强随即便答应了自己的指派，整个电话不超过3分钟时间。

曹建伟很惊讶，当时模组技术的发展刚刚进入巅峰状态，正是最好的时候，经过多年的辛勤耕耘，钟强的工作也进入较为顺手的阶段，离开处于辉煌时期的模组部门，加入一个处在困局中的项目工作组，谁都会考虑再三。

跟其他手下"灌鸡汤"时，钟强会发自肺腑地说，"一个人的职业生涯很容易庸庸碌碌，往往工作很多年，回头一看，值得一提的事情不多，与其干这么多年都没有留下值得一提的事，何不在一件大家都认为重要的事情上拼一把，不管结果怎么样。"

"说实话，我从2008年模组项目建立时一点点做到2015年，当时我感觉模组再往后走，它的技术发展潜力也不会再像之前那么大了。我知道整个集团推激光电视的意义，也知道激光显示技术将来可能在整个显示行业的位置，以我当时的认知来说，激光应该会是将来非常重要的方向。"作为研发人员，钟强喜欢挑战新的、不一样的、能体现更多研发价值的工作，这是他给出的毫不犹豫加入激光显示事业的原因，同时，他知道当时的激光技术正遭遇瓶颈，但他并没有退却。

这通电话发生在晚上十点，第二天，钟强就去跟激光电视团队开会了。关于未来的海信能否突破这个技术困局，自己的事业能否再上一个台阶，钟强一无所知。

曹建伟说，钟强是难得的既懂算法又懂光学，还可以将各类专业技术知识打通运用的人才，激光显示团队当时正需要他这样的人。

钟强经历过那种高强度的工作状态，长时间加班，半年时间里一天都没有休息过。他喜欢举一个被同事"笑话"的例子：

海信的惯例是领导都要在"五一"等假期期间下市场，到一线卖场去感受直接的市场氛围。曹建伟出差去深圳下市场的时候，团队正好有一个技术问题没有解决，他从上飞机前就开始给钟强打电话，表达了各种批评和不满，"当然是正向的，确实是项目过程有问题，曹总性格又很急。"钟强补充道，"曹总飞至深圳在去酒店的路上又给我打了一路电话，等到该去卖场时，曹总终于坐不住了，他要即刻返回青岛当面批评，督促解决问题。"

这件小事在后来常被同事拿来揶揄钟强，领导批评了你一路，还不过瘾，下飞机后还要立即返回来当面批评。不过钟强举这个例子是为了说明之前项目能成功所必须投入的工作状态：首先，人得连轴转，脱产于其他项目，只专注这一件事；其次，项目实施过程中要集中所有人的想法，实行排队式工作。

如此高效率的状态持续了一年，项目也就成功了一半——这是海信技术研发人员为自己总结的最朴素的新产品成功经验，没有什么意料之外与惊人时刻，只有全方位投入工作，整个团队长时间保持高强度状态，才能最终提供给市场带有惊喜感的产品。

当然，后来团队成员也得到了数额不等、数字不菲的奖金。

带着这种状态和经验，钟强发现，激光电视团队所面临的问题主要是产业化难题。激光研发人员对激光产品的技术很熟悉，但产业化经验不足，尤其在与产品开发流程相关的标准体系、验证方法等方面的经验近乎空白。所以钟强先让项目负责人做 BOM，即建流程，写清整个产品开发流程分为哪几个节点，每个节点做什么工作，服务什么，细致到物料清单中包括哪些零件，每个零件需要的数目。

"2015 年到 2016 年我们建了 34 个流程，到 2017 年底全部门聚餐，我觉得那个时间点，我们全公司已经完成了从重点实验室向产品化公司转化的过程，大家已经真正具有向市场推出产品这样的能力和意识了。"钟强回忆。

周厚健说过："技术开发工作就是把钱变成技术，再把技术变成更多钱的过程。"

世界各家公司的技术研发人员，多醉心于前半部分，即把钱变成技术。但管理者必须有更高的站位与目标，在技术人员还醉心于技术的时候，催促大家产业化，把技术变成钱。如果不这样，便不会再有下一次把钱变成技术的资金。

优秀产品永远不会一夜成型，开发过程中，研发人员每天面临大量的技术问题。此阶段，用研发人员的话来说，激光电视所呈现的"那张脸"离液晶电视的"那张脸"还有很大差距，导致这种差距的几十个指标包括亮度、对比度、颜色、均匀性等。

　　光学镜头对于一台激光电视来说，拥有绝对重要的技术占比，制造难度大，对光学设计的要求很高。海信不是一个光学公司，在这方面基础薄弱，对擅长电子技术的企业来说，光学甚至称得上是软肋，而光学镜头偏偏又是整个激光体系中最难的部分。

　　一开始，海信试图引进光学镜头的外部专家，做了很多调研后发现，世界范围内，真正能达到海信对镜头的要求的，不超过10人，而这10人几乎都不可能跳槽来海信。

　　周厚健推进激光显示技术的方式，除了尽全力外，他还对创新性研发具有足够的宽容精神。他对技术人员攻克难关时间较长、解决方案不佳等问题表现出了宽容和耐心——宽容创新型失败，鼓励研发人员积极提出解决办法。

　　海信选择了直面短板，建立自己的镜头研发能力。钟强是研究光学出身，但他说，他辜负了领导的期望。"他们觉得我应该可以搞懂，说不定可以设计出镜头，所以把我安排在这一块，但是我来了以后发现，激光的光学比模组的光学难太多了。"钟强的语气充满了自责和无奈，但他并未推诿，他选择先把台湾团队的研发能力承接过来，然后让大陆团队快速掌握，在这个基础上引进新的人员，一点点建立自主开发能力。

　　"过程是很痛苦的，好在我们团队的人能吃苦。"为了解决量产问题，团队连轴转了大半年时间——排日夜班，两班倒——这是对能力、体力和耐力的多重考验。

　　经过数百次调试之后，团队才摸索出一套成熟的组装调试方法，这成了海信激光电视代表性的技术攻克案例，4K 镜头机械加工达到了接近极限值的 10 微米精度，而镜头装调精度标准更是严苛到 5 微米，相当于误差不到一根发丝直径的 1/20。

2016 年 7 月，全球首款 DLP（数字光处理）超短焦 4K 激光电视由海信发布。海信量产一年半后，行业内最大投影产品代工厂才实现量产，这是令每个海信人都可资以谈的骄傲——"被迫"向上游做技术延伸的海信，用产品成果证明了自己在短板技术领域的研发实力，这种在短时间内突破的能力超越了有多年行业积累的厂商，令海信人自信心倍增。

此后，在激光团队内部，每年都有不止一个产品迭代，这种迭代速度快于液晶电视发展以来迭代速度最快的阶段，从 2K，到 2016 年的 4K，解析度上一代一代跟进，亮度上一年一年更新，精细度上一年一年更精细，同时，在成本上也是一年降一个台阶。

"我们做的就是给液晶电视盖天花板，不停地把天花板往下压，压到 80 英寸，让 80 英寸以上的液晶电视没有机会和激光电视竞争。"这是高玉岭口中的海信激光电视的技术机会和发展策略，在他看来，海信激光电视为了实现占领消费者心智，在市场策略上，从 2015 年至 2019 年所做的无非 3 件事：整合产业链，引导同行，教育消费者。

在整合产业链过程中，海信付出了大量的心血。与激光电视有关系的顶尖合作伙伴与供应商，周厚健每年都要安排不止一次见面，以亲自维护合作资源，比如激光器合作伙伴、显示芯片供应商、屏幕供应商、镜头合作伙伴。他经常通过各种会议、邮件在集团内部普及激光电视，甚至亲自讲课进行产品培训，目的是让集团上下充分认识到激光电视是未来的技术方向，在技术发展走到十字路口的时候，不容走错，这种"内部教育"起了非常大的作用。

"因为相信，所以看见"，这句话出自阿里巴巴创始人马云之口，用以形容显示行业的探路尤为合适。

刘显荣记得，日本一家供应商刚与海信开展合作时，抱着试探的态度，先派了一个部长到海信，然后是产品线副总、分管领导，最后是集团分管领导，前前后后来了四拨人。日本企业人员的等级观念较重，这四拨人在企业的职位层级均与周厚健相差很远，但周董都是亲自接待，最后这家供应商欣然答应合作，应该说与海信展现出的对未来技术发展方向的自信心和合作诚意密不可分。

而这家曾被周厚健亲自接待各级人员的日本供货商，后来也因为激光电视销量的爆发式增长，原本要裁撤的部门成了这家日本公司快速发展的事业部。海信以十分诚恳的姿态，让他们已决定裁掉这个事业部后，决定重新启动该事业部，并为海信供应了大量高质量部件。

一个大集团董事长亲自与一个业务板块的供应商每年见面，为一个营收在整个集团占比很小的业务付出如此大的精力，这是较为罕见的事，这一切皆因周厚健从头至尾对激光电视的未来都有着坚定的信念。他希望当激光投影技术成为颠覆性技术的那一天，海信仍然在电视机领域拥有今天的地位，并且在全球有更好的战略位置。

也就是说，他相信激光显示技术拥有未来，所以孜孜不倦地带领海信人追求探索，等待未来到来的那一天。或者说，他在等待海信引领未来的那一天。

2019年，商场里80英寸的激光电视和液晶电视摆在一起，消费者基本已经看不出差别。从海信七八万个激光电视高端消费者的抽样回访来看，他们亦都对此产品满意——这也是周厚健认为用产品打动消费者已无问题，关键是海信接下来的品牌与市场策略的原因。

在引导同行方面，海信所做的是赞助各种赛事活动，吸引媒体的关注，激光电视技术作为未来显示的技术之一也得到了中央电视台的多次关注。与此同时，在竞争关系当中，与友商保持高度密切的沟通。海信的态度是欢迎竞争，欢迎更多的激光显示品牌的加入，与海信一起将产业规模做大。

首届全球激光显示技术与产业论坛，近百家企业参加

这是消费者就可以观察到的行业变化。在消费者看不到的供应链端，有更多的企业在做激光镜头，有更多的企业在做照明，有更多的企业在做光源，甚至有更多的企业加入激光电视的屏幕阵营。

海信希望帮扶供应商和合作伙伴，可喜的是，除了有越来越多的人和资金愿意投入到激光显示产业，还有之前生存艰难的企业因为海信的激光战略找到了生机。

"视美乐"被誉为中国第一家大学生高科技公司，核心产品是多媒体投影机，这家1999年就成立的公司融资到B轮，也就是2015年时，其管理者说，要好好感谢海信的周厚健董事长，如果没有海信发布激光电视战略，"视美乐"在资本市场上将会面临更加严峻的融资压力。

钟强则接到过"奇怪的任务"。他被派去另外一家激光电视厂家，即海信激光电视的竞争对手那里去帮忙，帮助他们建立激光电视的销售体系，帮他们做产品规划，无偿无私地倾囊相授。

周厚健在海信内部曾说："我们今天希望更多企业来做这件事，凡是进入激光显示产业的企业我们都表示欢迎。"周厚健还喜欢用开饭馆举例，他对媒体说，对海信内部人说，对访问者也说："一个新地方只有一家饭店，做得再好也不容易成大气候，但是如果饭店扎堆做成美食街，那就不一样了。"

海信洞悉今日市场的竞争比往昔更加复杂，因此，想最大限度地遵循新事物变成产业的定律。它试图将所有激光产业里的竞争对手都看作有着共生关系的伙伴。

这不由得让人联想到海信的变频空调。海信是最早掌握变频空调技术的厂家，超前的技术和自主设计能力也让当年的海信变频孤立无援。变频真正在市场普及，是到后来的家电下乡与节能补贴时期。

因此，今日的海信比其他企业更明白把激光显示蛋糕做大的必要性。技术的高度敏感，加上正确的技术路线，加上适时的抛弃和转向，这些都是一个技术路径和一款电子产品成功的必要因素，但这些都还不够让一个品牌把握住未来，一路领先。海信在掌握了激光显示的先发优势后，致力于引导同行，争取政策，皆因于此。

海信在"引导同行"方面不只是说说，还有几点行业变化可由观察得知。

第一，2018年10月15日，跟随海信走进激光电视领域的互联网品牌坚果，宣布完成 6 亿元 D 轮融资，由阿里领投；在这之前的同年 3 月 12 日，激光电视的另一家企业极米科技，宣布获得百度战略投资，后者在增资后成为除创始团队外的最大股东。阿里和百度的布局，让激光电视这一新兴行业，彻底走到了产业和资本的聚光灯下。

第二，不管是互联网品牌还是传统电视厂商做激光显示的品牌，在海信称激光显示产品为"激光电视"后，大家大都改称其为"激光电视"，而不再是激光投影或投影仪等。[①] 另外，各个品牌的激光电视都在技术标准上向海信看齐。做 4K，并且跟海信一样，要达到 350nit（尼特）以上的亮度参数水平。

教育消费者，这件事首先体现在海信员工受的"教育"上。也许是周厚健经常在邮件里强调激光显示的重要性，也许是市场的紧迫感传递到了一线员工身上。湖南长沙通程电器门店的海信导购员高杰，主动申请调至能推销激光电视的友阿电器广场店，他的理由是：他觉得海信电视从未有过如此优势明显的产品，激光电视对销售将有极大的促进。

高杰擅长推销高端产品，得到这个掌控大展厅的机会后，他大刀阔斧地做了几件事：低端和较小屏幕的产品撤样，只留 4 台；55 英寸以上的样机比例提高到 80%；和分公司和卖场里知名音响品牌合作，在音响品牌展区与高端音响一起展示海信激光电视。

大屏样品让高杰负责的整个展厅显得开阔大气，长沙友阿店里有 13 个电视品牌，此前激光电视在此展厅的销售量不佳，高杰调来的这一年的上半年，海信电视在该店 65 英寸以上大屏电视的占有率为 20%，经过高杰的改造后，一个多月就卖了 3 台，7 月，海信电视高端产品占有率在该店达到了 53%，超过

[①] 海信一开始的产品名字为"激光影院"，包括早期的内部团队名称也为"激光影院团队"，后来经过产品一代代成熟，名字也改为更利于消费者理解的激光电视，为表述统一，本书在提到产品时候统称为激光电视。

了竞品的总和，海信电视整体占有率也提升了3个百分点，超过了25%。

"有我这么大的，没我这么好，有我这么好的，没我性价比高。"令高杰骄傲的是，有两位顾客原本打算买三星的82英寸液晶电视，在被海信展厅吸引后，又因为高杰的热情推荐，最终选择了海信激光电视。

高杰拥有自己的"高端推销秘籍"。对于原本想买小尺寸电视的顾客，他会为他们展示手机里收藏的科技类网站的"液晶电视选择秘籍"，观看距离超过3米，选择55英寸以上，超过3.5米，选择65英寸以上，而家庭背景墙往往高度是两米二到两米四，高杰会说："如果买50英寸或55英寸的电视，会像一块膏药贴在墙上。"

他"教育"顾客尽量选择大尺寸电视，然后，再推荐选择海信这个品牌。这时候，海信研发团队的辛苦付出都会成为这个导购员的推销利器。

海信在CES上拿到的全球显示技术金奖、海信的独特光源技术、海信激光电视上过的知名电视节目，等等，总而言之，他要说服顾客跟他一样打心底里接受并认可海信激光电视是集合外观、画质、音质、操作、智能、性价比于一体的电视，海信是顾客没有道理不选择的最佳电视品牌。

"我做了5年的海信电视导购，故障机里低端机尤其是特价机占了大多数，而高端机出故障概率低，这意味着以后能带来更多潜在客户，因为顾客用了感觉好，会介绍给亲戚朋友。"这是高杰更喜欢推高端机的"私心"，他总是对顾客说，一部手机5000块，也就用3年，而一台好电视却可以用10年，为什么不多花点儿钱买台好电视呢？

高杰的推销策略，正是海信激光电视市场策略的一部分。事实上，在全国的几千家门店，海信全都摆上激光电视，如果按一台激光电视两万元算，光做门店展示陈列，就需要上亿元的资金投入，这并非小规模企业可为。

高杰这种聪明员工的"私心"对于海信激光电视来说，是拉开与竞品档次的有力武器，是基层员工与海信集团品牌和产品的多赢。当然，通过更多的此类优秀员工，海信激光电视团队离"教育消费者"的目标越来越近。

一切都不晚，消费者仍然在等待着更多规格、更低价格的激光电视的出现。也就是说，海信激光电视的研发之路虽然坎坷波折，但仍然快于其他竞争对手。

海信激光电视80L5，一款现象级产品

2018年5月17日，经过近一年半的研发生产准备，海信推出了80英寸激光电视L5，屏前亮度最高可以达到400nit，观看距离仅仅需要3米，解决了长期制约激光电视产业普及的亮度和价格这两大消费痛点。L5只有19999元的定价，在消费者已经习惯了激光电视价格长期在5万元以上的市场里立刻成了爆款。媒体报道，这是从"土豪的玩具"到平民客厅娱乐之必备的华丽转身。

为了更好地推销新产品，当时的激光显示公司副总经理、激光营销部总经理王伟多次组织市场部讨论激光电视新品的包装策划，希望找准定位，将产品包装视作"第二次研发"。最后，各个分公司通过培训将以下推广思路准确传递给了每个导购员："聚焦3米客厅，与65英寸及以上大屏液晶电视PK（对决）"，为了加大促销，调动终端导购员销售激光电视的积极性，营销公司总部还专门设立了"全民激光电视推广之星"。

L5这款电视无论是从零售量还是从零售额来看，都让海信激光电视在2018年稳稳占据中国80英寸及以上市场半壁江山，在这之前，中国电视领域的高端大尺寸市场一直都是三星、索尼和夏普[①]等外资品牌的天下。海信L5激光电视的上市，使海信当月即在75英寸及以上大屏电视市场的零售量和零售额上双双跃居第一位，中国品牌在这一细分市场上，首次实现了对三星、夏普和索尼等外资品牌的历史性超越，并在当年第26周登上电视市场畅销榜榜首——这是中国彩电市场畅销榜榜首第一次被激光电视占领。

周厚健在2018年亚洲CES开幕式做主题演讲时也提到，海信发布L5后的两周里，海信激光电视在中国80英寸及以上电视市场的销售量和销售额占有率分别达到61%和65%，这在海信电视发展历程中史无前例。

与周厚健的讲话相互佐证的数据是，中怡康公布的统计数据显示，2018年6月，海信激光电视在中国80英寸及以上大屏市场的销售量和销售额占有率分别达到64.3%和55.9%。

L5的业绩不仅超出了海信激光公司的预期，更远超上游供应商预期。海信发布会召开之前，激光公司就嘱咐一个关键零部件的供应商，让其提前准备产能，也许是对方觉得海信过于乐观，并未重视海信的建议，这直接导致

---

① 三星、索尼和夏普简称"3S"。

了五六月份激光电视的产量跟不上需求，后来，这家供应商的负责人亲自登门解释并了解情况，承诺加大产能，优先保证海信的需求。毕竟，没有生意人愿意怠慢一颗冉冉升起的新星。截至2018年底，海信在激光显示领域已经申报761项专利，其中海外专利97项，核心的激光光学引擎可百分百自主提供，从研发、设计到整机生产制造完全自主运营，70%以上的制造成本都掌握在自己手里。

成绩令海信人惊喜，但他们并不满意。

"19999元这个价格，还是不够便宜，我们还在努力通过技术更新和产业链梳理，把成本降下去。80英寸这个尺寸，还有进一步下探的空间。我们还会推出门槛更低的75英寸激光电视，它将和80英寸L5一起，彻底占领液晶电视和OLED电视在65英寸以上电视的市场空间。"钟强说道。纵观行业上下游动作和市场需求数据，75英寸电视已经成为电视市场最中意的选择之一。在这个市场的领先布局，就是对未来彩电的领先优势。

2019年11月，海信激光电视75L9S正式推向市场，凭借着健康护眼、色彩表现、节能环保等优势，在上市第二周就夺得畅销榜冠军，成为收割大屏市场的"现象级产品"。这是业界首次将激光电视下探到75英寸，并且实现量产，技术难度超乎想象。

"这款产品成功上市，我们就敢说，海信已经把这个激光电视最难的技术问题解决了。"钟强说。

截至2019年，海信在激光电视领域累计申请专利达到919项，成为目前激光电视行业持有专利数量最大的一家厂商，全面掌握了激光电视的核心技术。预计2020年第一季度海信申请的专利总量将突破1000项，而这些专利将成为海信的杀手锏，让海信在激光电视领域构筑足够高、足够深的技术壁垒。

海信激光电视75L9S在市场与口碑方面远超同行业产品

2018年，周厚健接受《英才》杂志采访时表示，激光电视还没有到爆发期，激光电视要想成为市场主流，要看海信推动的效果，消费者再有两年就会对激光电视有普遍认识了。海信已经推了4年，这4年变化很大。激光电视是一种颠覆性创新，颠覆性最大特点就是成本大幅度下降。一台88英寸电视大概八九万元，而海信同尺寸的激光电视只要4万元左右。

激光电视这种强势的产品力体现在了海信电视整体的业绩中。根据中怡康数据，2019年12个月，海信电视线下销售额占有率全部超过20%，全年达到21.09%。这是中国平板电视兴起20年来，第一次有品牌超过20%，突破了平板电视发展史的份额标杆线。

海信能够在大屏争夺战中收获颇丰，激光电视无疑是最大的利器。2014

年至 2019 年，海信激光电视的年复合增长率达到了 281%。"还没有哪一种新兴显示技术表现出如此强劲的增长势头。"海信视像科技副总裁王伟表示，2019 年，海信激光电视的销量同比增长 89.7%，80 英寸以上市场占比超过 40%，激光电视 80L5 牢牢占据年度产品畅销榜第一的宝座。

海信北京营销中心总经理单志强说，以上占有率的提升外因是竞争对手犯错，内因正是激光电视"势能"的拉动。

包括海信"优秀导购员"高杰努力推销高端产品在内，北京的营销中心发力大尺寸激光电视和大尺寸 ULED 推广，均是响应海信视像总部对推高端、改善产品结构的战略。

《海信时代》的一篇文章是这么说的：分公司对于这种战略的真正落地是在受了市场整体份额下降的"教育"之后才重视起来的，它们开始狠抓产品结构，以激光电视为龙头，70 英寸以上电视为战略产品，7000 元 + 价格段电视为主推产品，联合各大渠道制定激励措施，各级经理、骨干员工挂靠终端进行"阵地战"。

单志强本人正是挂靠了苏宁四季青店、中塔大中店、马甸国美店。"分公司吃的是销售额的饭，不是销量，随着线下连锁卖场销售额大幅下降，分公司要想生存下来，生存得好，原则就是能卖大不卖小，能卖高不卖低。"单志强表示。

他认为，激光电视是有力武器，能产生一种"势"，一个能销售单价 6 万元的激光电视的导购、团队，卖一两万元的产品就不在话下，所以北京分公司的规定就是完成激光电视销售任务的，会在常规提成基础上追加奖励，即让激光电视成为常规产品销售的加速器，"就像举重运动员举起了 200 公斤，再举四五十公斤就会感到轻松，成功销售激光电视，能让导购员增强自豪感和自信度。这种势能对我们内部影响很大，这种势能起来之后，改善常规产品的结构就是毛毛雨了。"

对于海信来说，激光电视会是未来电视的答案吗？

"怎样的技术路线才更有未来？行业充满了激烈争论，但是我们认为，激光显示无疑是这其中最好的'潜力股'。因为它不仅是技术发展前沿的产物，最重要的是它真正给消费者带来了实惠。"2019年9月19日，周厚健在青岛举行的首届全球激光显示技术与产业发展论坛上表示，短短5年，激光电视已经从一个产品到一个产业，从一家企业到一个行业，展现出巨大的市场空间和技术活力，经过100多家上下游企业的共同努力，激光显示行业终将成为与液晶行业比肩的全球性显示产业。

周厚健对激光电视具备让消费者认可的条件这一点坚信不疑，但他却忧虑激光电视的价值被市场忽视。"买了激光电视没有说激光电视不好的，所以就看能不能推广得好了，这是海信比较弱的一点。"

如是无须发怒的工作场景，周厚健永远温和，甚至慈爱，他轻描淡写地说出了商业规律的关键和海信也许致命的短板。初次听他讲话者，也许会因为他语态的云淡风轻，认为周厚健作为海信这家领先企业的掌舵者，只是谦虚地说了些套话——大家都在为未来由哪种屏掌控市场争论不休，周厚健却认为这些都不是决定性因素，决定性因素是消费者的心，是那些乔布斯认为连自己想要什么都不清楚的非专业群体。

即使你不了解周厚健的说话方式与性格，只要你简单了解了电视行业残酷的变迁历史，就会明白周厚健之忧虑，并不是一个领先者的惺惺作态。居安思危，电视行业永远有一把隐形的剑悬在每个从业者的头顶。

海信的一位高管曾感慨，"从彩电行业跳出来的人，去干别的肯定能成功，因为没有比彩电行业竞争更残酷的行当了。"

举一个最被广泛提起的例子。PDP（等离子显示）的物理构成远比LCD

（液晶显示器）好，这一点在业界几无争议，但最后PDP消亡了，LCD却大行其道。"什么原因呢？就是因为PDP在推广上犯了严重的错误。"周厚健吐出一口烟，抑或是轻轻叹息。技术专家刘卫东则用了一个非理性的词——诡异来形容这种行业变迁："很多事情是很诡异的，当初CRT显示技术多牛，液晶多弱，但一夜之间，谁都挡不住液晶。"

领先者的担忧，在行业有机会转弯时越发显得沉重。企业耗费了成本，员工倾献了热血，将关键的激光产品一路捧至赛道最前方，如果在终点冲线时被超越，被甩至人后，那么这绝不会是一次轻飘飘的倒下。"一定要把商业运行起来。"周厚健说，他确定激光电视已经进入了推广期，或进入了商业运行的关键节点。

在激光电视所有指引技术的研发过程中，周厚健都亲自参与、指挥，在立项、研发、人才引进、监督考核等事务上都投入了很大精力，电子专业出身的他以其自身对显示技术的情有独钟，几十年如一日地热爱钻研科技的最新进展，与团队讨论技术问题时常常非常深入。

人们不会对默默无闻的新生事物有所争议。海信激光电视从销量上真正验证了自己的行业地位之后，质疑、评判、挑剔甚至指责和攻击也随之而来。对此，高玉岭没有急着向来访者解释，反而非常感慨，开始了回忆自己职业生涯的"独白"：

> 我在海信工作32年了，我经历了一个完整的、电视从黑白到背投及PDP的发展过程。海信是拥抱新技术拥抱得最早、最积极的一个企业。任何一项新技术，海信都是拥抱得最早的。1999年，海信率先推出了29英寸CRT纯平电视，当年占据了纯平电视的半壁江山，靠这个产品一举在国内的电视行业上了好几个台阶。

这个里程碑也代表了中国整个电视市场进入纯平时代，我们29英寸的大屏幕当时是国内最好的大屏幕。背投我们也是最早做的，PDP我们也是最早做的——但我们抛弃PDP比谁都快。外界对海信技术路线的认识可能有偏颇，我认为这是一种误解和偏见。

其实，海信对技术的敏感度，比国内任何一个企业都高。

海信并不是偏执于激光电视，而忽略了研究其他技术。海信是基于激光电视技术在技术路线上的先进性，而投入激光电视研究的。不单纯是激光电视，其实海信对于先进的显示技术都在研究，只是我们更重视技术路线正确性，若技术路线是错误的，必须尽早抛弃。因为每次电视技术换代真的都伴随着血雨腥风，从我1986年工作开始，大面积的彩电企业死掉，CRT被淘汰的时候，产业链上牵涉的企业太多了。

高玉岭1986年从北大无线电电子学系毕业后即加入海信，33年做海信人的经历，让他对电视制造这个行业爱恨交织，却又饱含深情，他亲历了电视产业的演化过程，并见证了海信在技术变革前夜，主动放弃PDP，全力以赴主攻液晶的惊心动魄时刻。

这种情感让他同情企业倒下后无处安身的末端从业者，他们像企业的毛细血管一样微小，却又牵动着一个个需要柴米油盐的家庭。

对于激光显示技术，他自然像所有海信人一样，期望海信拥有改变全球彩电行业格局的力量，但同时他比一般的技术工作者更加深刻地思考行业发展趋势。以液晶电视如今在全球的产业规模来看，如果激光显示能搅动行业格局，那肯定会是另一场更加血雨腥风的产业革命。也许下一次显示技术换代还不能在短时间内完成，也许是5年，也许是10年，行业人士认为，它也许不会像CRT时期的换代速度那般让人措手不及。另外，高玉岭观察到，对于激光产业来说，因为技术路线的特殊性，激光电视启动的初期，并不需要太多密集投资，投资规模大都偏小——至少激光电视要完成迭代，技术解决的难度和资金投入的规模都要远远小于液晶电视和OLED电视的迭代成本，前后者并非一个数量级。激光的技术路线一旦确定，便是更多企业投资于不同技术部分的分散式投资。

因为激光电视，海信把一个产品做成了一个产业，从一个企业影响了一个行业。如今观察者们再看周厚健多年前的"理想主义宣言"，也许会发现，激光电视正是他的"理想主义实践"：让海信从容地搞技术投入、技术开发，像索尼一样靠技术差异性吃饭。

你好，互联网风暴

2013年，这一年被电视行业从业者后来称为"互联网电视元年"。

媒体在记述历史时，关于"互联网电视元年"这一名号的解释为，乐视第一代电视X60在2013年5月7日发布，小米电视在同年9月面世。

互联网公司轻车熟路地用新品发布会、精良的PPT、骇人听闻的口号标语宣布了自己即将进军的领地。它们肆无忌惮地说，生态、颠覆。它们要颠覆这个存在于千家万户、利润日益微薄的产品领域。

它们的模式可以总结为：用自称高性价比，也就是同尺寸产品价格最低吸引购买者，比如乐视X60标榜60英寸大屏幕，四核处理器，售价6999元，加490元的会员服务费（那时候，国内同尺寸电视的售价基本都在万元以上）。之后，购买者一旦成为至少5年窗口期的电视用户，便可以用内容增值服务向他们收取更多费用。后来，乐视将其营销推至极限，若购买多年的内容付费会员，便可获得一台免费电视。

风暴很快以数字增长的方式袭来。

乐视 X60 开卖的 1 万台在 1 小时内被抢购一空。富士康作为上游供应商为乐视电视供货，他们的预期从 5 万台开始，在正式合约里呈阶梯上涨，当时乐视致新总裁梁军曾对腾讯一家媒体表示："开售前，富士康举行了一个仪式，他们在小黑板上写着卖够 10 万台富士康降多少钱，再卖 10 万台降多少钱，之后郭台铭跟我们挨个签字。"直到乐视近乎倒下，X60 总共卖了 30 多万台，这大大超过了富士康的预期——后面的阶梯价格他们本来没想到有可能启用。

没几个月，小米电视紧接着面世。这家一直称自己是互联网公司的企业显然步态更稳，因为手机，它有品牌优势，供应链能力也不算差。

那两年正是用户为内容付费习惯被培养得日益成熟的时期，国内视频网站大量采购正版影视版权，这也为互联网电视助力不少。

消费者很容易被行业竞争语言搞得晕头转向，有人在网上提问，互联网电视和智能电视的区别是什么？该如何选购？

如果非要细究这些词语，一切还得归功于智能手机的风靡。

2009 年，类似互联网电视形式的电视开始出现，它改变了人们被动收看固定电视节目的习惯，提供主动点播的选择，可以说这是不可阻挡的消费者观看需求，但因为网络电视合法牌照和节目资源受限问题，没有得到延续的发展。

之后，随着智能手机成为人们现代生活的标配，智能电视的概念也被引入电视机行业。尝试阶段，各品牌都推出了采用众多系统的智能电视，有安卓、Windows（微软操作系统）和自主开发的系统，但都没有满足消费者的核心需求。再经过一年的发展，智能电视在手机和平板电脑的全面普及中开始转型——智能手机和应用商店已经培养了用户的习惯，这种习惯轻易俘获了传统电视台多年来精心培育的、每天固定时间坐在电视机前的忠实用户。于是，智能电视开始添加应用商店和大量的第三方软件，在具备智能系统后，功能丰富的智能电视才开始被大众消费者认可接受，并进入更快速的发展迭代阶段，此时，采用安卓系统的智能电视成为主力军。

互联网电视扶摇直上的同时，传统电视厂商从"不为所动"到"紧急跟进"。它们对粗制滥造的互联网电视嗤之以鼻，它们不认可对方野蛮的竞争模式，认为这种野路子终将被极速的浪潮裹挟而去、不可持续，而这种浪潮正是互联网公司自己带来的。

直到2014年后，TCL、长虹电视厂宣布与爱奇艺、优酷视频网站合作，硬件与内容平台开始联合。2014年，乐视电视的销量突破150万台，小米电视30万台，与此同时，越来越多的电视品牌不断涌现，联想、暴风、PPTV（聚力视频）、微鲸……它们都打着互联网电视的旗号，想弯道超车，超过积累多年的"老家伙"们。

海信电视在做什么呢？

2013年3月，在"2013年中国平板电视3·15品质与服务座谈会"上，中国电子商会发布了《2013年中国平板电视消费者满意度调研报告》，在众多中外品牌中，海信平板电视以满意度97%的最高得分，连续6年获得了"消费者使用满意度"最高评价，海信电视的用户体验良好且稳定。

2013年5月31日，海信召开"严守诚信经营理念，坚决铲除坏利润"专题会，做出令行业震惊的决定，三包机全部返厂，坚决取缔市场返修产品再销售的行为，坚决铲除各类不诚信的坏利润——海信依然在质量上押下重注。

与外界印象迥异的是，海信拥抱互联网并不晚。

它是行业中的先行者。

搭载"聚好看"平台的海信智能电视2012年就已经诞生。2012年4月，VIDAA2智能电视发布，强化聚合和社交功能——从新一代产品强化的功能来看，海信面对即将入局的新竞争对手，有紧迫感，反应迅速，将新品视为智能战略的一部分。2012年的《海信时代》上，海信电器产品经理部发表了一篇文章《智能电视不能孤立发展》，文中提到，智能时代，电视不再只是一台单纯的电视，而是一个媒体的终端、交友平台，是连接虚拟世界和人们的桥梁。如果将人们对互联网的认识分为几个阶段，则可以这样概括："原始社会"，人们对于互联网的认识是把电脑机器连接在一起；到了"中世纪"，互联网把人连接在了一起；而"现代社会"，互联网连接的既不是机器也不是人，而是人与人之间的共识，包括Facebook（脸书）等连接的是人们感兴趣的事……所以，在移动互联网飞速发展、各种终端层出不穷的今天，智能电视已经不能孤立发展，需要融入到移动互联网发展的大潮中去，和智能手机、平板电脑、个人计算机等各种终端一起，共同为用户提供一致的体验、无缝的数据访问和全面的服务。而这已成为电视产业发展的新特征。

如果有人按照时间顺序连续翻看近10年的《海信时代》，会发现以上这段话出现在海信声音最活跃的报纸上；它第一次正面梳理了互联网对于海信电视的重要性。

这是中国互联网公司迅速发展的一年，这一年，中国两大视频网站优酷和土豆合并，唯品会、欢聚时代上市，天猫淘宝创造"双十一"销售记录，微信用户爆发式增长，所有互联网公司都忙着发力移动端，想在Web2.0（第二代互联网）时代抓住从电脑向手机转移的大规模互联网用户。

在这些改变世界的故事和创富梦想中，这一年还有一则不太引人注意的新闻：小米盒子亮相一周即夭折。媒体毫不避讳地使用"势力范围"这样让传统企业心惊肉跳的词语，互联网企业势力范围越来越大，与传统家电企业的交集也越来越多，还欲在互联网电视领域占上风……

那时候乐视和小米电视还没上市，小米盒子像是试水的产品一样，上市一周便因"系统维护"暂停服务。

这在业内是公开的秘密，2011年国家广电总局发布《持有互联网电视牌照机构运营管理要求》，小米盒子这类的机顶盒产品必须与牌照持有方合作才能进入市场，当时市面上只有央视网、南方传媒、上海文广等7家广电系国有企业拥有牌照。

但这并不能让竞争对手掉以轻心，时任海信电器公司总经理的刘洪新在当年海信电器公司的半年会上说，海信面临严峻挑战，第一个就是智能化对海信研发能力的挑战。"今天的产品不再是单机，而是一个系统，它需要有后台，需要有运营系统，需要有内容和应用上的合作，包括要有硬件产品的提升和组合，要有产品不断地变化、升级，要有内容和应用的不断更新和变化，等等。而在这方面显然我们是有不足的。而主要竞争对手越来越多，越来越强，包括个人计算机企业进军智能电视领域，联想的智能电视已经在苏宁上市，苹果的Apple TV（苹果电视盒子）也将在半年后推出，还有一些芯片厂商、软件厂商也对智能电视市场虎视眈眈。"

果然，小米盒子在日后重新上市，成为大量用户从传统电视向互联网电视过渡时期的选择。

2012年9月3日的《海信时代》，用大版面刊登了两篇互联网文章，一篇是互联网设计师白鸦写的《我所关注的微信》，另一篇是和菜头写的《张小龙谈移动互联网产品设计原则》。

推荐人苦口婆心地表明刊载这两篇文章的用意：互联网文化的大俗大雅、草根文化也许是我们最最缺乏而又"不屑"学习的，可是我们必须学习！对用户情感需求的把握是互联网企业成功的真正驱动。

《海信时代》是海信内部的报纸，它被规定必须在各个部门张贴，是海信官方"喉舌"。观察者可由此一窥当年海信内部对于互联网产品的态度。这种态度将继续反映在这份报纸上，在之后的几年里悄无声息地发生着微妙的改变。

2014年，海信在青岛的新研发中心即将投入使用前夕，有员工在《海信时代》给当时分管新研发中心的王志浩写了一封公开信提建议。这些建议来自海信员工在参观了阿里巴巴淘宝城之后的感悟，信中提到的一些话，是海信面对互联网浪潮的另一种真切表现：互联网已经彻底改变了我们的生活，它席卷了所有行业，颠覆了很多行业，灭亡了部分行业，这种改变和颠覆还在继续。我们所在的行业已经位于互联网浪潮的风口浪尖，集团2014年经营报告反复强调互联网思维，研发中心是实现互联网转型的引擎，我们希望能看到一个互联网化的研发中心，比如，互联网技术的应用。在淘宝城的办公区，工作人员颇为自豪地介绍了"云打印"——员工只要刷一下自己的胸牌，打印机屏幕上会自动显示储存在胸牌芯片上的文档。

淘宝城园区内，有阿里巴巴集团总部、淘宝、菜鸟物流等部门，一共100多台打印机，全部具有这一功能，员工可以选任意一台打印机进行打印。也许我们解释不清云计算、云存储的概念和意义，但通过这种亲身的体验，即使老妪幼童也能对虚无缥缈的云有一个具象的认识。把最新的互联网技术放到研发人员身边，每天频繁地应用会使人们潜意识中更愿意将其应用到新产品的研发与设计中。

关于互联网企业与制造业的关系，周厚健并不会像一些制造业企业家一样"厚此薄彼"，他觉得"网络太重要了，没有网络一切都无法支撑"。

他曾对媒体说过一番有深意的话："有些企业把成本的关键环节放到营销

上，虽然节省了制造环节的成本，但也牺牲了这个环节的利润。不要认为家电制造业是落后的，互联网是先进的，网络科技的发展对大家都是机会，其实差距是思维方式上的，如果能把新技术应用好，了解消费者的真实需求，就可以满足消费者，这实际上不是互联网企业带来的挑战。而是技术方向上的挑战，是时代的挑战。制造业利润空间相对小，但风险也小，风险和利润是相关的。如果只讲利润空间，那就没有人做制造业了。存在就是合理的，否定制造业是不对的。"

2013年4月，全球操作速度最快的智能电视VIDAA TV在北京发布。这款新一代智能电视采用了38项创新技术，实现了应用极简、切换极快的全新体验。海信集团对VIDAA TV的重视程度达到了历史之最，多位高层加入营销阵营，为VIDAA TV代言。周厚健与时任副总裁刘洪新、首席科学家黄卫平等高层分赴上海、广州、南京等地召开电视体验会，亲自为新品"摇旗呐喊，擂鼓助威"。

VIDAA TV作为海信品牌的标志性载体在那时被赋予了市场、品牌形象双提升的重任。海信将在其上市后全面启动第一次在线升级，后续每季度都会持续升级产品，让用户对这款产品的认知度最大化，令其成为品牌形象落地的载体。周厚健在接受媒体采访时表示，电视产业对海信是命，作为一款旨在为全行业带来革命性体验突破的产品，VIDAA TV是海信迈向全球前三的重要介质之一。

海信甚至在北京798艺术区一个咖啡馆里邀请了7名互联网知名极客，让他们畅所欲言地为VIDAA TV挑毛病。

豌豆荚产品设计师张涛说："电视能不能去做一个这样的应用，比如要让我在异地的爸妈能够即时看到我的照片，如果把这个功能做得特别好，那么卖场里面的销售人员去跟消费者说，阿姨，买这台吧，能够看到你儿子最新的照片。我觉得宣传点可能完全不一样，哪怕这样的功能只有两个，就足以吸引消费者了。"

设计公司 eico design 创新总监张雷中说："以后智能家居越来越多，电视应该是智能家居的一个显示中心，洗衣机把衣服洗好了，冰箱里面什么东西要过期了，希望集中在电视页面上提醒显示。"

知名互联网评论者 Keso（中文名洪波）甚至否定了当时所有的智能电视："某一个正在热播的电视剧，我不关心别人的评价，我只关心我的好友怎么看，这个东西如果都没有的话，智能在哪？如果没有 iPhone（苹果手机），就没有智能手机，所以我觉得到目前为止，包括 Apple TV，所有的盒子、所有的智能电视都谈不上成功，因为没有重新定义一个新的游戏规则。"

新浪微博商业产品部产品总监江科说："没有引导到主页，直接看电视，我对这个有不同意见，你有新内容干吗不在开机等待的时间推到主屏呢？360 搞一个开机比多少人快多少秒那个应用大家都知道吧，要是 360 来做这个电视，会怎么做？"

在这次头脑风暴中，海信是希望借助开放、创新的互联网精神，找到电视与互联网之间真正的通路，"点破电视与互联网之间的那层纸"。

或许是巧合，其中豌豆荚产品设计师提到的产品卖点，后来成为海信依托于电视，应用人工智能发力智能家居的一个方向，即远程与异地的亲人实时进行家庭交流。互联网亦有一家创业公司小鱼到家专做此产品，但为与家人联络新增一块屏，远不如利用家庭活动中心——客厅里的大屏来得轻松可行。

在 2014 年 1 月的 CES 上，海信 VIDAA TV 获"年度全球最佳互联网电视"称号。3 月，海信与未来电视、爱奇艺 PPS、凤凰视频、酷六、乐视、搜狐视频、腾讯视频、优酷土豆等 11 家视频网站合作，实现国内最大范围互联网视频内容共享。12月，海视云发布海信智能电视白皮书，海信智能电视激活量行业第一。VIDAA TV在推广过程中就已经售出24万多台，用户激活率和活跃度均超过90%。

VIDAA TV取得了不俗的成绩，也直接证明了海信不仅是一家以最快速度拥抱技术的企业，在互联网产品来势汹汹之时，海信也以最快的速度、自己的方式拥抱了互联网。

如果再向前追溯，甚至早在20世纪90年代末期，海信就已预见3C融合将成为必然，于是相继组建海信软件公司、光电科技公司，为"智能战略"提供了良好的后台支撑。在周厚健为信息产业园设计的美妙前景中，电子、通信、信息的"3C"概念被植入其中。

那时候周厚健心里就明白，网络化是整个电视产业发展的大趋势。但是，海信最初只有硬件，网络化基础薄弱，需要涉及的通信、射频、软件、内容服务都不属于海信的强项。

2002年，海信联合新浪、阳光卫视在行业内率先推出了互联网电视。2009年，海信电视以应用小插件的形式整合在电视频道中，体现了智能电视多任务多进程的系统运行能力，代表机型是蓝擎T29系列。

周厚健在演讲中曾坦诚暂时的失败：海信是国内第一家构筑3C融合的企业，海信计算机和网络安全设备当年妇孺皆知，但最终"先驱"变"先烈"，2002年，高调上市的互联网电视由于产业链的不成熟而一度搁浅。

2010年，《海信时代》的一篇文章，反思了海信互联网电视走过的弯路。"在具有得天独厚优势的情况下，海信对以服务为主的互联网游戏规则多少缺乏真正的了解。"

那时候，海信的互联网电视在客户端方面，已经集成了包括新浪、迅雷、东方宽频等服务，也有部分产品开始集成widget（微件）和浏览器；服务端方面，海信电器和宽带公司建立了统一的用户管理平台、内容外包管理平台、升级服务平台，并已经实现了用户行为记录和实时分析，也开始规划下一步互联网服务后台架构体系。

但是，从一个产业的角度来说，海信对于互联网电视的整体业务策略不够明确，"哪些是核心功能，以后的业务发展方向是什么，什么技术更适合互联网电视"，在那时都存在较多的随意性，定制化需求往往只停留在界面的修改上，没有持续积累，导致互联网电视产品在发展上缺乏一致性。

2010年，海信率先推出基于自主知识产权操作系统HI TV OS的智能电视，同时开始提供丰富多样的电视应用商城服务，增强了互联网功能。2011年4月，海信携手TCL、长虹，成立"中国智能多媒体终端技术联盟"。海信成为谷歌在中国的第一家电视合作伙伴。

2011年5月，海信集团在北京举行智能战略发布会，正式启动智能化战略。同年年底，组建团队，与加拿大技术公司Jamdeo团队一起，从用户体验出发研究下一代智能电视。2012年9月18日，海信发布业内首个智能电视操作系统——海信Android TV Pro（海安1号），支持丰富的第三方应用，可持续升级，支持多设备互通，并批量上市XT880、K660、K610、K360四大系列智能电视。2012年11月下旬，历时半年的海信智能电视应用大赛在京落幕。

海信当时对智能电视的定义是：具有开放式平台，搭载了操作系统，顾客在欣赏普通电视内容的同时，可以自行安装和卸载各类应用软件，持续对功能进行扩充和升级的新电视产品。智能电视能够不断给用户带来丰富的个性化体验。要实现以上需求，智能电视需要具备智能的平台、智能的系统、智能的人机交互、智能的应用、可升级4个要素。

"风起云涌的互联网对传统家用电器冲击非常大，我们看清了这条路，我们非走不可，要推进智能化战略，所有海信产品都要网络化、智能化。"王志浩回忆。

2011年5月6日，深圳光电显示周暨深圳彩电节的开幕首日有一则重磅新闻。长期存在激烈竞争的海信、TCL、长虹联合发起成立"中国智能多媒体终端技术联盟"。TCL董事长，长虹常务副总经理，时任海信集团副总裁王志浩以及工信部的领导到场。

当时TCL集团工业研究院的负责人在接受采访时提到，那个阶段的竞争主体已经不是传统的海外电视企业，甚至苹果和谷歌这样的巨无霸也已经成为中国电视厂商的竞争对手。所以尽早建立中国人自己的智能技术标准才是出路，而任何行业标准的成功都必须从核心企业结盟开始。

王志浩后来回忆那次结盟，表示当时各家都看得很清楚，但没有哪一家领先太多，所以三家结盟，定义服务，一起往前走。

那时夏普推出了"互联网电视"，但是表示不会推出"智能电视"。夏普株式会社大中华区CEO菅野信行曾公开说："现在何谓智能电视仍没有统一的概念，各个厂家说法各异，我认为智能电视不同于网络电视，在概念没有统一之前，夏普不会推出类似产品。"

可见，那个时期国内外对于电视的认知中，"智能电视"和"互联网电视"还是两种完全不同的电视产品概念。

海信当时的观点是，智能电视不是一款产品，它是一个系统方案，完整的智能电视在硬件层面包括了大的电视、ITV（交互式电视）、手机和中间传输设备，在软件层面，还要有后台，有操作系统，有软件的解决方案，软硬件须交织在一起。

但不可否认的是，不管商家对产品如何命名，这早已是一个消费者主导的时代。

时代在变，海信的经营方针也随之转型升级。2014年时任海信集团副总裁、海信电器公司总经理的刘洪新，代表海信电器公司做报告时提出，针对移动互联网和新媒体蓬勃发展产生的挑战，2014年，海信电器公司的重点工作包括：加快新产品和新产业拓展，通过智能电视体验提升和营销模式变革，不断提升市场份额，稳定和加快增长速度；挖掘存量市场，开拓增量市场，将持续满足用户体验需求作为互联网时代企业发展的核心工作。

海信是国内最早、全球第二个推出智能冰箱的家电企业，也是国内第一个推出智能电视应用传媒网络的，智能电视更不用说，周厚健出席了有关智能电视的前3个发布会，并做了主题演讲。

但让中国智能时代最大互联网电视平台诞生在海信的，不是VIDAA，而是聚好看，一个"隐形冠军"，一个奇迹，一个互联网时代中最令人交口称赞的故事。

聚好看的前身是海信传媒网络公司，2008年，由周厚健主持成立，定位于为广电系统用户和运营商做互联网运营平台。据后来的海信高管回忆，成立初衷是考虑到电视作为海信的主力产品，必须升级，升级面临的则一定是一个互联网化的时代。

这是海信互联网产品"先烈"强势翻盘的过程。

互联网电视是一个以运营为主导的互联网产品，海信介入运营多深，需要独立做哪些板块，哪些板块需要和合作伙伴一起做，都是多年前海信第一个推出互联网电视时没有想明白的问题。所以聚好看将自己定位为互联网公司，就是希望与更多的互联网公司合作，深度运营这个电视用户平台。曾有高管将此比作淘宝模式：淘宝制定各种交易规则，提供各种交易工具，但是真正的商品由各商家自己经营。海信如果建立起这种淘宝模式，将大大提高电视产品的竞争力，使聚好看占据互联网电视链条中的最重要一环。

现任海信集团副总裁、电子信息集团总裁、视像科技总裁、聚好看总经理的于芝涛是最初参与海信互联网化的19个人之一。这19名员工除了有海信内部培养的，还有的来自通信公司华为、中兴、UT斯达康，于芝涛当时是分管产品的总经理助理。

互联网化初期，没有云的概念，没有基于大的互联网概念提供的解决方案，海信所做的探索是VOD（视频点播系统），这是聚好看的第一款产品，应用于广电的网络、中国移动的内网或酒店内网等局域网。海信网络公司需要从自建服务器做起，一直做到为客户引进内容，提供终端。

2012年，海信网络公司一分为二。一拨人继续做后台点播系统，另一拨人转为支持海信VIDAA系统。

这一年的夏天，海信电器还在北京开发布会，发出奖励1000万元的"海信智能电视应用大赛"的邀请。这个活动与国内创业融资选拔大赛"黑马大赛"合作，宣称要用1亿元基金、10亿元风投的创业机会"利诱"全球APP（手机应用）开发高手，寻找智能电视圈的"愤怒小鸟"。

在这场以海信为主角的发布会上，互联网"教父"张朝阳、奇虎360董事长周鸿祎、新浪网副总裁陈彤、易观国际董事长兼首席执行官于扬、《创业家》杂志社社长牛文文等人出席。

周鸿祎以他一贯的风格，说出令人渴盼、激动人心的数字：智能电视应用将是投资人和开发者的下一个上千亿元的金矿。

新浪陈彤表示，智能电视会成为另一个重要媒体，新浪微博要与海信电视合作，推出更有价值的应用。

时任海信集团副总裁王志浩说，迄今为止，移植到电视上的手机应用还没有出现商业成功的案例，高清、大屏、多人共享的电视优势尚未发挥，这正是电视APP开发的基石。

周厚健说，互联网企业的参与才是智能电视的春天。

爱奇艺副总裁段有桥曾光临海信25+——海信大厦的顶层咖啡馆，尽管后来银河奇异果的用户数与聚好看不相上下，但那天段有桥还是毫不客气地说："中国2011年生产了4400多万台电视机，2012年估计会达到4600万到4800万台，大家算算，平均单价4000元，会是多大的市场，岂容你们6家电视机厂，用做卖点的方式把全国人民都框住？更何况你们的产品体验还做得一塌糊涂，还不如让我们进军这个市场。我们都看好这个市场。"

这话近乎在发难。

但他还是给出了建议："电视的硬件重不重要？重要，但是厂商之间的核心竞争力，产品的差异化除了工业设计之外就是软件，把软件做好是关键。什么样的软件呢？绝对不是我们以前讲的软件公司瀑布式的开发方式，一定是互联网的软件开发方式，快速迭代的。"

乐视与小米并非突然降临的天外来客。走近海信，你会发现这家企业比任何观众都更早地觉察到了行业的风吹草动，他们绞尽脑汁地发现问题，并不怕否定自己。不仅是爱奇艺段有桥，在那次大咖云集的25+聚会上，朴素的木质长桌围坐了中国视频行业的半壁江山。

"电视机厂有6家，大家已经觉得很少了，但互联网却只有3家。那优酷为什么到现在还在亏损呢？其实，如果优酷不做加速营销，早就已经逆转了。之所以没有追求赢利，是因为我们在市场还没有占据绝对领先地位，比如50个点，所以还不能一门心思赢利。"优酷土豆副总裁朱辉龙给海信的启示，是拿到绝对领导权再追求赢利。

PPTV的CTO（首席技术官）黄彦林建议把握多屏互动趋势；互联网著名观察者刘韧站在了海信的角度上考虑问题："互联网公司的失败概率比海信这样的企业大得多，海信既要万无一失，又要去迎接挑战，这真的很难……你现在的成功就是你未来的一个束缚，你现在的成功越大，将来的束缚可能也会越大。"

海信太难了，曾经在电视行业领先的优势现在都有可能变为劣势。

智能时代，海信面临的挑战不仅仅是互联网公司。时代在变，一切都在变，人们看电视的方式日新月异，对电视的需求也越来越多，要多屏互动，把一切屏幕上的图像都投在电视上，要用电视跟家人交流，要用电视玩体感游戏，要用电视买菜购物……当这些挑战都加诸聚好看时，对聚好看来说，只需做对一件事，即从用户体验角度出发，无条件、极端细致地满足用户的需求。

直到后来聚好看业绩喜人，于芝涛才说："其实做互联网产业也挺简单的，抓住人心就可以了，但是很多人抓不住这一点。"2014年4月，VIDAA 2 智能电视发布时，就汇聚了聚好看、聚享家、聚好玩、聚好用四大核心应用，延续了VIDAA系列的一键直达功能，无须下载，即可以通过聚好看平台一键搜索优酷、爱奇艺等11家主流视频网站内容，为的是最大限度简化用户观看网络视频时的操作。发布会那天，在花朵的簇拥下，周厚健穿着西式套装，站在演讲台前严肃地说出了宣言式的演讲词："电视机正处于强化和取代的交错期，强化的是地位，取代的是形态。客厅大战再喧闹，电视机作为家庭中心的地位不会改变。海信将以VIDAA 2为契机，不断巩固海信电视的行业地位，同时，通过内容的丰富和应用的探索提高海信电视产业的发展潜力。"

当晚，中央电视台《新闻联播》便为海信拥抱互联网的行动做了报道：VIDAA 2作为全球首款智能社交电视，实现了电视产业和互联网的无缝对接——这也是对聚好看的褒奖。

在此之前几天，海信宣布与爱奇艺PPS、凤凰视频、酷六、乐视、乐看、未来电视、PPTV、搜狐视频、腾讯视频、优酷土豆等11家视频网站合作，"不做内容，只做视频入口"。那是当时国内最大范围的互联网视频内容共享平台，海信电视终于成为聚集最多内容和最新资源的内容平台。海信聚拢了这些行业关键资源，让海信的用户有了更多的内容选择，最终，海信依靠内容也将赢得更多用户。

爱奇艺CEO龚宇还为海信站台，并解释了支持海信的原因："互联网都强调生态系统，我们构造的生态系统应该是健康的，不是颠覆型的，我们可以颠覆一个将被淘汰的企业，或者是若干个企业，但是不应该颠覆一个产业，把这个产业打乱，打砸了，这不是新兴企业的任务，我们的任务应该是提高社会生产效率。要实现这个目标，就要用技术手段把这种新的生态环境建立起来，虽然这种新的生态环境可能会替代旧的生态环境，但并不是要颠覆原有生态环境中的每一家企业。所以，我们今天坐在一起，支持海信做这种新商业模式的尝试——提商业模式可能大了，但至少这种合作模式我们是非常愿意去尝试的。"

在大多数互联网公司的发展过程中，第一步几乎都是免费，全力做大用户规模，然后靠增值服务赚钱、收取一部分用户的钱。聚好看作为互联网公司，也学习了互联网赢利模式的精髓。

2015年6月1日，聚好看平台第一次产生了收入，虽然仅有70元。于芝涛至今还非常清晰地记得这个数字。第一笔内容收入总是令人兴奋，即便后来聚好看平台凭借超过3200万的总用户数量，成为国内最大的互联网电视平台。（截至2019年12月31日，聚好看负责运营的海信互联网电视服务全球家庭达5127万个，其中国内家庭3901万个，海外家庭1226万个。）

同年，聚好看第一次开大型发布会，那也是于芝涛第一次站在大型发布会的舞台上讲PPT，他紧张不已，前一天夜里重新改了PPT。

从那之后，随着海信的智能电视与互联网平台市场地位越来越稳固和强势，于芝涛在大型产品发布会上讲PPT也越来越得心应手。那两年中国的带宽处于高速发展阶段，中国消费者为正版影视内容付费的习惯也逐渐被视频门户网站养成。

但这一切并不是因为互联网电视玩家们的追赶。"乐视玩了一个定价的策略，这种定价不可能涵盖它的成本。别说硬件了，乐视连软件也不能开发，它连带宽成本都承担不了。"资本的游戏，于芝涛表示，当时海信内部就是这么分析乐视电视的，但这并不是后知后觉或落井下石的说辞，"一个很简单的逻辑，乐视想让每个电视用户给它每年赚400元钱，之后便都是利润，但这是不可能的。一台手机用一年才能赚多少钱？乐视夸大了后期运营的收入，它用资本讲故事，但却没有真正验证互联网电视的模式是否可行。"

2016年中时，关于电视销量，海信被动地与乐视有过一场争论。

乐视引用奥维咨询的数据，宣布乐视超级电视4月销量达到71万台，市场占比19%，成为4月全行业全渠道的销量冠军。5月19日当天，海信引用市场调研机构中怡康的数据，表示4月海信电视全渠道零售量占有率为14.68%，零售额占有率为15.55%，持续保持单月以及累计销量第一。中怡康之后给出了解释，但这场比较，为传统电视厂商和互联网电视品牌的战争增加了浓浓的火药味。

也许，海信的骨干们不这么认为。事实上，在后来他们再谈到这段历史时，只是轻描淡写，他们有理由轻视这个门口的野蛮人不够野蛮。

第一，在中怡康后来给出的解释里，称监测互联网品牌使用的是平台监测数据和自有平台数据，这是导致口径不一的原因，而自有平台数据就是乐视自己给出的销量数据。第二，这个数据消费者可能选择相信，但对行业内部的人来说，虚报多少一目了然。组装一台电视需要的零部件众多，其中重要的面板等关键部件，品牌商们的选择无非是那几家上游供货商，对从业者来说，信息近乎透明。举个例子，如果一个品牌商只订购了30万块电视面板，那么他怎么会有60万台的销量呢？

况且，海信应对互联网竞争的赛道可不只是液晶电视这一条。

曾任海信激光电视事业部副总经理、研发技术带头人的李文宗博士早就表示，他所专注的激光显示，未来将向两个方向发展：一个是65英寸以上的大屏，适用于客厅；另一个是低价、小尺寸产品，适用于卧室，由于卧室使用环境较暗，所以对屏幕的要求偏低，也意味着技术门槛较低，会有一些小厂家和创业型IT公司进入，可能会形成较为激烈的价格战。

2016年，应该是互联网电视最巅峰的一年了。全年互联网电视品牌占据整体电视市场份额接近25%，紧接着的2017年，这个数字下跌了一半多，仅为12%。

持续低价，累计亏损，销量越大，亏损越大。买会员送电视的营销，从买两年变成了买5年，最终又变成买10年。

微鲸电视传出长时间拖欠各方款项，暴风电视在并入母公司暴风集团后，使暴风的财报增加了上亿元亏损。2017年，更是乐视危机爆发的一年，消费者不再信任这个品牌，面对一颗手雷，供应商们又恢复了强势态度。2014年、2015年、2016年3年，乐视电视公开销量分别为150万台、300万台和600万台。

2018年，互联网电视继续延续收缩态势，份额一路下跌，媒体开始纷纷探讨互联网电视这个风口的消亡，称互联网电视品牌开始集体"哑火"。

直到2018年末，那些做电视的互联网公司已经折腾了5年，但终究没有掀起多少浪花，乐视除了贾跃亭的奇闻轶事，已经没有多少人再去问津它的产品，它正在被遗忘，逐渐淡出消费者的视线。

但鲜有人问这样的问题：互联网电视究竟是不是个伪命题？互联网企业做硬件，之所以有人扎堆选择利润微薄又常常打价格战的电视领域，多是因为电视拥有5到7年的用户窗口期，可以缓解互联网应用获客成本高，回报周期长，而用户黏性不足的问题。

互联网新势力以丰富的电视内容、交互式体验、激进的营销策略取得前期增长，但传统的家电企业，哪怕是后发制人，也能轻而易举地跟内容提供方合作，传统家电企业在迅速学习新式设计的同时，渠道势力依旧强大。

更基础且重要的是，互联网新势力依靠代工，而传统电视厂商多在全球拥有数个研发中心，在技术与专利储备、供应链能力上已经沉淀了几十年，这些基础设施盘根错节，根基稳固，根本不是尚未经过验证的新势力短短几年就能动摇的。

对海信来说，一些互联网电视品牌的入局又淡出未尝不是一件好事。它们大张旗鼓地告诉了市场和消费者，电视可以做那么多事。海信依此聚焦了竞争中真正的重点：从用户层面来看，增加、争夺高附加值用户，聚好看从被要求服务好硬件、为硬件增值、为硬件的销量做贡献，到被寄希望于争取发展自己独立的互联网用户，而不是依赖于海信的硬件；聚焦真正的AI技术。

于芝涛表示，人工智能技术没有外界想象的那么复杂，它的实用性将会为产品带来革命性变化，能真正解决传统电视以遥控器为中心的操控方式——这是除用户争夺外的技术创新争夺战，海信的最新战略是在语音和图像两个交互的AI引擎上加大投入，以期未来在产品形态和服务方式上实现技术领先。

2017年，聚好看国内日活用户数超过1100万，用户日均观看时长达296分钟，付费点播和广告收入成倍增长，教育板块付费用户数占到了中国大屏教育市场份额的 50% 以上，电视购物 ARPU（每用户平均收入）值达到 709 元。

2018 年，聚好看成为国内最大的互联网电视平台。其国内用户超过 2600 万，国外用户超过 600 万，平台总用户数量超过 3200 万。如果以每个家庭平均人口为 3 人保守计算，聚好看平台覆盖的人口已经接近 1 亿人。

2019 年，聚好看负责运营的海信互联网电视服务全球家庭达 5127 万个。

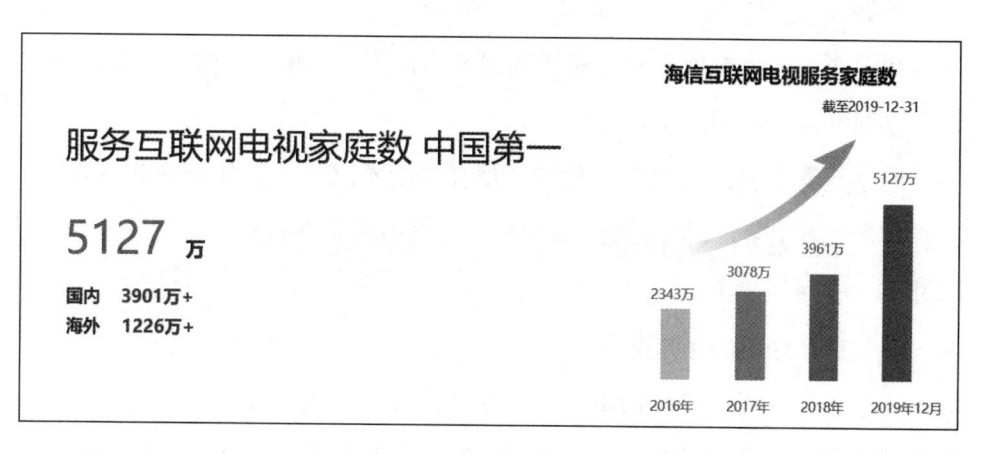

海信互联网电视服务全球家庭达到 5127 个

在海外市场，聚好看的本地化运营已经日渐成熟，海外版的互联网电视平台与包括奈飞、视频网站 YouTube、亚马逊在内的头部企业合作。2019 年德国 IFA 展上，海信 VIDAA AI 全球内容运营平台正式亮相，成为首家实现全球一体化内容运营的企业，受到了广泛关注。这是继 2019 年成立北美、大洋洲、欧洲、亚太四大海外运营中心之后，海信在互联网电视运营上的又一大动作，将有力支撑 2020 年海信互联网平台全球服务家庭数突破 6500 万。

可堪玩味的是，奈飞一开始认为，海信互联网电视平台在国际市场地位很低，所以与海信合作的意愿并不强烈，但后来的数据表明，在全球范围内，海信互联网电视平台的开机率和使用率都排名第一,这让奈飞刮目相看。这与海信电视在海外的消费群体有关——在海外,海信电视的消费群体更多将电视视为生活所需的一部分,是精神生活,而不是挂在墙上的装饰品,使用时间和消费额度自然比繁忙群体用户更多。

拥有了互联网企业最看重的资产——用户群,加上聚好看平台所具有的巨大渠道价值,2018年2月,阿里巴巴与爱奇艺共同入股聚好看,占股10%。这让聚好看公司估值达12亿美元,成为山东省青岛市第一个名副其实的互联网独角兽企业,虽然聚好看公司低调到不愿宣称,但媒体已称其为全球最大的互联网电视运营商。

周厚健算是聚好看的深度用户,他在接受本书作者采访时还告诉秘书,去提醒聚好看主管,语音识别搜索出的影片播放后存在没有观看记录这个bug(缺陷)——那是他前两天的亲身体验。

如今在聚好看的用户数据实时动态展示厅里,几十块海信电视的屏幕同时工作着,它们展示着此时此刻有多少用户在使用海信电视和聚好看平台,哪些地方的用户打开了电视,哪些地方有消费者拆开了一台新的电视机,成为新的海信用户。

聚好看公司总经理助理兼运营中心总经理王端芳每天都会关注这些数字,利用这些数字分析用户的观影习惯——老年人喜欢看健康养生节目,玩益智棋牌游戏;到了小孩放学的时间,教育类节目的播放量开始上涨。

区别于小米电视用户,海信聚好看平台的用户中有60%左右是有孩子的,且多集中为小学阶段孩子。另外,约40%的用户则年龄更长,孩子已经长大,整体用户年龄多分布在28岁到45岁之间。高端用户集中在一、二线城市,三、四线城市则年轻用户偏多。为了进一步改善用户体验,聚好看内部让员工轮客服岗,接用户电话,让于芝涛意外的是,很多接过电话的员工都哭了。并不是因为用户抱怨，竟是因为感动。聚好看员工感受到了用户的理解，同时发现，产品还有太多需要改进的地方。

回望过去20年，技术领域发生的变化，让周厚健感触最深的还是网络技术。"比如，聚好看是一家典型的互联网企业，但没有无线网络怎么落地？网络太了不起了，包括后面的大数据、人工智能，很多东西没有网络根本无法支撑。"

周厚健其实指的是整个网络技术为世界带来的改变，而不是单指互联网公司。他不喜欢前两年，好像全世界都在讲互联网思维，周厚健认为，互联网经济的思维从本质上来讲还是市场经济的思维，最终主宰市场经济的还是技术和消费者——拥有技术，有针对性地服务消费者，双赢。这是基本逻辑。

在这个逻辑里，互联网的优势就是对用户的行为非常了解，然后这些用户行为又被大数据分析得清清楚楚。

周厚健印象很深，20世纪90年代美国网络股刚开始红火的阶段，有一篇报道的标题是"巴菲特老了"。记者问巴菲特，为什么不投资网络股？巴菲特说，看不懂。于是，巴菲特被批评成无法接受新事物的老传统。

2000年，互联网泡沫破裂，网络股崩盘，又有一个头版报道，标题是"还是巴菲特"。

多年来，周厚健唯一公开批评的企业就是乐视。"不赚钱的生意不会长久，海信的电视机会保持适当的利润"，"他那个做法根本做不成企业"——这是站在一个企业家角度对乐视的批评，而不是对竞争对手的打压。

当年周厚健感谢长虹，如今他更不会对搅动市场的入侵者有什么意见。他只是站在企业家的角度，用商业常识批评没有商业道德的公司。他也眼睁睁地看到自己所批评的企业倒下了，不知道这种速度是否会令他惊讶。

巨变前夜电视产业的抉择

时代在变，周厚健认为，电视产业依然处于巨变前夜的懵懂中。

无论是 LED 背光液晶、OLED、QLED（量子点显示技术）还是激光显示技术，都是每个电视厂商在前思后想、讨论验证千百遍后做出的抉择。

所有站在十字路口的电视厂商，无一例外，与海信一样做了智能与网络的进化。聚好看是平台，是系统，是入口，是所有海信电视的标配。

在硬件上，激光电视、ULED 和 OLED，是海信开启高端模式的底气。在内容和交互上，随着 AI 技术的发展，海信已经把电视交互提到新高度。"画质和应用的齐头并进，社交时代的到来，不断赋予电视更多的可能，不断赋予海信更大的想象空间。"于芝涛表示。

2019 年，海信推出了搭载"全场景图搜""全场景语音"等功能的 VIDAA AI 系统，进一步成为业内开创智能应用的先行者。"全场景图搜"拥有全场景实时图像搜索功能——不仅能识别屏幕里的各类人物、物品，而且能将与之相关的新闻、图片、同款购物链接和八卦新闻一并呈现；"全场景语音"，则是支持订外卖、订机票、翻译、查询等 89 种智能场景服务的交互系统，具备业内独有的六轮连续人机对话功能，可识别 33 种人物关系，同时支持普通话及粤语、四川话、湖南话、上海话、闽南语等方言的识别。

2019 年 8 月 9 日，海信发布全新的大屏交互系统 Hi Table，实现"TV+AI+IoT（电视+人工智能+物联网）+社交"架构，在业内创造了全新的智慧屏体验。仅 10 天后，海信又推出国内首款"社交电视"S7，可以支持 6 人同时在线视频通话，拥有"共享放映厅"等多种模式。

"'客厅大战'再喧闹，电视机作为家庭中心的地位也不会改变；在万物互联的时代机遇下，电视更是迎来了新的机会。"于芝涛说。

事实上，未来的智能电视市场，比拼的就是物联网框架下"智慧家居平台"的创新能力。

为了这个"主航道"，2017年，海信成立了国家级智慧家居平台——聚好联，目前已主导和参与制定国家标准及行业标准共计12项，支持智能家电、智能家居、智慧抄表、智能安防、智慧消防、环境监测、智慧社区、共享租赁等业务。

与此同时，海信在物联网的"兵家必争之地"——AIoT（人工智能物联网）芯片等"头部技术"上，也持续加大了投入。

海信目前正在进行两种AIoT芯片的研发：AI MCU芯片，用于"冰洗空"及厨电，赋予白电更多的智能化功能，后续还将进入工业控制及车载领域；AI SoC芯片，则是白电智能化的主控芯片，也可作为TV的AI协处理器。这两种芯片的一系列产品，会完成海信白电及厨电智能化，并在此基础上与TV进行互联，使智能家居得以真正实现。

海信对ULED技术的研究是从2011年开始的，多年来困难亦是重重，但陆续取得了阶段性成果和多项国内外专利。直到立项对其进行全力研发时，其已经被赋予了反超OLED的任务目标。

作为一项复杂的系统技术，ULED电视涉及背光模组中的光学架构、LED驱动、背光控制算法、图像处理等多个方面，同时又需要在技术规格、成本、可靠性、可制造性等方面权衡优化。海信的工程师们用5000多个小LED密排列，试图模仿像素点发光。这个技术的"挖潜演进"取得了意料之外的效果。

研发人员发现，ULED的发光量不管是平常状态还是峰值都高于OLED，加上ULED能够实现LED等和液晶面板的双重控光，实现更精细的区域控光，因此，ULED电视能获得更高的对比度、色域和黑场效果。

海信自主研发的 ULED 电视

这并不是偶然的发现。海信 ULED 的研发团队抛弃常规多分区技术理念，采用多分区的动态背光控制和峰值亮度增强技术之后，将背光划分为多个独立可控的单元，每个区域根据图像的亮度信息来调整背光的亮暗，以此实现很高的峰值亮度和近乎完美的黑色，这大大提升了显示画面的对比度。除此之外，他们还采用了广色域背光技术，通过精确的色彩处理技术增强显示画面的色彩表现力。

2014 年底，三星放弃 OLED 路线，转投海信 ULED 助推的多分区独立背光控制路线。

将钟强输送给激光电视团队的曹建伟，当时正是海信 ULED 项目团队负责人。周厚健开始做激光电视产品经理之时，正是 ULED 电视攻关胜利之后。

"背光分区数的确定就是有代表性的一个难点，因为这是 ULED 的核心和基础。为了确定最优的背光分区数，我们查阅了许多文献资料，花了很长时间进行理论计算，搭建了许多不同方案的样机进行测试实验，最终找出最优性价比的分区方案。"曹建伟介绍。

曹建伟是西安交通大学模式识别与智能控制系统专业硕士研究生，他说自己当初选择显示技术专业，就是希望通过自己的努力来提升中国显示行业在国际上的地位。

随着ULED技术不断趋于成熟，海信ULED电视在2013年的CES上首次以实物产品形态面世，一举获得了CES 2012年度显示技术创新奖——中国企业首次在显示技术上获此奖项。

第二年，海信ULED电视正式发布，引发媒体热议。有媒体认为，ULED电视的优质画质和亲民价格更能代表未来趋势，也有媒体提出质疑，认为ULED电视仅仅是产业转型时期的过渡性产品。当时面对争论，刘洪新表示，OLED电视虽然被业界认为是电视显示领域的未来趋势，但是由于其技术成熟度较低，仍存在很大改善空间。海信电视抓住窗口期推出ULED电视，更有可能优先普及。

消费者不会纠结于名词。海信ULED电视采用多分区独立背光控制和Hi-View画境引擎技术，模拟主动式发光显示器件的优势特征，实现了高对比度、高色域和高速响应的完美画质表现力。ULED电视在色彩饱和度、对比度表现上和OLED电视相当，在亮度、技术成熟度方面比OLED电视更具优势。并且，海信率先在大尺寸4K产品上应用ULED技术，不仅实现了更出色的画质，而且在定价上，65英寸4K ULED产品当时还不到市场上55英寸OLED产品售价的一半——更低廉的价格得到更优质的产品，消费者会用钱投票。

根据中怡康发布的2019年第19周数据，国内彩电市场整体不景气，零售额同比下降12.6%，零售量同比下降7.3%，但海信电视包揽了中怡康畅销榜前3名，且前10名产品中有6款是海信电视产品，市场表现分外瞩目。其中，海信4K ULED电视U7系列位居榜单中第1名和第3名，第2名则是售价近两万元的海信80英寸激光电视L5。

如果我们把互联网电视风潮的来袭看作另一次较大规模的价格战，那么我们可以再一次看到，海信的风格几乎没有发生什么变化。

当价格战还未被如今的家电业领袖们纯熟运用时，它残酷又血腥，人们不会忘记1996年倪润峰发动价格战之后，埋葬了一批家电企业也险些葬送了自己。

从那时候起，周厚健就对价格战十分痛恨。

他曾说过："靠降价来振兴民族工业危害极大，企业一方面要大幅度降价，另一方面又要承担成本支出，这样造成价格背离价值，怎能保证产品质量及开发的投入？是靠国内同行你降我压、竞相降价，还是靠科技、质量、服务于一体来塑造名牌？"所以即便在家电业的历史上，长虹、高路华、海尔、康佳和TCL都发起过价格战，海信也从未主动发起过一次。

当互联网电视用结合互联网内容的新式手段发动价格战时，海信内部也有过不同的声音：电视用户的窗口期是5—7年，而互联网智能电视的用户不仅仅是硬件用户，也是付费习惯日渐养成的内容平台用户，海信为什么不在这种紧要关头，给消费者让一点利，让互联网势力少瓜分一些用户呢？

毕竟海信认同美国营销学者莱克海德的观点，顾客流失率每降低5%，企业利润将增加25%~85%，当用户的忠诚度提高一倍，企业的市场份额也将提高一倍，而从竞争对手手中夺取用户的成本是维持现有用户成本的5倍。

经过本书作者的观察总结，其原因至少包含以下两点：第一，这背离了传统家电企业的经营风格。当企业够大，成为集团，各个产业板块或分子公司皆有自己的业绩目标，假如内容平台有此意，也需要大动干戈地去协调其他公司或部门的利益，这种决策似乎很难从下至上实施。与此相比，互联网公司的架构更加扁平，决策机制简单，效率便显得高些。

第二，由于相对透明的行业信息，不管是海信还是其他传统电视厂商，都很容易得出一个判断，互联网电视销量注水，虚高，加之质量问题堪忧，稳定赢利遥遥无期，于是不止一家传统家电厂商悄悄下了判断——互联网电视活不了多久。

互联网电视是不是"伪科技"或"伪创新"还不得而知，如果不能设置高的转换壁垒保留用户，那就只能通过提高用户满意度和用户让渡价值来留住用户，所以采用价格战术的互联网电视品牌，除非具备传统电视厂商无法具备之能力，否则将很快被消费者抛弃。

在某种程度上，这次互联网电视掀起的风浪加快了内容与硬件的融合速度，在本地化内容更加重要之后，国外品牌的电视机将更难俘获消费者的心。

随着海信产品日益智能化，叠加渠道优势与供应链优势，海信电视在全行业里再次脱颖而出。

没有人提前预料到这场战争会是这样的结局：海信的聚好看成为中国最大的互联网电视平台，成为一个"隐形冠军"，一个奇迹，一个互联网时代中令人交口称赞的故事。

尽管新入局电视厂商生存维艰，难以稳定赢利，但完全退出的企业却不多，一加、华为等公司还在竞相加入。没有公司舍得轻易放弃这块"蛋糕"，这毕竟是每个家庭的必需消费品。新兴的互联网电视行业经过洗牌，也留下了一个幸存者，一个较为聪明的对手，更受年轻群体欢迎的小米。

王志浩很坦诚地表示："我们当时不怕乐视，但怕这种模式。乐视倒下，模式不会倒下。"他不认为没有制造业的生产能力是互联网电视公司的"命门"，因为代工是产业链分工的一部分。"小米的产品定位就是面向刚毕业的学生，因此，我们就面临了一个两难的选择。高端的消费群体肯定更有经济实力，但它的体量是有限的，特别是在中国。另外，年轻的消费者数量急剧增长，等他们消费升级了，我们推测，他们会选择在他们成长阶段里最熟悉的品牌。如果不能给年轻消费群体留下深刻印象，就会比较危险。"于芝涛说出了自己的担忧。

2018年8月，小米召开了自其上市之后的第一场发布会——小米"All in·共赢"战略发布会，而这场发布会的主角就是小米电视。这距离小米上一次发布电视仅仅过去了3个月。小米2018年度财报显示，小米电视2018年全球出货量达到840万台，同比增长225%。小米电视公开立下的2019年目标是，冲击全年中国第一，这简直让人不敢相信，但至少显示了这是个野心勃勃的竞争对手。这个生存下来的竞争对手在日后与海信电视的主要竞品达成战略合作，亦在家电的各个领域渗透，试图用更轻的产业链分工模式一点点抢占各个传统家电厂商的市场份额。

《海信时代》访谈过阿里巴巴和小米的员工，提醒员工学习"别人家的执行力"。

阿里巴巴的关键词是996和007，996是日常工作状态，从早上9点工作到晚上9点，一周工作6天，在有任务时，便进入零点到零点、一周工作7天的状态。这种工作模式后来饱受诟病，但在人们热议阿里巴巴的同时，阿里已经成为阿里。

在海信的报纸上，小米的特色被总结为"人事极度放松，产品极度集权"，那并不是《海信时代》唯一一次讨论小米这个竞争对手。

一个曾在海信工作了10年的海信人2018年加入了小米，他对海信饱含深情，但还是想去外面的世界看看。

海信访谈了这位员工，除了感慨"粉丝真的是比用户高一级"的小米粉丝文化外，他还将小米与海信的制度做了比较："在海信，部门间职责很清楚，这种职责清晰有很多优点，但也容易产生壁垒，遇到跨部门的问题，大家想的是这与我的职责无关，而遇到决策问题，最终都要汇总到领导那去，这种结构下，大家往往想的是，我怎么让我这部分工作完成，让领导满意。"而小米的前线负责制则是由项目负责人自己来寻找资源支持，领导只给建议，负责人做最终决策——成绩和责任都是负责人的，如此普通员工的责任和权力也都相应更大，员工全局感更强。

在海信内部，不管是采访现场、上下班高峰的电梯，还是正午的食堂，我们从来没有听到过海信人贬低或轻视互联网公司，包括海信内部的文化期刊上，也从未见只言片语提到互联网公司那些常常为人诟病的"槽点"。相反，海信尽量接近他们，剖析竞争对手的优势并热切地希望自己的员工能感受得到。这像极了周厚健的思维方式。周厚健曾公开表达，互联网方式和制造业，谁都离不开谁，谁都不要贬低谁，解决问题的第一步是正视问题，承认问题，在这一点上，海信已经迈出了重要一步。

对海信来说，强化用户意识，一是站在用户的角度思考问题，认识到用户满意度的实际意义远远大于眼前的市场占有率，二是利用互联网产品即运营的特质来布局运营系统，通过运营将用户资源转化为源源不断的商业价值。

海信在2014年的经营方针中，就提出强化用户意识，首先要融入互联网思维，与用户保持零距离，树立极致思想，推崇产品为王，还要在智能电视、手机等多媒体领域树立系统运营意识，真正将客户变成"用户"，为企业价值的升级做好准备，还要树立"粉丝意识"，将NPS（净推荐值或口碑）引入企业经营考核。

与经营用户相应，海信的营销模式也在那个阶段亟须变革。随着互联网移动化、营销大数据整合化，海信电视传统的营销模式面临被边缘化的风险。

不只是受互联网影响，电子商务迅猛发展和多渠道组合竞争，对海信的市场营销能力也形成了挑战。刘洪新曾说："电子商务的发展对我们的广告宣传，对我们网上的展示，对我们话题的互动，对我们售前、售中、售后和使用过程当中的服务，都带来了严峻挑战。还有多渠道组合，现在不仅有大连锁和三、四级市场，还有专卖店、功能渠道，还有专业的销售，等等，这些都对我们的市场能力，包括我们的产品规划、渠道建设、促销手段，还有价格运作和规划提出了严峻的挑战。"

"双十一"的答卷最能证明一个品牌的电商影响力。

2019年"双十一"当天，海信品牌全渠道7秒破亿。在销量方面，激光电视表现优异，销量同比增长109%；AI电视声控全面屏电视则成为爆款，卖出了15万台。

2018年的"双十一"，海信电视全渠道8秒钟破亿元，34 879个用户下单选择了海信电视，海信电视的官方微博为海报配的文案是："两罐红牛，四格Wi-Fi[①]，八年单身手速，为什么还是没有秒到想要的电视，要怪就怪您前面下单的34 879位用户吧。"

凌晨三点，海信电视的客单价在京东商城已经超过了4639元，这个数字在国内电视行业遥遥领先，甚至是一些品牌的两倍多；定价21999元一台的海信激光电视，"一眨眼"就卖掉了200台；全渠道销售额破7亿元。80英寸、88英寸、100英寸4K激光电视全线出击，"双十一"期间的销量同比增长了10倍。

在2017年的"双十一"，破亿元的数字是58秒。2017年"双十一"海

---

① Wi-Fi，在中文里又称"行动热点"。

信凭借 ULED 电视、激光电视、人工智能、量子点电视等高端产品多点开花，线上实现总销售额近 15 亿元，同比增长 100%，在京东、苏宁渠道均斩获同行业第一的业绩。其中，ULED 超画质电视 EC880 系列销量破万台，在天猫平台 75 英寸及以上大平板销量占有率高达 66%，排名第一。

你甚至不用留心观察，就能发现一向低调的海信早已默默向年轻用户靠拢。青年作家蒋方舟、娱乐明星周洁琼等一些拥有自己忠实粉丝的知名青年领袖成为海信的首席品牌体验官；在北京汇集了追求艺术与时尚的年轻人的 798 艺术区，海信的绿色占领了一大块橱窗，来往的人流在这里能看到海信的最新款电视，只是看不到"海信"两个字，取而代之的是"Hisense"——Hisense 这个品牌正在以潜移默化的方式走进年轻消费者的心里。

优酷土豆副总裁朱辉龙曾这样评价海信："在移动终端，用户看电影跟电视剧的需求比 PC（个人电脑）要大，用户看新闻的比例很低，甚至根本不看新闻，其实，用户想用电影、电视剧，娱乐休闲一下。所以我们的电影跟电视剧，尤其是电影，很早就超过了 PC 的流量。由此可见，娱乐的需求很大，我建议多屏时代的产品设计和文化要把娱乐营销的因素考虑进去。我们看到海信的文化特别传统，还是过去那种广告营销，而不是面对用户、以用户为中心的广告营销。"

几年后，在微博视频榜单的前几位，有一个长相甜美的女明星发了一条短视频，讲的是她完成了一趟神秘的海滩之旅，这趟神秘之旅由海信赞助，海信的产品出现在短短几分钟视频里的各个情节和角落。女明星的粉丝们在评论里留下各种赞美之词，这时候，没有人会觉得这来自那个"特别传统"的海信。

业内也曾有过批评，直指海信宣传不力，不会营销，"手里有好的技术，消费者却不知道"。对于这种爱之深责之切的意见，周厚健总是先自我批评：

"海信在宣传营销方面的问题，与我自身的性格有关。"但他依然保有技术专家的纯真与美好愿望，他愿意相信消费者："要相信消费者的智慧，一个市场的成熟根本上是消费者的成熟。一项技术真正的飞跃往往发生在与消费者见面以后，消费者的需求和反馈让产品有了不断进步的机会。"

另一个海信

提及海信，在老一辈人眼里，它代表青岛电视机厂，是20年前家家户户置办新家的电视机品牌。而近些年关注过海信的人大概会了解，海信在电视之外，正在不断拓宽家电产品序列，研发生产了空调、冰箱等白色电器，旗下还包含科龙、容声、Gorenje等品牌。

在"海信家电"的标签之外，还有另一个不为人熟知的海信。

"海信可以解决像北京这样的大城市的拥堵问题吗？"2017年"两会"期间，面对媒体追问，全国人大代表、海信集团董事长周厚健信心满满地回答说：能！

这样的底气来自海信抛出的一组数据：以青岛为例，在青岛市政府与海信共同建设的青岛智能交通系统投入使用后，2014年至2016年间，城市交通高峰持续时间下降1.48小时，平均速度提高9.71%，交通事故数量下降9.85%，交通违法数量下降10%，直接经济损失下降12%。具体到经济效益，智能交通系统的应用给青岛一年节省了56.35亿元，也使青岛成功"摘帽"10大"堵城"（高德数据）。

进入2019年后，海信产品和解决方案已应用于全国137个城市，其中39个直辖市、省会城市和计划单列市中，有36个城市都在用海信的解决方案，占比达92%。

制系统的研发同样也是"熬"出来的。当时，行业内交通信号机也面临几大难点：第一，城市电网不稳定出现波动时，信号机就不能工作了，即使是西门子信号机，一碰到电网波动也会马上晃闪；第二，遇极端天气，由此产生的网络波动也对它有影响。另外，潮湿、盐分腐蚀，外壳生锈、耗子咬线、偷盗等都需要解决。

2002年前后，海信交通信号机最早应用到烟台龙口。大冬天，陈维强带着研发人员裹着军大衣，蹲在马路边观察信号机好不好用。"全程一个月，没有这样的做法，便做不出行业里最好的产品。"陈维强感叹道。

2005年，是海信网络科技公司具有里程碑意义的一年。这一年，公司不仅拿下了系统集成一级资质，还凭借信号机的过硬品质成功打入北京市场。

当时，北京奥运会交通信号系统招标。参与竞标的，除了海信，还有西门子、泰科等国际品牌。北京交管局列了几十条测试标准，从硬件性能、软件功能、售后服务、协议开放等方面进行评测。海信得分最高，比竞争对手高出10多分。

"绝对是硬碰硬评出来的！"刘雪莉说。

她分析，一是产品自身过硬，二是北京交管局领导有民族情结，希望中国的产品和企业能与西门子等抗衡，给了海信做评测的机会。

随后，海信迅速打开全国市场，先后进入137个城市，为上海世博会、广州亚运会、青岛世园会、G20杭州峰会、青岛上合峰会、全国军运会等提供交通技术保障。如今，在交通信号控制系统这个城市智能交通管理的核心领域，海信交通信号机出货量占据了最大的市场份额。

"海信的信号机共有25种控制策略，2019年要做到40种，产品丰富程度远比国外厂商高。"得益于海信智能交通系统，很多城市的交通状况得到改善。以青岛为例，以前青岛在全国拥堵指数排前九，2018年拥堵指数跌至第82位。

委再到交通运输企业、物流企业，还有公共交通等都有市场需求。

经过论证，陈维强和同事们认为，海信有机会在智能交通领域分一杯羹，甚至成为行业领军者。随后，陈维强便和青岛市科技局的领导以及分管副市长杨军一起到国家科技部答辩申请。最终，青岛市成为国家智能交通示范工程试点城市，而海信则争取到了一张智能交通领域的"入场券"。

自此以后，海信网络科技公司的产业方向逐渐清晰，十几个方向最后剩下3个方向：交通、集成和教育。教育项目得到国家"十五"攻关项目200万元的支持，但因产品无市场，后来被关停。

2003年，王志浩进入海信分管信息化板块，在海信网络科技公司聚焦的过程中发挥了重要作用。与此同时，他还引进惠普等先进管理咨询公司的服务和信息化工具，成立了ERP小组，提升了海信生产、制造、供应链、财务等系统的效率。产业方向确定之后，海信规划了两条产品线：交通信号控制系统与智能公共交通系统，形成了城市交通管理事业部和交通运输事业部。

很快，陈维强迎来了职业生涯的首次考验。在做公交智能调度系统时，行业普遍面临三大技术难题。第一，公交车的电源不稳定，车载设备断电后需要重启；第二，GPS（全球定位系统）信号被遮挡的时候，报站不准确；第三，通信采用的是电信的GPRS网络（通用分组无线业务），存在掉线的问题。

将近一个月的时间里，当时身为总工程师的陈维强和技术人员一趟一趟地坐公交、记录问题、讨论解决方案。3个技术难题彻底解决是在两年之后。"我们在行业里是首家对这些难题进行研究的。后来很多公司包括硬件都是抄我们的，把我们的机器买回去打开，看看用的什么零件，就跟着用。2017年的ITS（智能交通系统）大会上我还讲，我们为行业做了很大贡献，公交智能调度系统上的很多专利都是我们的。"陈维强说。

作为国际第三大信号控制系统、海信智能交通的明星产品，交通信号控简称"海信网络科技公司")的前身软件公司。这家公司将目光瞄准了软件行业，并引入了13位博士，陈维强便是其中之一。

最开始，软件公司的主线发展方向并不明确，对教育软件、ERP（企业资源计划）软件、电子政务软件等方向都在同时进行探索。"我们博士比较多，每人一个方向，五花八门，什么都做。"陈维强自嘲，他们都是学生兵，带着书生气，走了很多弯路，什么都没有干起来。周厚健的评价是："怎么就和扫马路的似的，什么挣钱扫什么。"

2000年，刘雪莉从西北大学毕业工作一年后应聘来到海信，成为稀有的女工程师。据刘雪莉回忆，软件公司当时主要靠给企业做ERP项目，尚没有成型的产品，他们通过做定制开发积累经验，后来还代理过甲骨文的产品。

陈维强和同事们逐渐意识到，作为一个企业应该聚焦业务方向，培养自己的核心产品和核心能力。在激烈的内部讨论之后，软件公司步入了下一个阶段。1999年3月，陈维强被任命为软件公司总工，负责探索产业方向。

"说心里话，我对具体技术还算懂，但是要运作一个产品，运作一个行业还真不懂。"陈维强和同事们开始寻找有市场的行业。他们通过调研发现，金融、电信、电力、能源等行业信息化比较早，有资金实力，也有产品需求。但令人沮丧的是，这几个行业都有做得比较成功的软件公司，竞争格局已经形成，对于新进入者而言机会很少。

在陈维强的描述里，海信智能交通的布局，源于政府与企业的一次联动。

当时，国内智能交通刚刚起步。"青岛市科技局综合计划处听说海信有一个科技公司，主动找到我们来聊智能交通这个业务。我们专门花钱去做了调研。"陈维强回忆，他们通过调研发现，智能交通行业有3个特点：第一，国内没有领头企业，竞争格局尚未形成；第二，技术要求专业、复杂，一个技术不能把交通行业都做了；第三，市场规模、市场空间较大，从交警到交通海信智能交通业务的发展是我国智能交通事业的一个缩影。"十五"期间，国家科技攻关计划"智能交通系统关键技术开发和示范工程"确定了北京、上海、广州、天津、深圳、重庆、济南、青岛、杭州、中山共10个具有不同交通特点、不同交通基础设施建设水平和不同地方经济水平的城市进行智能交通示范工程建设。由此阶段开始，中国智能交通发展进入实质性建设、应用实验阶段。

随着示范项目的开展，海信网络科技公司、北大千方、安徽科力、易华录等第一批城市智能交通企业相继成立，如今，这些企业已成为中国城市智能交通行业的中坚力量。尤其是作为中国首个AI联盟智能交通推进组组长的海信，在国内智能交通领域已经保持多年市场第一。在智能交通领域，唯一一家落户于企业的国家级工程技术中心也设立在海信。

21年来，海信持续在智能交通技术上进行研发投入，形成了城市交通、交通运输、轨道交通、运维服务、智慧建筑、公共安全、智慧城市七大业务板块，并且建立了行业内最大规模、最强实力的研发队伍，拥有行业内最强的创新能力，智能交通成为海信集团的一个崭新标签。

考量科研实力的第一个关键指标是知识产权数量。目前，海信申请知识产权总计达720余项，其中发明专利230项，是中国智能交通领域拥有知识产权数量最多的企业，专利数量在行业前3名中占近70%。此外，则是制定行业标准的能力。海信主持、参与了智能交通领域41部国家、行业和团体标准，其中，主持21部，参与20部。

海信智能交通的发展离不开陈维强团队十多年的耕耘。如今他还是海信三大产业集团之一——智能科技集团的掌门人。

1998年，陈维强从哈工大博士毕业后来到海信，时逢海信正在家电业之外开拓新产业。那一年10月，海信成立了海信网络科技股份有限公司（以下

智能交通领域唯一设立在企业的国家级工程技术研究中心

2006年,陈维强升任海信网络科技公司总经理,刘雪莉调任交通运输事业部,担任营销副总。刘雪莉到处跑客户,拿下了聊城公交、上海浦东公交示范线等项目,积累了一些客户。

机会总是会垂青有准备的人。2006年12月,国家发布公共交通优先发展战略,公交行业迎来了拐点,海信网络科技公司交通运输事业部也迎来了春天。因为政策利好和2006年积累的客户基础,2007年,海信陆续中标北京BRT(快速公交系统)、常州BRT等项目,签单金额达到4000万元。

好消息接踵而至。2008年一季度,海信以1.16亿元的价格中标厦门BRT项目,那是公司第一个过亿的项目。开通前,陈维强亲自和工作人员抱着车载机坐出租车去模拟测试。2008年下半年,他们又拿下了潍坊4000多万元的项目。信号机、车载机打开局面之后,2008年12月,轨道交通事业部成立。已经被提拔为公司副总经理的刘雪莉兼任部长,她从公共交通部门调了两个研发人员,并引进专家和开发人员,开始搭建队伍。当时,市场上主要采用泰雷兹、西门子等国外公司的产品,一套软件售价在2000万元以上。

轨道交通，常见的就是地铁交通，它包括信号系统、综合监控系统、乘客信息系统和通信系统，其中信号系统是轨道交通最核心也是安全级别要求最高的系统。周厚健对此寄予厚望，由于技术难度大，陈维强决定曲线救国，先做轨道交通的综合监控系统、乘客信息系统和通信系统，等以后条件具备再跨入信号系统。直到2017年，在研发投入共计两个多亿后，海信在轨道交通领域才有了首个落地项目——为青岛地铁11号线提供综合监控系统、乘客信息系统和通信系统。

为何在轨道交通领域海信发展了10年才见到曙光？因为轨道交通的项目招标有一条硬性指标——开通案例。海信在轨道交通领域毫无积累，从0到1是最难的，而这个行业基于可靠性、安全性的考虑，根本不可能给任何一家新进入者试错的机会。

为了让市场能够接受，海信走过了一条漫长而曲折的路程。第一个工程案例的获取得益于中铁电气化局的支持。2009年10月，中铁电气化局拿下了北京地铁15号线的综合监控项目，将工程实施承包给了海信。虽然利润不高，但对于海信而言具有十分重要的意义。

2015年12月，青岛首条地铁3号线开通。其乘客信息系统是由海信提供的，海信终于有了第一个轨道交通开通案例。2017年10月20日，被誉为青岛"最美地铁"的地铁11号线开通，有着"地铁大脑"之称的综合监控系统，就是由海信自主研发的。

此后，海信网络科技公司又拿下贵阳地铁1号线和2号线。"当时青岛11号线还没有开通，周厚健董事长亲自去了贵阳两次，现场搭建实验环境测试，请对方来青岛考察，用实力和诚意说话。"

经过智能轨道市场10年沉淀，海信网络科技公司已研发出具有国际领先水平的综合监控系统、乘客信息系统和通信系统等产品和解决方案，拥有5

条通信系统项目案例、8条乘客信息系统项目案例、7条综合监控系统项目案例。2018年，轨道交通业务实现签单15亿元，海信取得了在通信系统市场占有率第一、综合监控系统市场占有率第二的好成绩。

海信有着更大的图谋——进入轨道系统的最核心领域——轨道交通信号系统，这被写入2018年海信网络科技公司年度大事。

2019年1月24日，海信网络科技公司牵手北京交大微联，成立轨道信号合资公司——青岛海信微联信号有限公司，正式进军信号控制领域。

周厚健出席签约仪式并致辞表示，在这场与国际企业的技术竞争中，实现弯道超车，为中国轨道产业的提升做出自己的贡献，是海信网络科技公司一直以来的梦想。随着合资公司的成立，海信的技术反超梦正在走进现实。

信号控制系统是城市轨道交通的核心，市场利润空间大，但技术水平要求和市场门槛比较高，对于海信这个新进入者来说，会面临一批强有力的竞争对手。北京交大微联作为国家开发投资集团的控股企业，神州高铁控股子公司，成立20年来始终深耕于信号控制领域，拥有众多信号系统行业顶级专家，其安全信号系统在国内10多个城市20多条城轨线路推广使用。通过本次合作，海信网络科技公司将成为国内首家具备全套全自主轨道交通无人驾驶产品的企业，进入企业发展的新阶段。

实现轨道交通全自动无人驾驶是未来市场发展的必然方向。目前，海信在实验室里已经打通了综合监控系统和法国泰雷兹的信号系统，实现行车自动化。未来，海信网络科技公司与北京交大微联将发挥各自优势，研发出国内乃至国际最安全、最节能、自动化程度最高的轨道交通信号系统，并与综合监控系统深度融合，在国内轨道交通产业保持技术领先。

每一个新的业务板块成立，都会经历搭建队伍、布局产品、开拓第一个案例的过程。刘雪莉如今已经积累了一些经验和做法。2014年4月，刘雪莉去美国硅谷参观，看到很多企业在做运营服务、增值服务。而在国内，"重签单、轻服务"是业内很多企业的弊病，常出现故障发现不及时、维修不给力、出问题乱推诿、遇到困难踢皮球等，这些严重降低了客户体验。

刘雪莉回来后便着手成立了运维服务事业部。现在，作为智能交通完整产业链的一部分，运维服务起着至关重要的作用。

例如，在青岛市城区智能交通运维服务项目中，面对上述行业通病，海信网络科技公司为青岛交警打造了包含软硬件系统、服务闭合、运维服务、响应时间、外场施工等在内的109项细则规定，不仅对智能交通运维服务全流程服务体验进行了全面优化升级，更是将难以衡量的服务过程及效果进行了精细、专业的拆解，形成了一套完整的"七星级"运维服务体系标准模板。

2016年，海信网络科技公司成立智慧城市事业部，选择了交通、公共安全、住建、医疗、社区、家庭、应急等行业，进行平台系统建设、应用开发与落地。虽然"智慧城市"的口号已经喊了多年，但事实上绝大部分方案仍停留在PPT阶段，不接地气、天马行空的构造让智慧城市始终像"空中楼阁"，难以落地，智慧城市事业部创新性提出了"以街区智慧实现城市智慧"的新模式，旨在解决智慧城市建设过程中普遍存在的"落地难"问题。

这种做法是，逐块对街区进行智慧化建设，建设一块智慧一块，确保每个智慧模块都能落地并产生实际效能，最终实现城市整体智慧，让城市运行管理"看得见""看得清""看得懂"，为智慧城市建设和效果落地提供新思路、新模式。

"我们是真正结合业务来做，做应用太累了，太痛苦了。"陈维强感叹，要把数据汇聚过来还相对容易一些，数据要产生价值可不是一个简单的命题。

2018年，海信网络科技公司承建的青岛市政务信息资源整合共享融合增值应用示范工程入选国家重点支持示范项目。

2019年，海信在贵州推出全国首个5G技术赋能的智慧街区。街区深度融合了5G、大数据、人工智能等先进技术，在实现对市政设施进行智慧管理的同时，还能为市民提供更加便捷的人性化服务，为智慧城市建设提供了新范本。

根据公共安全市场需求和业务发展，海信网络科技公司2016年底成立了公共安全事业部。公共安全事业部首席科学家孙论强介绍，海信公共安全业务始于2012年贵阳平安城市项目，这是公共安全领域的一个标志性项目，也是海信承接的第一个平安城市项目。

此后，海信网络科技公司在公共安全领域还承接了长沙、天津、青岛、黄岛等地的一系列大项目，并且每个项目业务各有侧重。比如，黄岛项目以指挥调度为特色，长沙项目在侦查破案方面更突出，贵阳项目则以治安防控为主。其中，黄岛项目当年即支持公安机关串并案件200余起，协助抓获犯罪嫌疑人585名，帮助打掉犯罪团伙23个，提供线索指导破获各类案件720余起。

做企业没有一劳永逸，竞争的格局时刻都在变化。随着智能交通产业进入快速发展期，未来千亿元级规模的市场吸引了百度、高德、滴滴、阿里等各路高手布局。有些人担心，这是否会对海信造成冲击？刘雪莉不以为然，"我们做的都是客户端的应用落地，阿里名气比较大，资金优势很大，但是阿里真的可以做好应用端的项目吗？我是打问号的。"她认为，应用落地要有行业用户的积累，税务有税务的业务规则，交通有交通的业务规则，轨道有轨道的业务规则，你能把所有的业务规则都吃透吗？阿里想通吃是很难的。

"技术底盘越大，越难被颠覆。"技术上的自信让陈维强坚信，海信智能交通的底盘足够沉，互联网公司想要撬动有一定难度。只要围绕着技术创新来做，就会做到最好。

2003年，海信在光通信产业最不景气的时候成立了海信宽带公司。

"海信是一匹黑马,是行业内人士没有想到的,一说海信就是做家电的,从来没有人说海信是做光通信的。行业设备商很清楚海信在光通信行业的地位。"李大伟说。

李大伟和黄卫平是海信光通信产业的核心人物,一个是海信宽带公司副总经理,一个是首席科学家。他们和周厚健既是老乡,又是山东大学的校友。

大学毕业后周厚健进入青岛电视机厂,黄卫平则一路读到麻省理工博士。毕业去加拿大做了24年大学教授,他创办的光通信公司1999年被一家美国公司收购。

而李大伟也在光通信领域浸润已久,他供职的美国公司20世纪90年代初在中国就有两个大型制造厂。2000年这家公司想在中国开设研发机构,李大伟负责回国筹办,跟中兴、华为等国内客户建立了联系。到了2001年,美国信息产业、光通信产业泡沫破灭,这家公司决定放弃中国的研发中心。

"美国的光通信技术至少超前中国3到5年时间。"李大伟看到了中国市场的机会,他希望把国外的技术拿到国内做开发,提升国内光通信技术水平。

此时,海信正在探索从家电行业向高科技行业转型。周厚健带着代表团到芝加哥拜访黄卫平,二人萌生了一起做一家光通信公司的想法。经黄卫平推荐,周厚健后来又见到李大伟。

三人一拍即合。

2002年底,海信控股成立了两家公司,一是美国的Ligent Photonics公司,负责高端技术开发和美国市场,二是国内的公司海信光电,负责研发、制造和国内市场,两家公司投资主体一样,股权结构一样。

2003年,他们开始在美国开发第一代产品。此时,光通信行业正处于最低点,市场极速滑坡。此时,华为任正非到海信考察。周厚健说:"我们也准备做光通信了。"任正非脸色都变了,说:"千万别碰光。你知道吗?碰光必死呀!"

黄卫平并未丧失对光通信产业的信心,他坚信已经相当成熟的光通信技术不会因为行业的陆沉而永远被湮没。新公司成立后的两年时间里，黄卫平大部分时间都在跑市场。

"海信不是做家电的吗？去年销售业绩是多少？有没有历史的出货记录？产品每年失效率是多少？质量数据有没有？"黄卫平回忆，第一代光模块产品做出来根本没人要，碰的全是钉子。

一直到2006年，新公司成立的前3年没有任何销售成绩。公司经营上非常困难，发工资都要向集团借款。"一开始设想很好，然后发现现实很残酷，一些产品线也没有达到预期，有一段时间自己都怀疑还能不能做下去。很多人都已经不相信这个公司能做下去了。"

黄卫平和李大伟先把自己的工资停了，美国公司逐渐萎缩到只保留销售团队，研发团队搬到青岛。中国找不到客户，黄卫平决定回到美国去碰碰运气。那时候，美国"光纤到家"市场刚刚起步。他们的技术先在摩托罗拉通过认证，拿到了一个很小的订单。后来跟阿尔卡特交流，对方正在寻觅能做技术的供应商，海信决定尝试。测试初期，出了很多问题，李大伟带着一帮徒弟不断改进，慢慢达到要求，通过一系列认证，他们的光模块成为阿尔卡特唯一的供应商。每年仅仅是阿尔卡特就为他们创造了六七百万美元的销售，一年下来，他们的营收能到千万美元以上。

"就在现金枯竭的那一年，如果没有阿尔卡特这笔生意，我们可能就关门了。"黄卫平说，在海信除了周厚健，很多人都对他们丧失了信心，说"这是失败的投资，准备清盘"。

在美国市场取得突破后，公司挣到了第一桶金，开始从死亡的边缘逐渐复苏。但命运再次和黄卫平开了个玩笑。由于供货商的疏漏，成品出现了质量问题。海信虽然赔了一笔钱，但还是被阿尔卡特踢出了供应商名单。

而此时，中国光纤到家工程正在启动，中兴、华为是主要参与者，而海信则是中兴、华为的供应商。国内销售开始逐渐爬升，公司的重心再次回归到国内。

作为海信宽带的元老，硬件开发部赵其圣亲历了海信宽带从0到1的巨变。"以前的宽带传输速率最快也就是512kb/s（千字节/秒），只能满足浏览网页、下载文本文档这些需求，那时顶多算是文字互联时代。"

现在不同了，图像、视频、大数据互联，乃至下一步可穿戴智能设备的普及，对带宽和速率提出了更高要求。赵其圣说："当时接入网的主流产品速率较低，实现千兆级别速率的光模块设备封装又比较大，设备应用很不方便。举个例子吧，如果要建一个大数据中心，按照当时的技术，可能需要一个篮球场那么大的场地来容纳光模块设备。"

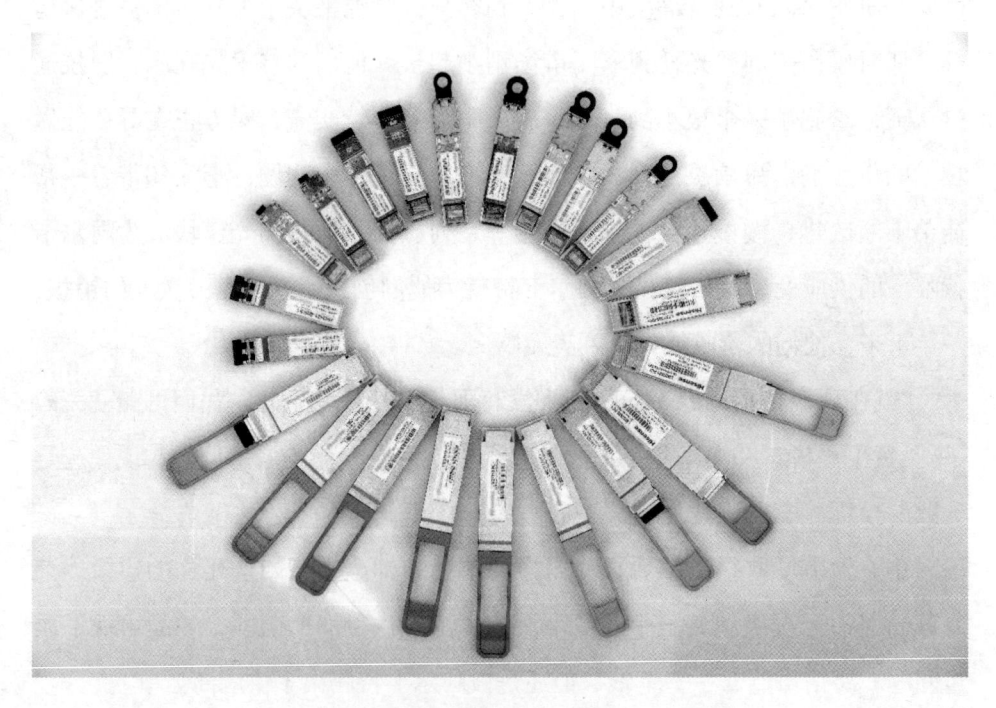

海信宽带公司接入网光模块产品

黄卫平带来的则是高速率、小封装的光模块产品。2005 年，海信宽带推出全球首款光通信技术应用于接入网的 GPON（具有千兆位功能的无源光网络）光模块产品。"最早的光模块是在实验室纯手工打造的，工程师亲自上阵，一天最多造一个光模块。那时候一个光模块尺寸有手机一半大，却价值好几万，我们最贵的一个光模块卖到了 10 万元，可以说价值一辆汽车。因为里面技术复杂程度很高。"海信宽带 OLT（光线路终端）研发室主任张强回忆，当时整个行业 10GPON 技术都不成熟，想买一个突发设备都没地方买，包括电路芯片都是自己摸索自己搭。整个实验室只有 3 台设备，其中一台是试机设备，研发人员白班夜班两班倒，设备不停，可以说 24 小时无休。

2007 年底，海信成为全球第一家推出 10G 非对称 EPON（以太网无源光网络）光模块的企业，奠定了在宽带接入网行业技术领先的地位。此后的 2012 年、2016 年，40GPON 和 100GPON 产品相继问世……每一次海信宽带新品的推出几乎都令业内震惊。一系列国际领先产品的推出，使海信宽带迅速成为全球光纤到户所需光模块产品的特约供应商之一。现在，海信宽带建立了从光芯片设计和生产、光组件、光模块到光网络终端的完整光通信产业链，为海信持续占领高端市场打下了坚实的基础。

海信宽带拥有高度自动化的生产工厂，光模块年产能超过 3000 万只，为世界最大的光模块生产厂商之一。这些自动化设备相当一部分都是靠海信工程师自制的。"2013 年，光模块订单激增，手动耦合越来越不能满足产出需求。为此，我们外购了 10 台国外某品牌的自动耦合焊接机。外购机使效率有大幅提升，但是价格高，交期长，售后不及时，可维护性差。甚至我们挪动了机台，都需要售后人员校准。"海信宽带多媒体自动化装备事业部电器软件开发工程师马静回忆，为了解决这些短板，研发团队决定自主开发。经过几个月的调研和摸索，"我们相信自己也能做出来"。

"果然，2013年底首台自动耦合焊接机研发成功，100多万元的设备30万元就做成了，效果一点也不比国外的差，效率上还提升了12%。这也成为国内首台自主研发的自动耦合焊接机，到2016年其他公司才开发出此款设备。"

不断开发新技术产品，推出一系列国际领先的光模块产品，2008年到2012年，海信宽带公司每年收入增速在60%以上。

凭借着连续多年全球市场占有率第一的市场优势和技术优势，海信宽带接入网光模块被工信部评为制造业单项冠军产品。这也是当年上榜的36家企业中唯一的光器件厂商。

"当时是我去北京领的奖。这也是青岛的荣誉，青岛市经贸委很重视，一个领导和我一起把奖领回来了。我们起草了七八项国内外行业标准，是行业标准的缔造者，在这些标准里看到海信集团的名字，我们很自豪。"张强说，现在竞争越来越激烈，我们不能服输，我们就是要做第一。

2018年，在提效方面经验丰富的海信集团副总裁代慧忠被委任宽带公司总经理一职，对组织架构和管理进行了一轮大改革，正是意在继续保持这种行业优势。

目前，国内光通信公司新易盛、中际旭创已经上市，前者市值55亿元（2019年6月20日），后者市值239亿元（2019年6月20日）。海信宽带公司透露，如果上市，公司的市值会非常高，因为他们的财务数据很优秀。

5G和数据中心是海信未来关注的两个市场。5G建设的全面铺开，将给光器件产业带来更多需求，未来2—3年，在光通信领域耕耘了十余年的海信宽带将迎来新一波发展高峰。

"海信是做电视起家的，最好的技术就是显示与图像处理技术，而进入数字医疗领域，最重要的就是显示与图像处理技术、软件技术，规划、开发医疗显示产品，能使海信集团更好地共享资源，更好地控制成本和提升效率。"在 2016 年的媒体开放日上，对于海信为何进军医疗领域的问题，时任海信集团总裁刘洪新这样说道。

早在 2003 年，海信便开始在国家重点实验室成立项目组，在医疗领域进行探索，但心电、超声三维成像、超声旋转机械臂等大多数项目最后都无疾而终。

2011 年，海信医疗电子所成立，王志浩从日本国立德岛大学聘请陈永健博士等高端人才，正式进军医疗行业，成为海信集团向 B2B（企业对企业业务）和高附加值产业战略转型的排头兵。

王志浩擅长挖人。他有一套自己的心得体会："挖人重要一点是以诚相待，同时，高端人才找的是机会，不是工作。"

后来，陈永健不负众望，作为技术开发负责人和研发团队一起成功开发了计算机辅助手术系统（CAS），该系统成为海信医疗的招牌产品。

2013 年 1 月，周厚健和青岛大学附属医院（以下简称"青大附院"）院长董蒨的一次偶然交谈，促成了 CAS 项目的启动。

董蒨当时正负责一项国家"十二五"科技支撑计划课题——"小儿肝脏肿瘤手术治疗临床决策系统开发"。课题目标要求，不仅要实现该领域重大突破，即将肝脏病患的 CT（电子计算机断层扫描）数据变成三维的数字肝脏以指导临床手术，建立新一代小儿肝脏肿瘤三维重建手术评估系统，开发小儿肝脏肿瘤模拟手术导航系统，最后还要形成一个大的人类肝脏数据库系统。

董蒨与团队缺少技术方面的支撑，尤其是计算机与显示技术缺乏，课题立项一年半，仍然没有多少进展。"我向科技部的专家、领导讲述了一个美丽动人的故事，然而在技术上却没有什么进展，无法把故事变成现实，当时特别焦急。"董蒨说。

了解这位外科专家的数字医疗梦想后，周厚健承诺，一定会帮忙。1小时40分钟后，董蒨收到了周厚健的电子邮件，不到一个小时，又收到了第二封邮件。

海信向他推荐了海信集团的计算机专家。其中就有从日本归国专门从事医疗图像处理算法的陈永健博士。董蒨从心里佩服海信的效率，自己如释重负。

作为老牌家电企业，依托在显示与图像数据处理技术上的深厚积累，海信早在2003年就开始在医疗电子领域进行技术储备，但强大的研发优势尚未找到着陆支点。

当医院与企业想到一块去之后，临床医学与显示技术、数据处理的火花碰撞就发生了。

双方技术人员很快进入联合研发阶段。2013年10月，海信集团与青大附院成立了"数字医学与计算机辅助手术山东省医药卫生重点实验室"。

"我的学生们都曾在海信待过3个月到半年时间，他们与工程师一起根据临床数据随时沟通，为产品研发解决了很多问题。"与此同时，董蒨的实验室里也为海信集团工程师们摆放了专门办公桌。"我们还经常召开视频会议，遇到问题随时沟通、随时解决。"

前期开发阶段，医生与工程师一起"杀猪"做实验亦成常事。"因为医院没有专门的动物CT设备，所以只能在后半夜带猪做CT。"董蒨说，这些猪活体的标记为"QD-piggy"，亦即"青岛小猪"。

"这是国际上第一款基于小儿肝胆胰的计算机辅助手术系统，是从0到1的跨越，我们告诉自己一定要做出来"，陈永健博士说，"我们之前做的是基础数据处理，不是三维的，临床应用和算法开发涉及两个不同的专业，只能不断磨合，那时候只能白天不断做数据，然后晚上再改进算法，项目一度没有进展，压力很大。"陈永健说，他们陷入了没有思路的迷茫。

至暗时刻的结束是在一天的凌晨三点。"那天晚上，我们不断改进算法，不断测试，大概凌晨三点的时候，做出来的数据很好，我们都很兴奋，赶紧发邮件给董院长，没想到他也在等着这个数据，很快就回信了，这是第一步突破，大家非常振奋。

半年后，双方合作的成果海信CAS推出，并在董蒨负责的手术中应用。

周厚健董事长与青岛大学附属医院院长董蒨教授沟通会谈

2013年底，一个叫帅帅的男孩从济南来到青大附院。巨大的肿瘤侵蚀了他肝脏的三分之二，济南、北京的多家医院就此判定"无法手术"。根据海信CAS建立的三维肝脏图像，董蒨及其团队进行了大约半小时的手术模拟，直观预测各种方案可能带来的后果，成功为帅帅做了手术，出血量仅30毫升。

"没有这套系统的辅助，手术是不可能做到的。稍有不慎会大出血，危及生命。"董蒨说。

5年来，CAS成为董蒨手中的一件神奇法宝，助他创造了更多的医学奇迹。

"很多手术，没有这个系统，我以前也不敢做。"董蒨说，传统的方式首先是拍CT，那都是一张张平面图，医生做手术时，只能在脑子里将其"还原"成三维的肝脏，这种手术存在面极大风险。而海信CAS简单说就是形成3D肝脏，将1000多张原始CT片中的数据输入系统，自动建立虚拟立体肝脏，手术前，医生就能精确了解肝脏和肿瘤的各种情况，甚至连一根微小的血管都能看清。而董蒨为CAS的改进和应用也起到了重要的指导作用。

2014年3月，青岛海信医疗设备有限公司正式注册成立。2014年末，医疗显示产品成功上市。次年5月，海信计算机辅助手术系统获得CFDA（国家食品药品监督管理总局）认证，成为进入三甲医院的"敲门砖"。如今，海信计算机辅助手术系统已经进入清华长庚医院、复旦大学附属中山医院、齐鲁医院等国内知名三甲医院，并被全国超百家三级以上医院应用，辅助外科医生完成疑难肝胆胰肾肺手术已增加至7000多例，为海信医疗公司打响了名气。

董蒨在朋友圈里写道："应用CAS创新技术，挽救大量疑难危重患儿的生命，是儿科医生最感欣慰的科技进步。"

2020年1月10日上午，2019年度国家科学技术奖出炉。青岛大学附属医院、海信医疗设备有限公司与复旦大学附属儿科医院共同完成的"基于小儿肝胆胰计算机辅助手术系统研发、临床应用及产业化"项目获得国家科技进步奖二等奖。

而在医疗设备行业，现金牛产品则是他们的超声产品。

"医疗设备是新产业，跟我们想象的完全不一样，家用电器是大开大合的产业，医疗设备是座金山，远处看市场容量特别大，走近以后发现很难进入，技术门槛很高，门类太多，约有24 000个门类。"王志浩说。

海信医疗公司副总经理陈永健说，他们当时分析了所有医疗检查的影像设备，内窥、血检、血透等相关设备，均涉及材料和器械，海信不具备技术储备。他们通过调研发现,"超声设备是唯一对人体没有损害的设备,发展空间很大。"另外,海信在图像上的技术积累也是一个优势。他们决定做超声影像设备,实现路径是收购一家医疗技术公司,但因为价格没谈拢,只能放弃。超声产品的研发停顿了。

那个时候,海信医疗公司可销售产品还是太少,市场规模无法支撑公司业绩。王志浩说,医疗公司前期经营不好的原因在于,超声产品的合作伙伴撕毁了合作协议,医疗显示方面的产品还没有成熟的销售计划,没有为后续发展奠定良好基础。

他们慢慢地摸索。

2016年,已经到了退休年龄的杨文琳临危受命出任海信医疗公司副总经理,牵头规划了数字化手术室产品线,并以数字化手术室为契机拓展智慧医院产品线,逐渐进入系统解决方案领域,帮助医院把现有的医疗信息和医疗设备进行统一管理,提高医院诊疗和管理效率。

2017年,老海信人王士磊调任海信医疗公司总经理。医疗设备的春天已经来到。2018年上市的中国医疗设备公司迈瑞医疗,财报亮眼。2018年,其营收达137.53亿元,同比增长23.09%;净利润达37.19亿元,同比增长43.65%。另外,2019年第一季度,迈瑞医疗实现营业总收入39.05亿元,同比增长20.69%;归属于上市公司股东的净利润为10.05亿元,同比增长24.59%,略超出市场预期。

海信还在做超声产品的研发。据陈永健介绍,之前的合作虽然失败,但是积累了一些技术知识。"停了一段时间后,我们决定推倒重来,不再依赖于别人的核心技术。"他们重新规划,寻找新的合作伙伴,但算法、核心电路设计等核心技术则是海信自主研发的。

"我们还要顶着巨大的经济压力投资超声产品研发,因为我们公司叫医疗设备公司，没有硬菜就不行。"王士磊将超声产品比作硬菜。它是海信医疗的基础产品，它树立了海信医疗的品牌，等它站稳脚跟，继而就可以通过兼并和收购，扩大市场规模。

GE、飞利浦、西门子这些品牌占据国内超声产品市场70%的份额。高端医疗设备技术含量比家电高得多，电视、空调原始机型的研发可能不需要一年，但医疗设备研发需要5年以上的时间。中国家电花了20年才蚕食掉国际品牌的市场份额。中国的医疗设备公司也需要时间。

"海信医疗未来的目标是先要完成对GE等主流产品的替代，然后至少在国内市场完成对它们的超越。这一过程预计需要20年。"王士磊说。海信医疗近期的目标是破10亿元，长期目标是打造百亿级企业。

王士磊就任后，调动士气与产品线调整同步进行。他定期对团队进行名为"小黄埔"的培训，提升团队气势。

除了超声，他还对既有的产品线进行了梳理。"我们提出，一定要产品方案化，方案拓展化，过去卖一块显示器，应用显示器，现在我可以卖一个应用显示的方案。由点到面，由硬件到服务，要把规模做上去，把海信的张力做上去。"

同时，王士磊也着手扩大产品线规模。2019年，海信医疗拥有数字化手术室解决方案、计算机辅助手术系统、医学显示设备、移动护理终端四大产品线，以"专用设备+智能化+物联网与互联网化"为特点，为医院提供定制的专业设备和信息解决方案服务。

随着团队技术研究深入和能力提升，海信超声产品的定位和技术路线也更加清晰、明确，海信首款超声产品样机经过9个月的检测，于2019年11月初通过了山东省食品药品监督管理局颁发的国家医疗器械注册认证，比行业预计时间早了3个多月。

海信研发医疗超声机

周厚健接受媒体采访谈及海信B2B布局时曾说:"因为家电产业有一个较大的问题就是竞争太激烈,利润太薄。我们在技术上有积累,于是就往这个领域开始延伸,在延伸的同时也减掉了很多低水平的产品并整合产业结构,实际上现存的产业都是培养了10年以上的。"

并非每一个家电企业都具备从"B2C(商业对个人的商业模式)"向"B2B"转型的能力。海信集团高级副总裁、智能科技集团总裁陈维强指出,中国家电企业往往只有单一产品的研发、生产能力,可B2B的客户却往往有着复杂的需求,涉及软件、硬件、服务等综合技术,但许多大企业现在仍然无法提供系统的解决方案。而海信一直重视研发、重视技术所换来的竞争优势。

2016年,在B2B板块首次媒体开放日上,时任海信集团总裁刘洪新信心满满地细数海信在科技产业的战绩:海信光通信市场份额中国第一,接入网光模块连续 5 年全球市场第一。海信城市智能交通连续 7 年国内市场第一，2012—2015 年，国内亿元以上的智能交通大项目海信的中标额占比 42%。海信商用空调经过 14 年的发展与积累，其多联机技术已经达到国际领先水平，国内市场份额位于第二。而起步于 2014 年的海信计算机辅助手术系统，其技术水平已经位居世界前列。

"如果以今天城市交通 20% 的市场占有率延伸到未来数万亿元市场规模的智慧城市，以今天我们切入医疗产业的世界领先水平对应未来数千亿的市场规模，以光通信的蓬勃兴起计算未来的市场增量。海信或将再造一个千亿级企业。"刘洪新曾表示。如今，这些面向企业的业务已为海信贡献过半利润。可以说，海信的家电板块与科技板块相得益彰，已构成海信防御经济环境变化的重要倚仗。

Hi，Hisense

"海信未来发展，大头在海外。"

2006 年，周厚健提出海信国际化发展战略，对海外市场寄予厚望。这一年，海信宣布，要在 2010 年让全球营收超过 1000 亿元，其中 40% 来自海外；电视产品在全球市场占有率要达到 7%；冰箱产品做到中国第一、全球第三；空调则力争全球第四。

2019 年，海信集团旗下海信、容声、科龙、Toshiba（东芝）、Gorenje 和 ASKO（雅士高）全球多品牌齐头并进，实现营业收入 1268.6 亿元，利润 79.3 亿元，同比增长 24.17%。2019 年，海信国际营销海外品牌收入同比增长 16.22%，利润总额同比增长 54%，取得历史最好成绩。

自 2006 年提出"大头在海外"战略以来，十多年来，海信海外市场保持快速发展态势，年复合增长率超过 20%。在消费者最挑剔的日本市场，海信（海信电视 + 东芝电视）超越本土品牌松下与索尼，位列第二；在南非，海信电视连续 3 年稳坐第一，冰箱蝉联两年第一；在美洲、欧洲、大洋洲等国际市场，海信均有不菲成绩。

近年来，通过赞助欧洲杯、世界杯等体育赛事，海信的品牌知名度进一步提升。2018 年，中国外文局发布《中国国家形象全球调查报告》，海信排名仅次于华为。2019 年，全球消费者投票选出了"Brand Z[①] 中国出海品牌十强"，海信位居第六，在上榜家电品牌中排名第一。

这家位于青岛的家电企业，正在从"中国的海信"成长为"世界的海信"。

国际化的海信已经成为 CES 等展会常客

---

① Brand Z 是一个全球知名的大型品牌建设平台。

"林总，祝贺你，有了新的岗位。"2006年底，完成对科龙的收购之后，周厚健将原科龙副总裁林澜纳入麾下，并将海信国际营销的担子交给了他。

林澜，1977年考入华北电力大学，在研究生毕业当了5年大学老师之后赴美读博，此后便留在美国通用电气公司从事技术研发。

2002年，顾雏军收购科龙，老同学林澜被其邀请回国先后负责科龙香港公司投资、科龙顺德总部研发、生产、采购和海外业务。直到顾雏军被抓，科龙面临倒闭，林澜仍然靠着几个海外大客户维持公司运转。

对于周厚健而言，林澜是海信收购科龙的必要条件但也是意外收获。"没有林总，就没有海信收购的条件。顾雏军被抓后，其所有资产都被封了，是林总一个人在维持科龙的运转，用海外订单的收入勉强维持生产。"在周厚健看来，一个人能在企业最困难的时候挺身而出，这是一种难得的境界。

他向林澜抛出了橄榄枝，二人相约吃早饭，从早上八点聊到了下午三点。"你得到海信来！""行，什么条件？""条件就是你的工资太高了，还得给你降工资。"

周厚健当时无法承诺高薪，但他却为林澜提供了更大的施展平台——海信集团副总裁、国际业务一把手。"到一个新的地方，如果和老板没有达成共识，很难做出名堂来。"基于对周厚健的了解和认同，林澜加盟了海信。

科龙的海外市场一直做得很好，即使后来公司濒临破产，2005年其海外收入仍然达到3.2亿美元。海信收购科龙的目的之一就是为海信国际化铺路。此时，刚从科龙的泥淖里脱身，来不及喘息，林澜便面临在1.5亿元严重亏损情况下，对海信和科龙两支团队以及业务进行整合的挑战。科龙的国际营销团队年轻人居多，有干劲，但内心存在被收购后的心理负担；而海信的国际营销团队对于林澜的空降多少也有些想法。

"面对这么一个烂摊子，团队的稳定性比什么都重要。"走马上任后，林澜找到周厚健争取资源，"有两个条件你必须答应我，答应我就干，不答应我就不干了。"他提出的两个条件是：第一，所有海外员工工资翻一番；第二，为国际营销公司配备一个专门的研发团队。

林澜的这两个要求，是基于对当时状况的了解后分析提出的。在美国公司办公室，他听员工们聊天，有人说找到了一个中国餐馆，四块五一顿；另一名同事说，你这个太贵了，我找的是三块五还送一碗汤。来到员工宿舍，他看到的景象则是，桌子上乱七八糟，厨房洗碗池里全是脏碗。林澜心都凉了。"当时海信员工薪酬与国外的标准简直没法比。没有公平的薪资待遇，大家就不会有士气，优秀人才也进不来。海外市场更难拓展。这帮做国际业务的人，吃着中国饭，说着中国话，还往中国人聚集的地方扎堆，怎么做国际业务？这种生活状况，根本不可能有士气。"

另外，当时国内的很多人认为，出口的产品只需要换个电源线，换个变压器，跟当地一样就行了。实际上，进入欧美国家，需要满足很多当地的认证标准，很多海信的工程师连英文都不会讲，在海外的销售团队又不懂技术。产品怎么能做好？

林澜提出的两个要求，周厚健都痛快地答应了。但被指派给林澜的研发副总却坚决反对，在他看来，没有必要把研发搬到海外。最后，周厚健表态，"这事就这么定了，从现在开始你就是欧洲研发中心的主任，给你6个月时间，把研发中心弄起来，弄起来了你回来继续干你的研发副总，弄不起来，你就另找工作。"

周厚健对林澜也提出了要求：必须做品牌。"OEM（代工生产）只能做短期，因为OEM赚钱，但是如果不做海外品牌，企业就没有前途了。"在当时的背景下，做品牌的说法，多少还是有些"太时髦"。

中国的家电企业出海，大多以OEM为主。"我也是做OEM出身，那时候

OEM 白电是很赚钱的，大家都不想着去做品牌。"海信国际营销公司副总经理方雪玉坦言，自己一开始并不理解领导要求做自主品牌的初衷。

"海信国际营销公司正式成立后，当时90%的业务都是OEM，只有很少的业务比例是自有品牌。是以OEM来取得量，还是做自主品牌来取得长远的收益？"

2007年初，林澜召集国际营销公司的骨干到青岛开会，讨论一件事——品牌到底怎么做。大部分人认为，此时不是做品牌的成熟时机。

"有的说集团得怎么支持我们才能做，有的说我们分公司现在是亏损，没有钱拿出来做。反正各种各样的意见，就认为不能做。但后来我就跟他们说了一句话，品牌这个事不是今天要商量做不做，是必须做！"林澜下令："现在的自有品牌占比是8%，明年要翻一番，从明年开始纳入KPI（关键绩效指标）考核。"

林澜直接将OEM比作毒品："做OEM是最简单的，按照人家的标准把产品做出来，然后运到码头，就把钱收了。销售、售后什么都不用管，既安全又舒服。但OEM做得越多、越大，企业未来的自我主导能力就越弱。不做自主品牌，没有后劲，没有造血功能，就是等死。"

但做自主品牌，又包含大量的准备工作。"你需要有自己的物流系统，要学会定价，要做市场宣传，要开拓国际渠道，要有自己的海外财务、人力资源……仅从工作量上看，做海外自主品牌和OEM是千差万别。所以，当时我们是选了一条艰难的路。"

一年后，自有品牌占比达到了22%，林澜自己也没有想到，"你们谁能想到能做到22%，咱们这帮人还是挺厉害的。"

国际营销公司的转变开始了。

那一年，国际营销公司还有一件必须做的事——股权激励。"把所有的骨干吸引到我们国际营销的股权体制下,每个人自己拿钱出资买股权。这个机制让大家更有责任感和积极性。"

但一开始,员工明显信心不足。周厚健发动林澜,"咱俩带头入"。林澜做好了自己和周厚健最后把股份全买了的准备,没想到的是,两个星期之后,人力资源总监对他说:"林总,没你俩的了,员工都买完了。"事实上,这一举措让国际业务第二年就开始见效并赢利了,这种势头一直持续到现在。

在集团的大力支持下,林澜花了一年多时间做内部整合,公司上下士气饱满,员工面貌焕然一新。"海信真正的国际化,是林总带着走出来的。"周厚健对林澜的成就评价颇高。

2008年,海信欧洲研发中心在荷兰成立。"以前的研发中心重点在国内产品,到海外只是做一些修补,也没有专职的团队。当时,海信一口气派出了20个工程技术人员、设计人员,组成专门的海外产品研发团队,的确培养出了一批海信优秀人才,到现在都是集团骨干。"

与此同时,林澜开始着手清理代理商。欧洲市场是当时海信亏损最厉害的地方,这里国家多又分散,当地人管理难度大,基本依靠代理商运作。代理模式的弊病在于以销量计算佣金,产品销售出去代理商就能拿到3%的佣金,至于是否亏损,和代理商无关。海信的产品卖得越多,亏得越厉害,而代理商却挣得盆满钵满。

林澜把代理商们都找了过来,"你们以前怎么干的我不管,以后这规矩要改。我不给你们加3%,但是1.5%是肯定给的,保你们养家糊口,剩下的业务赚钱了你们就拿走,业务赚不了钱你们就拿不到这1.5%。"他要求代理商们当天重新签合同,没有人愿意签,他便索性一次性把代理商全部"砍掉"。

为了在艰难的自主品牌开创之路上闯出一线生机,海信最初策略性地把自己定义成"B品牌"。

"A品牌我们暂时不做，我们先从B品牌做起"。林澜到来后的几年间，带领国际营销公司的经营班子制定了"高质中价，优质服务"的品牌战略，海信国际化的步伐开始加速。

家电品牌想要在全球市场谋求一席之地有多难？1992年，三星董事长李健熙在美国考察时发现，三星在美国被视为"地摊货"，他很受刺激，这促使他开始全面调整三星的经营策略，以高端产品树立起三星的全球品牌形象。三星的案例使得周厚健在思考海信的全球化战略时，本能地希望避免海信成为西方消费者眼中新的"地摊货"。

但要拿下欧美市场，并不是一件容易的事情。2004年是一个分水岭。这一年海信平板电视的质量指标高于传统技术非常成熟的CRT电视，给了周厚健极大的信心。同年6月，海信和伟创力公司合资成立的匈牙利工厂举行开工剪彩仪式，按计划，该合资工厂将主要生产等离子、液晶等高端数字电视，年产能达到100万台，辐射法国、意大利等欧洲十几个国家和地区。根据合作协议，伟创力提供员工和现代化的生产厂房，海信提供技术、质量、品牌、设备等方面的支持。海信成为当时中国唯一一家在欧洲当地设立工厂的企业。

合资大约两年后，伟创力舍弃电视业务转向玩具加工业，2006年上半年，海信接到了对方终止合作的通知。"我们没有短期内自建工厂的打算，没有心理准备，非常被动。对我们整套领导班子来说，很有挑战性。"时任海信匈牙利工厂副厂长王传波如今还记得由此开始的那段艰难时光：对方退出，只能自己拉队伍建工厂。选址、筹建、线体安装、人员培训、系统搭建，一切都是摸着石头过河，王传波和同事们每天晚上都要开会做方案到半夜，自此落下了神经衰弱的毛病。

四五个月的煎熬过后，海信在匈牙利自建的工厂开始投产。但海信很快发现，一旦涉及在欧洲当地生产，整个业务流程就变得非常复杂。雪上加霜的是，欧洲各国的零售渠道由于竞争激烈，常常会提出只有 20 天交货周期的临时订单，这意味着要么提前预判某一时间段的订单量，要么放弃这类临时订单。风险最大的则是液晶面板的价格弹性——面板刚装到船上，价格就可能开始急剧下跌。"这注定了你必须忍受亏一个半月或两个月的钱。"海信集团高级副总裁林澜曾回忆。但如果面板价格暴涨，品牌议价能力又不强，渠道商也可能强迫降价或撕毁订单。

困境同样也在美国上演。在美国，只有质优价优品或者完全廉价品两种极端的产品市场，前者以三星、索尼为代表，后者则以北美电视机品牌 Vizio 等 4 个品牌为主，市场并没有给定位为"B 品牌"的海信留下空间。尽管海信已经通过代工和品牌租赁的方式在美国实现赢利，但销量依然是最大的瓶颈，自主品牌如果没有销售规模就无法降低采购成本，也无法完成渠道、物流和服务平台的一整套基础建设。

除此之外，美国市场渠道商高度集中，排名前十的渠道商平板电视销量占比超过 70%，渠道商谈判筹码很高，海信只有精耕细作，各个击破，无法一蹴而就。

而另一个致命要素是，在北美销售的产品均实行无条件退货，依照美国法律，退货后的产品必须在美国境外重新包装之后才允许返美出售。一般而言，重新包装的产品只能达到原来 60% 的售价。

如果自主品牌不能真正做出好产品，登陆美国市场损失将异常惨重。当时海信在北美尚无生产基地，其退货产品要么低价处理给第三方，要么运回海信其他区域工厂返修，运费高得惊人。

欧美市场给了海信一个警示，在专利、关税、成本、供应链等一系列刚性成本重压之下，只有三星这类具有面板规模化优势、小批量快速反应能力、高品牌溢价、供应链管理能力卓越的寡头才能存活。海信如果想要扎下根来持续赢利，必须在当地自建工厂。

林澜的思路越来越清晰，"如果是个大市场，就必须是研发、生产、销售一块儿进，没有这几块支撑，你是做不好的，任何一个国家都是这样，南非、欧洲、美国这些大市场都得是三块全有。"

本地化经营、本地化生产、全球研发、资本并购、全球顶级赛事体育营销，海信一直在按部就班地进行海外布局。到今天，海信的海外布局已成体系，海信已覆盖欧洲、美洲、非洲、大洋洲、中东及东南亚等地市场；在海外建有多个生产基地，产品远销130多个国家和地区；在全球设立18个研发中心，面向全球引进高端人才，提升技术产品研发能力。

海信已经在世界地图上，点亮了一个又一个点。

1994年，40岁的于游海被海信进出口公司派到印度尼西亚去开发市场，成为海信第一个驻外业务员。1998年，任期结束，他回到青岛还没有过多久安稳的家庭生活，便在当年10月被派往南非。

1996年，海信在南非约翰内斯堡与当地人合资建立了一家电视机工厂，两年后面临经营不佳、市场信息完全被合作方掌控的状况，于游海到了之后赢得了控制权争夺战，并在南非一干就是8年。

2000年，海信买下韩国大宇在南非中兰德地区的厂房，这是南非所有著名跨国公司的集中地。从此，海信在南非的发展进入了快车道，每年销售收入以20%~30%的速度增长。到了2006年，销售收入达3.3亿元人民币，各种产品销售45万台，在南非彩电市场占了15%的份额。

然而，南非的好局面在于游海离开后并没有维持多久。2009年，当国际营销公司接手南非海信时，这面海信国际化的旗帜已经千疮百孔——年亏损数千万元，内部不团结，员工待遇差……林澜决定把工厂卖掉，找了一圈，投资方无人接盘,从科龙时期就跟随林澜的刘斌临危受命,成为南非海信的第三任总经理。

"每天早上 6 点钟起床,6 点 45 发车兵分两路,一路去工厂,一路去办公室。"在度过了阻力重重的半年,尤其是员工宿舍经历了两次歹徒持枪抢劫事件,看到海信派出去的员工在墙上画线数着回国的日期之后,刘斌终于扛不住了。

"以前觉得是一份工作,后来觉得我得照顾好大家。"在向集团报告申请后,他将员工宿舍搬到了市区有安保的五星级小区。下班后,他带着员工去附近的学校操场踢上半个小时足球再回家,让他们找到生活的乐趣,慢慢将人心重新凝聚起来。

南非市场上最早都是 CRT 电视,海信产品最大的优势就是质量过硬。刘斌讲过一个故事,有经销商拉了一车货,各种品牌的电视都有,车祸翻车,其他品牌的电视都摔坏了,"海信电视还是那么皮实"。

2010 年,平板电视替代 CRT 电视,工厂经营开始有了起色。此前,海信的第一大客户群体是中国城的华人,存在应收账款较多的问题,从 2010 年起,刘斌开始招募当地销售人员,将产品打入主流渠道。为了争取客户,刘斌记住了每一个客户及其家人的生日,至今仍然记得。

在南非,三星是横亘在海信面前的一座大山,装备精良,财大气粗,员工实力强劲,就像刘斌他们经常看的一部电视剧《亮剑》中的坂田大队。刘斌将李云龙打坂田大队的聚焦战术学了过来,2011 年率先推出 LED 平板电视,并聚焦到 55 英寸电视上,和三星 55 英寸电视对垒,那一年的年底,在 55 英寸电视领域,海信的市场份额大幅超过三星,一度高达 60%。

2013 年,中非基金的大笔投资,推动了南非海信从游击队向正规军转型,产业链、供应链都大幅升级,海信具备了可以跟三星正面抗衡的实力,后来海信又建了冰箱厂，很快将份额做到第一。2014年，海信电视在南非的市场份额从两个点爬升到了十几个点。

中国家电企业在南非扎下根来的没有几家，海信的同城邻居海尔在南非三进三出，创维通过收购夏华进入南非市场……"在海外，一定要有长期经营的想法，不要想着打一枪换一个地方。"南非海信办公室墙上至今还贴着一句话：我们的使命是改变中国制造在国际市场上的形象，让大家意识到中国制造意味着高端高质量。

2014年，刘斌调任美国公司，给继任者李友波留下了一个"兵强马壮"的南非海信团队。海外分公司麻雀虽小五脏俱全，李友波除了财务没有做过，工艺质量、生产管理、计划管理、采购、物流、售后服务、销售等其他岗位都干了个遍，个人能力得到了极大的提升。

之前海信在南非西开普敦省亚特兰蒂斯投产的家电工业园非常关键。亚特兰蒂斯曾经是一个毒品中心，失业率达40%，索尼曾在那里开办工厂，后来停了，海信这个工厂就是在索尼工厂的基础上扩建的。

亚特兰蒂斯各方面的环境在南非都属于中上。安保强于其他地区，政府效率高，离港口近，卡车车程半小时，方便货物运输。在这片工业园里，园区的空地从空空荡荡到停满了海信员工的代步车——业绩上升，员工的生活越来越好了，甚至还会有工人抱怨说，现在的停车位都不够用了。

虽然在南非电视的市场容量只有100万台左右，但南非是非洲的桥头堡，是辐射非洲大区带动海信品牌发展的重要根据地，更是海信国际营销培养干部的黄埔军校。

非洲遍地都是空白市场，在建设南非市场的同时，海信还将目光投向了正在发展的其他非洲国家。2003年，朱聃在负责了几个月独联体一些国家市场后被公司派到非洲开拓市场。从阿尔及利亚、埃及、突尼斯到利比亚、苏丹等地，都留下了他的足迹。

"1964年东京奥运会之后，索尼、松下、东芝、三洋、日立、夏普等日本品牌崛起；1988年汉城奥运会之后，三星、LG、大宇、现代等韩国品牌崛起；两年之后的2008年中国奥运会，势必将迎来海信等中国品牌的崛起。"2006年，朱聃在开拓埃及市场时，希望通过对海信未来的描述打动客户，收到的反馈却是"中国制造滚出去"。

这一年被朱聃称为海信国际化元年，因为在这一年里，周厚健提出了"海信未来发展，大头在海外"的战略。"当时一脸懵，不知道该怎么办？"随后，林澜带领经营班子制定了高质中价、优质服务、定位中端消费者的B品牌策略。2009年，朱聃制定市场开拓计划——非洲扫街计划，在非洲各国逐个"扫荡"，寻找市场机会。

"不认识人，找不到客户，朱总，怎么办？"

"去逛一下电视卖场，看谁卖索尼电视，你就找他做代理，说海信的电视和索尼一样好，还便宜。"

"去尼日利亚和安哥拉，办商务签证要一万多元，朱总，这钱花不花？"

"花呀，办完签证去找客户把钱挣回来。"

从无到有开拓市场，需要的就是像朱聃这样的闯将。

尼日利亚是非洲最大的国家，人口将近2亿，当时海尔在那里做得非常好，朱聃不服输，派人去尼日利亚成立办事处，过年也有人值班。

"没有被抢过就不是老南非"，朱聃第一次被抢吓得目瞪口呆，后怕了好几天。第二次心情平静了，第三次甚至可以和劫匪讨价还价。

"海外这种事多了，现在我去美国，经常都瞄后车镜，看有没有车跟着我，一旦有车跟着你，最好的办法就是找个转盘，玩命在那转，基本就走人了。"

2013年大年初一，还有同事打来电话说被绑架了，经过一周的谈判，同事被成功解救。

至今，非洲50多个国家朱聃至少去过23个，中东12个国家朱聃去了9个，包括处于战乱的伊拉克、利比亚。2009年，海信通过非洲扫街计划开拓了十几个国家的市场。2010年，国际营销公司将中东公司和非洲公司整合，朱聃成为负责人。

朱聃将海信国际化的发展分为几个阶段：2006—2009年是海外品牌发展的探索期，周厚健提出"海信未来发展，大头在海外"的战略，林澜制定了B品牌战略，定位中端消费者群体，执行高质中价优质服务的品牌策略；2009—2014年，是海外品牌的发展期，聚焦发达国家建立根据地，成立了十几家海外公司，在欧洲、美国、日本、以色列等地成立海外研发中心；2014年以后，海外品牌迎来了腾飞期，来自三星、LG等企业的高管看到了海信未来的成长空间，纷纷汇聚到海信的平台上来，占据了海信海外公司管理层的半壁江山。

质变是在经年累月坚持品牌战略之后发生的，如今中国品牌崛起已经不存在质疑，朱聃再也不用煞费苦心地给客户描绘未来了。

在中国如果想成为全国名牌，产品要在上海、北京、广州、深圳等地卖得多才可以。那么，在世界上想成为名牌的话，要在美国、西欧、日本卖起来才是。"海信集团董事长周厚健在接受媒体采访时，曾如此解释海信在"出海"过程中对高端市场的"执着"。周厚健表示，让世界消费者来挑剔我们的产品，我们才能做出世界级的产品，尤其是经受得住欧美和日本消费者的挑剔，海信才能真正成为一个世界级品牌。事实证明，海信产品近几年来在欧美和日本市场增长十分迅速。

"我们现在排在第五六名，得一个个把前面的干掉。"朱聃成为美国公司总经理后，感受到了巨大的压力。"我现在满脑子都在想今年的任务怎么完成，下个月指标怎么完成。"

朱聃对美国市场存在的问题进行了梳理分析：第一，海信美国公司业务增长比较快，但在组织、流程、管理上没有跟随业务发展成长起来，执行力出现了问题；第二，同时做海信和夏普两个品牌，资源有限，战略不清晰；第三，产品团队在规划产品时，没有围绕市场和客户的需求进行，没有认真聚焦做好产品；第四，供应链滞后；第五，市场推广不接地气。

这些问题既是海信国际化的瓶颈，也是中国企业国际化进程中的通病。

朱聃给出的解决方案是，"海信国际化后续一定要依托本地人才，但前提是本地人才认可海信的文化、品牌和未来，海外公司管理流程制度趋于完善。"朱聃认为，"不怕耙子没齿，就怕匣子没底，目前最需要的是把匣子底加固，耙子没有齿不用担心，可以雇本地专业人才，还可以对现有人才进行投资培养。"

"能在美国活下来的公司都是很牛的"，做国际业务需要几代人的付出，刘斌是美国公司第二任总经理。

2014年11月，林澜打电话叫刘斌去美国。当时海信在美国的营收规模只有三四亿美元，盈利微薄，刘斌去美国后发现，首席技术官不着调，找不到方向；人力资源总监在内部搞小团体，乌烟瘴气；市场总监天天研究如何保障、提高的自己待遇，不顾公司利益。最后，这3个人都被他扫地出门。

第二年美国公司开始赢利，一切慢慢走上正轨。尤其是收购夏普后，海信得以进入更多的美国主流渠道。"如果那时候没有夏普，我们在美国的发展还会滞后一些。"刘斌说。2018年，海信美国公司营收已经达到11亿美元。

刘斌的职业生涯是从非洲开始的，他曾经在南非干得风生水起，在美国却干得越来越累。前两年简直是拼刺刀的状态，美国团队像部队攻山头一样顶住了压力。刘斌现在还记得，海信作为第一家在美国市场推出4K电视的企业，产品展示时客户眼睛都亮了的场景，那种成就感很强烈。这两年公司持续赢利了，系统和产品能力却在下滑，刘斌和总部反复沟通，通宵达旦开会，身心俱疲。

国际化需要一批批人前赴后继，每一代人都在坚守自己的职责和使命，每一代人都有疲倦的时候，"要么战死沙场，要么退下来"。

2018年，刘斌选择重新回到南非，他说，"每当我困惑的时候，跑到非洲待一阵儿就可以找到能量了。"

海信坚持"大头在海外"战略，加速全球布局

海信是第一家在美国推出自主研发操作系统智能电视的中国家电企业，积累了近1000万用户。2012年，海信互联网电视的海外运营平台VIDAA问世，并在亚洲、北美洲、欧洲和非洲等市场投放，成为行业里程碑。同年，VIDAA率先通过奈飞强制性认证和奈飞推荐性认证，成为国内第一家美国流媒体点播在线供应商奈飞推荐的产品。

和美国内容方谈内容合作，需要极高的谈判技巧和极好的策略。刘斌说，"约了几个月，人家就是不见你，就算是见到人了，人家谈着谈着本子一合不谈了。"美国内容方选择合作对象首选苹果和谷歌，三星、LG 优先级排得很靠后，因为电视和手机的用户量相差悬殊，连三星也没有把内容聚合全。

2018 年 1 月，海信通过和美国聚合平台 Roku 公司达成合作，切换到 Roku 的内容平台之后，得到了一丝喘息机会。如今，海信开始两条腿走路，一方面通过和 Roku 的合作维持市场，另一方面投入 3 亿元搭建海外内容平台。

2019 年 9 月，海信 VIDAA AI 全球内容运营平台正式亮相德国 IFA，成为首家实现全球一体化的内容运营的平台，吸引了广泛关注。这是在继 2019 年成立北美、大洋洲、欧洲、亚太四大海外运营中心之后，海信在互联网电视运营上的又一大动作，将有力支撑 2020 年海信互联网平台全球累计激活用户突破 6500 万。

搭建海外内容平台，林澜亲自负责。海信是目前唯一一家在海外花大力气建立自己的内容平台的中国电视品牌。"这么一个平台没 3 个亿根本做不下来。你得有一个决心，敢雇高水平的人并充分授权，不要让他去求爷爷告奶奶。这些东西都不具备，怎么会有信心呢？"

周厚健对林澜说，你要的东西我都给你。

林澜补充，海外 50 万美元年薪的人才算一般的人才。

"这是咱们今后能不能活下去的事，50 万算什么？"周厚健回答。

这就是周厚健的风格，也是海信的风格。他们不会轻易做出选择，一旦下定决心，就有了九头牛都拉不回的倔强，以及一条道走到黑的勇气。勇气来自优雅的野心，也来自实力铸就的底气，但归根结底，它来自人们对未来的期许。

海信人物画像：
2000年的于淑珉

于淑珉漫漫的职业生涯，以海尔作为起点，以海信作为终点。她在海尔开启了自己的事业旅程，在海信影响了中国电子信息产业。在青岛这座中国家电之都，她在海尔与海信之间画了一个圆圈，即使带着些许遗憾，她的职业生涯也堪称圆满。

于淑珉的大半生，可以用"精彩"来形容。她1967年初中毕业，初二的时候就到全国各地去串联。她跟着同学们走南闯北，身上只带着20块钱，从青岛开始，经徐州、郑州，一路走到武汉，就是为了去看长江大桥的"一桥飞架南北，天堑变通途"；然后她转头去到上海，从上海再回青岛。"火车北上的时候都上不去，有人抱着从窗户进去的，在火车上站了很长时间，行李架到处都是断的……"

这是她少年的经历，似乎预示着她未来生命的丰富；而真正让她未来生命丰富的，起先是海尔，后来是海信。

19岁那年，于淑珉高中毕业后被分到了青岛的一家街道工厂做操作工。她活儿干得不赖，还不张扬。没过几年，厂里就把她调到了财务科。她没学过财务，白天跟着科长学记账、做表，晚上跟着干财务的父亲的老同事从算盘开始学习。她学得很快，这位老同事跟她父亲说："你放心吧。你这个闺女保证没问题，学得很好。"

干了一年多财务后，组织上安排她"上山下乡"负责知青的管理与生活，组织上要培养她。她在莱西的一个村子里干了一年多，村子里上上下下都喜欢她，知青们也信任她。她在那里入了党。一年后，工厂派了另一个人把她换了回来。她则进入了工厂的核心圈，管人事，管保卫，管各种各样纷繁复杂的事务。

这家工厂后来更名为青岛电冰箱总厂，上头调了一个叫张瑞敏的人来当厂长。于淑珉没多久成了党委副书记。青岛电冰箱总厂就是后来的海尔集团。

1995年，组织调任于淑珉去电子仪表局工作。她在报到的那天认识了周厚健。周厚健是海信的一把手，海信的前身是青岛电视机厂。青岛市政府让周厚健改组电子仪表局，周厚健任局长、党委书记，于淑珉任党委副书记。1996年，海信与电子仪表局合署办公，于淑珉就跟着仪表局到了海信，从一个"海尔人"变成了一个"海信人"。

"就是这么一个转折，我到了海信，面临另一个企业的风格，另一个产品的领域，"她说，"虽然都叫家电，但这边是黑电，造电视机，那边是白电。当时白电、黑电相差还是比较远的，对我来讲，这个产品是很陌生的，白电技术和黑电技术的差异还是很大的。"

然而，不管差异有多大，命运最终安排于淑珉开启了在海信的职业生涯，开启了她职业生涯中最重要的旅程。

在海信史当中，于淑珉是一个无法回避的人物。在时间轴上，她是与周厚健合作最久的"二把手"；在业务轴上，她几乎亲历了海信所有的关键时刻。在海信，她是历史的参与者、见证者与缔造者。

于淑珉迄今拥有很多身份。她是高级政工师和高级经济师。她曾被评为"中国十大女杰"、全国劳动模范、全国首届"三八"红旗手标兵、"全国质量工作先进个人"。她是美国《视觉》杂志定义的"科技性公司顶级女性领导者",在美国《财富》杂志"中国最具影响力商界女性"中排名第18位。令人仰望的荣誉,她几乎都得到了。

因为海信。

2019年10月,在海信集团成立50周年庆典上,作为已经退休的前任总裁,于淑珉成为海信的"功勋人物"。庆典对她的介绍是:"她1996年加入海信,2000年起担任海信集团公司执行总裁、总裁,始终以其严谨科学的管理作风、开阔敏锐的管理思路和雷厉风行的执行力,坚定地执行海信集团董事会的战略决策,带领经营团队,以亮剑精神,坚韧不拔、积极进取,推动着海信经营管理水平不断提高,为实现海信集团经营稳健增长做出巨大贡献。"

还在超期服役的周厚健为她颁奖。她在发表获奖感言时说:

集团授予我功勋人物荣誉,奖杯沉甸甸的。海信50年的辉煌成就,凝结了几代人的心血和无私的奉献,我在海信工作了20年,与她结下了深厚的感情。我要感谢大家对我近20年工作的认可,但我始终觉得是自己的机遇较好,是时代的选择。海信给了我一个非常好的平台,使我有机会在平台上发挥作用、施展才能,与企业共成长。

我从2000年开始担任海信执行总裁、总裁,一直到2015年,这15年是海信健康、快速发展的时期,首先得益于中国经济的高速发展,更重要的是源于海信正确的发展战略、科学严格的管理、良好的干部作风和务实的工作方法。

周董作为海信掌门人，规划了海信的发展战略，把好了整个集团的方向，我负责经营，就是坚定地执行董事会决议，把事情做扎实、做好、做到底。海信的经营理念和发展战略非常清晰，对整个技术发展趋势的把握、对未来的把控和产业定位都踏准了社会和技术进步的脉搏和节奏。在内部机制上，注重创新，坚持技术立企，同时重视人才培养，创新激励机制，吸引并培养了一大批优秀人才，这些人才在海信发挥了很好的作用。在管理上，传承和坚持了务实有效的做法，严抓质量管理、资金管理、经营状态和过程的及时有效管理，经营水平得以不断提升。在干部作风上，始终牢抓干部队伍建设，班子敬业、勇于付出、以身作则、深入一线往前站，使整个海信的凝聚力很强，上下同欲，队伍有活力，员工信心足。

20年，弹指一挥间。跨越了50年的海信今天又踏上了新的征程。海信百年基业的目标，是全体海信人的期盼，衷心祝愿海信能够在新的征程上，阔步前进，更加辉煌！

于淑珉的"海信史"从1996年开始，但她成为历史的缔造者，始于1999年底，2000年初。《海信史》这样写道：

1999年年底，海信照例开了一次年终经济工作会议。海信领导层进行了工作分工的调整，他们的讨论持续了好几天，最终有一个不错的结局。刚开始的时候，周厚健提出自己不再插手经营，难免有人感到惊讶。等到他们最终得知，于淑珉女士将出任执行总裁时，又感到顺理成章。

对于这次调整，外界在第二年3月底有一种评价谓之："高层变动以应挑战。"他们分析说，这不只是海信一家的行为，而是一种连锁的反应。

"事实上,"他们说,"像海信这样的电器行业高层领导变动在1999年即已开始酝酿。联想、科龙、荣事达等企业已在按照客观规律交接领导权,并在调整高层领导的角色,以使决策层和执行层分离。"

2000年的1月3日下午3点,在海信的贵宾室里,一个只有周厚健、于淑珉、王希安、刘国栋、夏晓东和王培松参加的党委会上,这些人开始研究"集团改制后的部分干部调整"。

那次会议要讨论的第一个问题,就是于淑珉的问题,颇为机密的会议记录上是这样写的:

周总:……先请于总离会研究她的问题。(于淑珉离会)上次研究让于总任执行总裁,不干副书记了。为了工作有力度,想让她任副董事长,大家看行不行?

同意。(于总到会)

决议:于淑珉任集团董事会副董事长。

那天下午,他们还讨论了副总裁和总裁助理的人选,仿佛是为于淑珉的"青年近卫军"遴选指挥官。其实,无须像选择于淑珉一样,经历一番残酷的内心争斗,周厚健便可推出候选人来:

"对副总裁人选,大家考虑后,提程开训;缺管技术的,高玉岭任总裁助理;缺管财务的,肖建林任助理。"

20天后,青岛市市委组织部部长张若飞来到海信,"公布班子":

党委书记:刘国栋;

党委副书记:孙慧正;

委员:周厚健、于淑珉、王希安、夏晓东、王培松、马明太。

董事长：周厚健；

副董事长：于淑珉、王希安、夏晓东；

董事：刘国栋、王培松、马明太、孙慧正、肖建林。

总裁：周厚健；

执行总裁：于淑珉（总裁级待遇）；

副总裁：刘国栋、王培松、程开训；

总裁助理：高玉岭、肖建林。

这份名单上的人物，在2000年早春成为海信最有权力的群体。20年过去了，他们当中很多人成为退役老兵，也有些人离开了海信，但依旧有人在熠熠闪光。于淑珉成为执行总裁，而新任的总裁助理高玉岭，则在2019年10月与于淑珉一起成为"功勋人物"。

这是海信历史上最重要的人事变动之一，上一次是周厚健接过李德珍女士的权力棒，成为青岛电视机总厂厂长，开始执掌海信的未来。

《海信史》这样写道："几年来，在周厚健的思想里，始终充盈着无数个争执。谁是合适的继承者？他最初并没有明确的结论。王希安、刘国栋和夏晓东是与他一起走过的搭档，他们之间的友情在共同历经的多年岁月中，已演变为兄弟般的亲情；程开训、王培松都年轻而有活力……"

他的内心较量了许久，许多张面孔浮现出来，许多张面孔最终沉没下去，最终浮在水面上的一张面孔是位女士的，她的名字叫于淑珉。多年来，这张面孔深深嵌入了海信，嵌入了周厚健的权力链条中。在她刚进入海信的时候，周厚健并没有想到她会接过权力棒，他甚至没想到他会在43岁的时候，将权力分给一位比他大6岁的女人。

他的内心又经过一番挣扎后，最终认定于淑珉是最合适的继承者。后者的能力已毋庸置疑，而她与自己的配合，也颇为默契。最为重要的是，于淑珉的身上，有一种叫他颇为激赏的力量，一年后于淑珉笑着对新闻界说，这种力量是"执行的力量"。

这次权力调整最终为海信注入了活力，传媒的评价是"多了几分张扬与活力"，它直接致使接下来的2001年，全面爆发了"海信加速"的局面。

周厚健欣赏聪明而富于行动、积极而高效的人。他曾这样解释海信的权力人物经常加班——"海信没有特别聪明的人，只有拼命干，才不至于落伍"。他渴望海信有"聪明人"的出现，然而这样的人总是太少。1997年，有一次他在职工代表大会上讲了一个故事——

甲乙两个人同时从一所名牌大学毕业，又同时进入一家大企业工作。半年后，甲已升至部门经理，而乙仍是一名普通员工。乙对此感到愤愤不平，于是来到顶楼的总经理办公室，要求得到公正的对待。总经理言顾其他地说："楼下有一个人正在卖土豆，请你下楼问一问价格。"很快，乙便问来了价格。总经理又说："如果我买的多，是否可以便宜一些？"乙再次下楼询问。总经理说："土豆是多少重量的包装？"乙再次下楼询问。总经理打电话把甲招来，同样要求甲询问土豆价格，很快，甲便上楼向总经理汇报说：土豆价格是一元一斤，买10公斤以上便宜10%，土豆是5公斤、10公斤和20公斤包装，如果买的超过20公斤，还可以送货上门。这时，总经理对乙说："这就是甲提升得快的原因。"

这个故事一方面折射了周厚健对于"聪明人"的渴慕，另一方面也使他在内心形成了关于"权力继承者"的具体标准。

事实上,这几年里,周厚健最引人注意的帮手中,于淑珉是让人耳目一新的一个。她在海信原来的职务,是党委副书记,很难说她是几号人物,但当她出任执行总裁后,她便是公认的"海信二号"。

她如同一名苛刻的教官,要为海信训练出一大批热烈的青年军人。她教他们如何掌握"武器",但她从不告诉他们准确的姿势和拆解要领。"自己练,练好了告诉我,"她说,"我只要结果。"一些人要倒下,这毫无疑问,剩下的便成为近卫军。在其后数年里,海信的"青年近卫军"要去海信各个位置、去全国各地、去世界各个角落,执行周厚健发出的命令。

早些时候,周厚健告诉于淑珉他的想法时,于淑珉感到惊讶。她后来说:"我也不知道董事会为什么会选中我。"

那时候她把自己的忐忑告诉了周厚健:

"我觉得自己并不能胜任,而且我从来没有一定要做到一把手的想法。"

"接着说。"

"我对财务管理不熟悉,对市场营销也不熟悉,管理企业这些肯定都是必须搞懂的。"

"你没问题。"

"他说我没问题,也许我真的没问题。"于淑珉说。于是,于淑珉便做了海信集团公司的执行总裁,总裁依旧是周厚健。

2000年底,于淑珉成为海信集团总裁。

海信的女干部大都是"铁娘子",雷厉风行、剽悍。

一个关于于淑珉的传说是这样的：

有一次，青岛的彩电市场出现了价格混乱。各个商家为了自身利益纷纷打价格战，导致恶性竞争，无利可图，怨声载道。海信为此组织了一次商家恳谈会，平素亲如兄弟的和平素视同仇敌的人一起坐在海信的会客室里。说完了客套话，听完了他们互相指责和埋怨后，于淑珉就开始问问题：

"这是不是一个应该由大家一起处理的问题？"

有人回答说："是。"

"你们配不配合处理问题？"

这次回答的声音明显整齐起来：

"配合。"

"大家是不是应该制定一个统一的价格？"

他们几乎异口同声说："是。"

"那么，"她四周看了看，表情颇为严肃地说，"谁如果不遵守这个价格的话，不管他的后台有多大，海信都要断他的货。"

后来，她有一次接受电视台的采访提起这件事，很得意地说："就这样一个让商家、厂家都头疼的问题被解决了。如果复杂处理，考虑得太多了，也许这个问题到现在也解决不了。"

于淑珉较周厚健年长6岁，她因行动雷厉风行而被认为是一个铁腕女人，老员工从她的身上可以看到李德珍女士的影子，有年轻的员工私底下叫她"撒切尔夫人"，亦即委婉地称其为"铁娘子"。她身材微胖，虽然面容颇为和蔼，却不苟言笑，大部分时间表情严肃。

她用极为刻板的程式管理着海信，偏偏她的刻板对海信十分有效，于是她的"铁腕"形象便更加活灵活现。

她的性格极为矛盾。她时常说自己在与人沟通上较周厚健稍弱，但作为女性却使自己的命令比较容易被人接受；尽管她时常表现出咄咄逼人的"铁腕人物"的气势，一些细节却能显现她颇为柔弱的一面。

还在江西路办公的时候，在她办公室的门后，有一个木制的脸盆架，上下两层，可放两个脸盆，架上可挂毛巾、放肥皂盒。即使不熟悉日用品发展状况的人也知道，这肯定是个"老古董"，在我们的记忆里，它代表消逝的少年时代。多年来，这个脸盆架一直跟随着淑珉，现在它能做的，除了继续洗清于淑珉的回忆外，便是装满热水，使它的主人感受片刻的放松。

她有时候说自己"工作起来从不考虑女性的问题，只追求好的结果"，有时候又相信自己是温柔的，有一次她甚至强调："我觉得自己平时还挺温柔的。"有媒体迎合她的这种情绪，称其对海信"温柔地执掌"。

但大部分时间她很清晰自己的性格。"我很严厉，"她经常对别人这样说，"我需要不折不扣的执行。"有人不能按照标准完成指标，就会遭到她颇为严厉的斥责。

一个副总经理不服从内部分配，破坏了海信培养干部的游戏规则——"不服从分配的，一免到底"。讨论如何处置他的时候，出现了各种复杂因素，有人给他说好话，有人说这个人不能一免到底。于淑珉可不听他们的，她坚持认为，这个人已经不具备再培养的素质，必须处分。"如果不处分的话，就会给其他干部带个坏头。"她说。于是，挑战游戏规则的人便被免职了。

还有一次，有人告诉她，程开训称她"铁腕人物"，她的第一个反应是："是这样说的吗？一会儿我要问问他。"她当然不会去问他，也不会当真。事实上，并非程开训有此说法，海信员工中颇有几个表示了对于淑珉的惧意。一则报道这样描述她：

于淑珉的行事风格向来干净利落，这位从1986年就开始担任企业要职的女性几乎没有一般女性的唠唠叨叨，在回答记者提问时，较多使用了"第一……第二……"的句式，显得非常严谨，据说当初周厚健选中于淑珉的主要原因就是她的"执行力度"。

于淑珉有一次则很认真地分析了她为何被称为"铁腕人物"，她说："之所以给人这种感觉，那可能是因为自己平时处理问题的时候不复杂化。什么是复杂化？就是做事之前，过多地考虑一个人的背景，过多地考虑客观原因，过多地考虑方方面面的关系，这就把问题复杂化了。复杂了，就很难决策。"

于淑珉的"铁腕风格"从2000年起开始在海信被贯彻。2000年底的时候，她便赢得了尊重。

最初的几个月，于淑珉是在周厚健的余荫下治理海信，后来她必须靠自己了。周厚健的管理方式及管理思想对海信的文化有极大的影响，这种影响还将继续下去，并一直持续下去。然而，在海信的经营层，于淑珉成为一号人物，媒体也开始对这情况有所反应了。有的人开始研究该怎样向于总打报告，有些人对她的管理手段不大适应……

海信开始让人们感觉到了活力和压力，其实在整个行业萎靡不振的情形下，第二年海信就出现了"加速"的景致。

一个"海信时代"会到来吗？

一个一切开放、崇拜技术、什么都行的新世纪已经来临了吗？

于淑珉不大抛头露面，大部分需要代表海信接受的采访，她都推给了周厚健。即使如此，从春天到冬天的飞行并不显得平淡无奇，媒体无孔不入，不停地表示疑问。最终，周厚健给予她很高评价："2000年是海信历史上增长速度最快的一年。""市场是最有发言权的，"他说，"海信的成绩你们都看到了。"

这一年，最终的结论是，"海信全年的增长速度是历史上最快的"，它既证明了于淑珉的功不可没，也证明了周厚健的眼力不凡。这时候于淑珉有时间来思考，为什么周厚健选择她作为头号搭档。

"董事会选我可能主要有两个原因：首先，是我对工作的认真程度，通常我做事情一定要追求最好的结果；再者，可能是我有做企业管理工作的特长，就是执行力特别强吧。"

与周厚健一样，于淑珉也是一个野心勃勃的人，有一次一个记者问她海信的目标是什么，她的回答是："做中国的索尼。"2000年，她甚至与周厚健一起为海信制订了海信2010年的远景计划，那时候营业额会达到1000亿元。

于淑珉的野心有时也会遭到小小的打击。有一次，一个人问她会不会打高尔夫球，她轻轻地回答说："哎呀！不会。"她并不感到羞惭。海信没有一个会打高尔夫球的高级官员，他们中或许有人精通"够级"，那是源自青岛的一种扑克牌游戏，3人一组互为"联邦"，与自己的对头厮杀。这种游戏讲究配合，很多时候也需要冒险精神。总之，在海信，没有人熟悉"国际化"的高尔夫球，但他们照样在走国际化的道路。

一位副总裁讲过这样一个故事：

IBM（国际商业机器公司）的一位高层来青岛访问，约海信的高管去打高尔夫球。

"什么是高尔夫？"海信的高管装作不解地问。

他认真的表情让对方大感诧异。后来IBM的高管才知道，他们的客人用中国人特有的幽默感与他们开了个玩笑。

海信的权力人物都不是"泰格·伍兹"，否则也不会痛苦地与跨国公司进行"龟兔赛跑"的游戏。"要是我们都会打高尔夫球，都打得跟伍兹一样，"一位高管说，"我们早就成为体育明星了。"

他们最终没有成为体育明星，而是渴慕变成跨国公司的缔造者。他们要在一张略显陈旧的世界制造业地图上，到处画上生机勃勃的"Hisense"符号，从青岛开始，逐渐漫步到了雅加达、开普敦、里约热内卢、布宜诺斯艾利斯……

李德珍女士离开青岛电视机厂时的遗憾和心愿，如今已成为现实。

自1969年以来，自1984年以来，自1992年以来，自2000年以来，海信并不平静，它从来未曾平静过。在此后的若干年里，它也还是不会平静。与跨国公司进行无停止的竞争，这是周厚健和于淑珉的宿命。

2000年早春的权力转移，只是中国家电业一连串漂亮诺言背后，一个稍微真实的故事罢了。

而这个故事，又那么契合周厚健对于女人直言不讳的判断：

"男人的平均智商比女人高，不信你们看总统啊什么的还是男人多嘛，当然也许个体就不完全遵循这个原则。但女人的韧劲是绝对优秀的，马拉松比赛不是4万多米吗？要是再延长2万米的话，冠军非女人莫属，这种韧劲对于残酷的市场经营很重要。再说，于总对市场的感觉很好，而且决策时特别坚决。"

在接下来的20年中，在担任总裁的15年里，于淑珉陪伴周厚健一起经历了海信在整个 3C 领域的突破，在全球化中的布局，在产业并购中一次次迈出惊艳的步伐，在整合中的痛苦不堪。她是胜利时的指挥官，也是受挫时的责任承担者，但没有任何东西可以阻挡她向前奔跑。

除了时间。

2015 年，当这位"青岛市管干部"超期"服役"多年到了退休的时间节点时，她不得不离开自己已经干了 15 年的岗位。这是她职业生涯最重要的经历，也是职业生涯的终点。没有人知道她那一刻的感受，究竟是释放后的轻松，还是不甘与不舍。她确切无疑地想看到和参与到一个更好的海信中，她也确切无疑地"与她结下了深厚的感情"。

"从 1995 年到电子仪表局，到 1996 年到海信，到 2015 年底退下来，2016 年正式退休，整整 20 年的时间。当退下来的时候，我并没有觉得自己在海信做得怎么好，但是自己就是回头看一看……很难一下子把什么都忘掉。"

"在海尔确确实实是副职，而且都是分管，但是在海信，整个经营过程中是全部负责的，经历不一样，压力也不一样，层次也不一样。所以很多东西，还是历历在目……"

到点离开，这是国有企业管理者的宿命。这是于淑珉必须承受的宿命，也是周厚健以后终究要承受的宿命。

离开，就如同一种撕裂。

离开，还带有期待。她期待海信能够变得更好，期待海信能够平稳度过这个转型的关键期，能够迎来狂飙的时刻。这是她与周厚健这代人对海信的期待，也是他们愿意承担的宿命。

其实，于淑珉也好，周厚健也好，对他们"海信史"的评价，都可以用 8 个字概括："知我罪我，其惟春秋"。

在海信并不漫长的历史当中，他们熠熠闪光。如果一切如他们所愿，海信真的基业长青，他们就只是挂在墙上的人物罢了——而这样的历史结论，也真的是他们所愿啊。

第三章　未来已来（2016年至今）

　　未来总在不经意间到来。未来到来之前，人们往往沉湎于当下，却容易忽视暗流的涌动。只有极少数人能看到未来早已潜行于当下，在当下的稳固中积蓄破土而出的动力。

　　2015年于淑珉退休，刘洪新接任总裁，海信集团经营层完成交接，决策层则继续由周厚健掌舵。

　　某种意义上，2016年是海信的一个分水岭。赞助欧洲杯对海信在国际上的品牌提升起到了巨大的推动作用，对海信的国际化具有里程碑意义；拥有核心激光技术并成为全球激光电视市场毫无争议的领导者，为全球显示技术升级树立了标杆；2016年，海信集团全年实现销售收入1003亿元，利润总额72.7亿元，同比增长21.5%，正式跻身千亿俱乐部。海信B2B业务已经达到了集团营收的26.28%，利润更是达到了38.69%，科技转型风生水起。

　　2019年初，刘洪新辞职，周厚健已经62岁了，未来海信将走向何方？

　　50周年之际，海信将如何为下一个50年奠定基石？人才、股权改革、组织架构、管理、大企业病、稳健的双刃剑效应、青岛地域局限……这些影响海信未来发展的因素，如何从海信的未来中消弭？

　　未来已来，谁都阻挡不了。

壮志凌云

在许多人眼里，海信是一家"笨公司""慢公司"，海信的故事永远波澜不惊，但或许正是这份踏实，这种对技术的执着追求，使海信构建起一条宽阔的护城河。

2014年，海信45周年，海信曝光了其"千亿销售规模""多行业成果""海外市场扩张"等众多数据，转型初见成效。海信集团董事长周厚健在45周年庆典上说："海信历史上经过很多大的变革，但商业史告诉我们，优秀的企业都是不断变化的，但企业最重要的要素是不变。这些不变会像竹子的竹节一样成为抵抗风雨的力量。"

2015年于淑珉退休，刘洪新接任总裁，海信集团经营层完成交接，决策层则继续由周厚健掌舵。2016年，海信集团全年实现销售收入1003亿元，正式跻身千亿俱乐部。2017年8月，已经60岁的周厚健"被延期"退休。

在海信集团高管内部会上，时任总裁刘洪新传达了上级决定："周董不能60岁退休，延迟其退休有利于企业家精神和财富的延续，也有利于海信的持续发展。"在青岛市看来，创始人企业家是社会的宝贵财富。这是青岛的开明之处，对周厚健却是一场身心的考验。据悉，周厚健在会上表示：几十年高强度的工作压力令其身体疲惫，早生退意。但他服从市里的决定。这一决定也是对海信经营团队的充分肯定。

"延迟退休,其一,我会利用这些时间坚定地把激光电视做起来,使其成为海信传统旗舰产业的新生力量,这是海信难得的领先世界的机会。其二,把智慧城市产业的梦画圆。海信的智能交通产业已经全国第一且达到了30亿元的规模,我相信海信智慧城市未来的产业规模会在200亿元左右。其三,把医疗电子产业做出态势。尽管才两年时间,海信医疗利用精准医疗和显示技术的叠加优势,已经在计算机辅助手术方向上获得了生产国际领先产品的机会。而加快技术投入,做大产业规模是完全有条件的。其四,实现金融服务产业化。退休前我会在带人的前提下,和大家一起全力以赴把这几块业务真正做出态势来!"周厚健的表述语速平常,但在同事看来,他徐徐道来的四点希望却是加时赛的"军令状",且条条事关海信的发展态势。

与很多人对权位的恋栈截然相反,周厚健的"加时赛"是拿健康与生命做的赌注。从大学毕业那天起,他的生命就已经与海信关联在了一起。几十年来,他从未离开过海信。他看着海信从一家小厂变成中国的电子信息产业巨头。这是他一手缔造的海信。他想用好这次"加时赛",将海信扶上马,送一程。

2018年初,海信集团董事长周厚健当选"2017十大经济年度人物"。主办方给出的颁奖词是:他带领海信电视连续14年国内销量第一、全球出货量第三;他跨界布局智能交通、数字医疗、光通信,步履稳健迅速崛起;他赞助世界杯、收购东芝电视,拓展全球版图,领导海信走上一条让世界赞叹的国际化道路。

2018年下半年,为了全新的目标,海信集团进行了近些年来范围最大的结构调整,将产业相近、技术相近或业务模式相近的产品公司进行整合,在集团公司旗下成立了以电视、手机等业务为核心的电子信息集团，以冰箱、空调等白电业务为核心的家电集团，以及以智能交通、智慧城市、智能医疗等业务为核心的智能科技集团。

海信的产业集团有点儿类似于华为的"事业群"，拥有更大的自主权，也承受更大的压力。有媒体描述说，周厚健希望通过"进一步权力下放"，让听到一线市场枪声和炮火的人，具备自主决策力和反应力。

而在这背后，涉及一个至关重要的环节——全面重整研发体系，在保留顶层的重点实验室，继续负责新兴前沿技术的研究外，在三大产业集团均设立研发中心，在聚焦产品研发的同时，更着眼长远的技术跟踪和储备。

2019年1月，海信电器宣布董事长刘洪新辞职，公司董事程开训走马上任。刘洪新自2015年6月起担任海信电器董事长一职，其执掌海信三年有余，一度被认为是海信集团董事长周厚健的接班人。

外界普遍认为，刘洪新的离开与海信电器业绩低迷和战略失误有关，而真实的原因则是刘承受了太多压力，这些压力已经使其不堪重负。无论对于刘还是对于周来说，这都是一个大挫折。

《2019年中国家电行业一季度报告》称，行业延续了2018年的低迷态势，除了空调，其他品类零售额出现不同程度的下滑，降幅最大的是彩电市场。国内市场排名第一的海信也不能在这波寒流中幸免。

超期服役的周厚健能否再造一个海信？50岁的海信又将如何为下一个50年奠定基石？

一切都要继续，人们还是要往前走。

稻盛和夫的一句话或许能说出此时周厚健的心境，"危机对于企业来说，就是竹子的竹节，如果一直很顺利，竹子就会很脆弱，但有了危机，有了那么多竹节，竹子就能抵御更大的危机"。

"50年，海信仍是少年。"站在新起点上的这位"少年"对自己提出了新的要求——2025年，集团销售额突破3000亿元、利润突破150亿元，海信品牌进入全球一流品牌行列。

从地方性的电视机厂，到争雄海外的电器集团，作为家电行业的第一代领军人，周厚健带领海信在此前多个十字路口做出了正确的选择。这次他能否再次依靠技术，越过他眼前的海，屹立于世界行业之巅？

海信的决赛

СМОТРИ Hisense。

2018年6月14日，世界杯揭幕战在俄罗斯打响，俄罗斯队对阵沙特阿拉伯队，这是俄罗斯本土收视率最高的一场比赛。海信打出的俄文广告在众赞助商中脱颖而出，赢得了主办方球迷的喜爱。

此届世界杯四大中国赞助商，只有海信在俄罗斯设立了分公司，且海信的电视产品已经覆盖了俄罗斯主流渠道，海信中央空调系列产品在当地的市场占有率已达24%。СМОТРИ在俄文中含有惊叹的意思，英文含义为Watch。这个广告翻译成中文就是"哇，看，海信"。

随后，海信打出的广告语"海信电视，中国第一"精准奏效，八个大大的黄底黑字出现在球场围栏广告、场地LED以及全球统计电视直播比分的弹窗上，瞬间引爆了网络。不仅如此，6月24日深夜日本对阵塞内加尔的比赛中，海信更是打出"REGZA"及日文字样广告，为所收购的东芝电视子品牌"REGZA"助威，以引发日本观众的好奇和关注。

俄罗斯世界杯开赛以来，在每一个比赛的关键节点，海信都用不同语种的广告语串联起了世界杯营销活动的主线，很好地反映了海信自身的品牌调性和国际化业务布局。

世界杯不仅是一场体育赛事狂欢，更是一场企业在商场上挥斥方遒的盛宴。海信取代了欧美、日韩等彩电行业巨头，成为全球电视领域唯一的世界杯官方赞助商。对于海信而言，在全球体育赛事上大放异彩后获得的国际名片，是一笔最好的交易。

直到世界杯结束，真正给国人留下深刻印象的广告语只有两条：一是蒙牛因梅西表现不佳而走红网络的"天生要强"，二是海信的"中国第一"。不同的是，前者更像是网民的调侃，而后者则代表了中国制造企业的自信。

"中国第一"的广告语曾引起争议，其实海信"中国第一"有理有据。

中怡康数据显示：自2004年起，海信电视市场占有率一直保持市场第一的龙头位置。

另一家数据机构奥维云网公布的2017年度数据以及2018年1—5月数据显示：海信电视在国内全渠道市场的销售量和销售额均居中国市场第一。与此同时，全球知名市场研究机构IHS Markit发布的报告也显示：2017年度和2018年第一季度，海信电视出货量和出货额同样稳居中国市场第一。

世界杯期间，在各大企业纷纷争抢大牌球星和参赛球队代言时，作为世界杯官方赞助商，拥有先天优势的海信却另辟蹊径，跳出"球星＋世界杯"的模式，选择英国著名演员本尼迪克特·康伯巴奇（"卷福"）为最新代言人。在这一世界杯中，海信整合营销案例还入选了"2018年度中国广告长城奖"金牌案例。

海信在世界杯的这一仗打赢了。

2016年,海信成为欧洲杯顶级赞助商

　　运动是世界共同的语言,世界级体育赛事的厉害之处在于连平时不太关注运动的"伪球迷"都能触及,它的举办必是全球关注的焦点,并且兼具国际化与健康良好的形象特点。基本上,除了高端体育赛事,很难找到同时具备"高大上"和"亲民"这两种特质的平台,能将品牌基调向上推高的同时又深入人心。可以说,赞助世界杯是最快、最经济的全球品牌成长路径,大大地缩短了一家企业在全球成为国际电子消费品牌的"成长时间"。

　　回溯1950年的巴西世界杯,可口可乐成为第一家以此方式营销的企业。业内人士认为这次赞助成为可口可乐的转折点,世界杯过后,可口可乐的全球销售额一举甩开百事可乐,直接翻倍,占据全球70%的市场份额。1970年,德国第一次举办世界杯,开幕式上,从阿迪达斯足球模型内走出的嘉宾和乐队,将全场气氛推向高潮,东道主品牌阿迪达斯更是经此一役,彻底奠定了当时世界第一运动品牌的形象。2002年韩日世界杯,现代汽车以15亿欧元的天价成为FIFA官方赞助商,当年其在美国的销量大涨40%,品牌认知度从32%一举跃升至67%。

随着消费升级概念的普及,智能电视、互联网电视再次为家电市场带来了一波新的动能,但价格战也使得各大电视厂商的利润探底。纵观市场,无论是增长趋缓的智能手机,还是竞价激烈的电视产品,寻求海外突破已势在必行。进军国际市场,无论是海信、VIVO、华为还是OPPO,这些厂商都不约而同地选择了通过体育赛事在国外建立起品牌知名度。

在赞助体育赛事上,海信的表现大胆而坚决。

海信选择与自身定位比较匹配的顶级赛事合作,让海信品牌得以最大范围的传播,品牌形象也得到了最大限度的提升。在赞助F1红牛车队、德国沙尔克04甲级足球俱乐部、美国最受欢迎的NASCAR(全国运动洗车竞赛)车队之后,海信最著名的两次体育营销是2008年赞助澳大利亚网球(澳网)公开赛和2016年赞助法国欧洲杯。2006年,海信进入澳大利亚市场,凭借过硬的产品质量、显著的技术和服务优势很快在中高端市场站稳脚跟,短时间内便被Harvey Norman、JB HiFi和The Good Guys澳大利亚三大连锁店接纳,电视和冰箱产品迅速进入澳大利亚各大电器专卖店。

两年后,一直比较低调的海信开始重金打造海外体育营销战略,宣布赞助澳网。除了赞助,澳网协还把第二大球场的冠名权给了海信。

众所周知,历史悠久的墨尔本公园有三大球馆,中央球场为罗德·拉维尔球场,另一座是玛格丽特·考特球场,这两座球馆均以澳大利亚网坛名宿的名字冠名。剩下的一座能容纳10 500人的球馆于2000年建成,最早叫沃达丰球场,如今易名为海信球场。2008年,海信与澳网组委会签订了一份长达

6年的冠名协议，2014年协议到期后又续约了3年。

"海信澳大利亚公司总经理刘凤波当时向总部申请澳网赞助，我们当时想现在这么难，两三百万的费用，肯定没戏。没想到最后总部同意了。"海信国际营销总裁、欧洲区总经理朱聃透露，赞助澳网对澳大利亚市场影响很大，但更重要的意义是，在海外推品牌那么艰难的时候，让海外员工看到了希望。

与澳网合作的几年里，海信在澳大利亚市场的成绩有目共睹。此后，海信先后赞助F1澳大利亚大奖赛、F1红牛车队、澳大利亚国家篮球联盟等项目，使得海信迅速被澳大利亚主流社会接纳。

澳大利亚权威调查机构2016年的一份报告数据显示，海信电视2016年8月在澳大利亚的市场份额达到19.3%，夺得当月电视销量冠军，这是中国家电品牌首次在发达国家全面战胜日韩品牌。2016年9月和10月，海信电视再次以19.9%、19.6%的份额蝉联澳大利亚市场第一。

除了电视，海信冰箱在澳大利亚的份额也处于第二冲击第一的位置。2016年11月，海信冰箱在悉尼荣获澳大利亚权威消费者调查机构Canstar Blue颁发的"2016年消费者最满意大奖"，上升势头强劲。

海信的触角很快开始向欧洲版图延伸。2016年，海信与欧洲足球协会联盟（欧足联）签约，成为欧洲杯56年来首家来自中国的顶级赞助商。当时的网友这样开2016年欧洲杯的玩笑："最大的冷门是荷兰被淘汰，最大的黑马是海信的广告。"

"海信电视，中国第一。"

2016年6月10日，在法国巴黎圣丹尼斯球场，随着欧洲杯揭幕战打响，中国品牌海信的广告出现在全球球迷面前。这是欧洲杯56年来第一次迎来中国赞助商。欧足联官网显示，其他9家赞助商包括阿迪达斯、嘉士伯、可口可乐、麦当劳等世界知名企业。

欧洲杯的直播覆盖了 230 个国家和地区，平均每场直播观众 1.47 亿人次，累计观众超过 60 亿人次。在欧洲杯的 36 场小组赛中，海信平均每场广告时长为 8 分钟。比赛直播镜头中，每场捕捉海信广告时间为 2~3 分钟。借助欧洲杯这一世界级影响力的超级 IP，海信获得了巨大的品牌曝光度。

此外，海信的激光电视、4K ULED 电视、4G 手机都服务于该届赛事。还有海信旗下容声冰箱打出的场地广告"容声冰箱质量保证"迅速走红中国网络，扩大了其在国外市场的品牌知名度。

这次与欧足联的合作，让海信在欧洲市场有了较高知名度。更重要的是，帮助中国企业在全世界范围内建立了好感，并转化为消费。

根据海信的数据显示，欧洲杯营销让海信的全球知名度提升了 6 个百分点，2016 年二季度欧洲市场销量提高了 65%，在法国一度"卖断货"，销售量大约增长了 300%。

欧足联为何会选择携手海信呢？

事实上，据 Display Search（显像资讯）统计，2015 年海信的电视销量已经进入全球前三之列，超越了索尼。海信不仅在国内保持着连续 12 年电视销量第一的纪录，在海外市场也是稳扎稳打，例如：在美国收购了夏普美洲区的电视业务和墨西哥工厂，在美国市场销量增长超过 100%；在欧洲 3 年来收入增长了 7 倍，并进入主要的渠道，尤其是在法国、意大利与西班牙，已经通过了内容上的认证；在澳大利亚与南非均排名前二，在墨西哥排名第三。

海关数据显示，海信的电视、冰箱、洗衣机等产品出口量在 2015 年蝉联了第一的宝座。2015 年 3 月中国外文局对外发布的《中国国家形象全球调查报告 2014》显示，海信位列海外民众最熟悉的中国品牌前七位之一，而习近平主席在出访南非时在《星报》上刊发的署名文章中也特别提到了海信。可以说，不管是在国内市场挖掘还是在国际化进程中，海信都已经取得了不俗的成绩。

海信良好的业绩支持、国际化进程的稳步推进、对体育营销的热爱与运作经验，以及可信赖的品牌形象塑造，使得欧足联最终选择与之携手，双方此次合作的最终达成对于海信集团而言自然也是一个里程碑式的事件。

2016年1月14日，欧足联和海信共同宣布：海信将成为2016年欧洲杯的顶级赞助商。

2016年作为一个体育大年，除了欧洲杯外，海信在南京国家体操队训练基地正式签约中国国家体操队，成为其官方合作伙伴。海信旗下的电视、冰箱、空调、洗衣机和手机等产品将陪伴中国体操队员征战2016年主要赛事，从而拉开海信2016年巴西奥运会品牌营销的序幕。

海信的体育营销已初见成效，但脚步并未就此停止。

时任海信集团总裁刘洪新在宣布赞助2018FIFA世界杯不久后，即宣布启动名为"璀璨计划"的全球品牌提升计划，有意通过持续不断地赞助重大体育赛事，提升海信品牌的知名度，实现海信品牌全球市场份额的快速提升。

2018年5月，海信正式成为美国电竞巨头EG战队的官方赞助商，体育营销从线下延伸至线上。随着电竞收获了奥林匹克的认可，这样的影响力是无远弗届的。电子竞技已成为一项新兴的竞技体育项目，覆盖平均年龄在18~34岁、全球1.3亿的年轻群体。海信此次赞助的EG战队正是电竞界的世界冠军。

2019年6月6日凌晨，首届欧洲国家联赛决赛阶段比赛在葡萄牙打响。作为该届赛事的赞助商，海信再度以中国品牌的形象出现在全世界观众面前。

近年来，海信屡屡在体育营销上掷出重金，实现了在海外市场开拓上的大跨步。在2018年底的一次采访中，周厚健表示，在海外市场的开拓和"走出去"上，海信不保守，一直是比较开放的姿态。

海信集团高级副总裁林澜表示："海信一直坚持自主品牌战略，通过持续的品牌建设提升海信品牌对市场的影响力，与全球最具商业价值的体育IP合作，与我们的国际化策略相当吻合。"

赞助体育赛事，从来都不是为了短期的销售增长，而是为了提升品牌价值。林澜说："赞助顶级体育赛事，投资第一年的确收不回来，效果是三五年之后才能看出来的，有个渐进的过程。"

从赛车、网球、足球到电竞，海信围绕着体育营销展开的"一盘大棋"已经浮现在人们眼前。赞助大型体育赛事，可以短期内吸引众多目光，但长期支撑品牌的还是产品和技术，这离不开全球的供应链、研发中心和售后服务网络布局。在供应链方面，海信除了在青岛、贵阳、江门拥有电视生产基地外，还在南非、墨西哥和捷克建立了海外电视生产基地，在南非还建有冰箱生产基地。

截至目前，海信在德国、美国、日本、加拿大、以色列等地已设立了7个海外研发机构。2019年，海信把硅谷研发机构升格为研发中心。研发任务也从为数字音视频芯片所需的模拟电路做突破性预研设计，扩展到显示技术、芯片、光通信、人工智能等核心技术研究。加上亚特兰大海信美国总部研发中心及新泽西研发中心，海信在美国已拥有3个研发中心，分别侧重于预研和应市产品研发。

在世界杯比赛打响之后，海信电视在海外多个国家的销售额持续攀升。而日积月累的体育营销带来的品牌溢价和长远影响也依然在持续。取代索尼成为俄罗斯世界杯期间全球电器制造行业的唯一赞助商，是中国家电企业的重要一击，也是海信挑战韩企的新起点。

在连续14年占据中国市场第一后，海信有了更进一步的目标——成为世界第一。

重构线下

周厚健怒了。

2018年10月份,他在内部的一个经营分析会上咆哮。"谁都不要拿串货当儿戏,谁对串货问题熟视无睹,就坚决严肃处理。"

他接着怒斥:这是海信的耻辱!为什么迟迟解决不了?根源就是干部的态度。要对损害客户利益的行为和动摇自身立足根基的行为零容忍,甚至要避免存在严重的短视而不作为。

他说,1998年海信还很弱,串货问题都能管好,现在管不好了,为什么?说明存在管理松懈和短期行为!

他说,这是能不能端正态度,想不想抓、严不严抓的问题,谁都不要视串货为儿戏,这个问题如果不解决、免掉谁都有可能。

即便不在现场,我们还是能想象出这种场合的火药味。当2018年冬天我们在海信采访,路过一个办公室时,只听见一个男人在吼。一位海信高管悄悄说,周董正在开会。即便我们走了很远,他的声音还在回荡,整个楼层大概都能听到他的声音。就在2018年开年,准确地说,是在大年初六,他本来还提醒自己保持愉快的过年氛围,结果还是发了火。原因是很多干部不知道集团提出的工作思路是什么。然后,他将反对官僚主义当作2018年的一个重点,"官僚主义、形式主义,不该是我一个人的痛恨!而应该成为整个集团人人喊打的'过街老鼠'"。

当一个8万人的公司出现了错事、丑事,危及企业,危及苦心经营的品牌时,周厚健需要表明自己的立场,让所有人知道事情的严重性。发火,是一种直接、粗暴、行之有效的方式。

在批评串货的那个会议结束不久,时任集团总裁刘洪新和空调公司副总经理（主持工作）王云利分别向上千个受影响以及潜在受影响的合作伙伴、商家发了一封道歉信。同时，这封管控串货的致歉信也传达到了国美、苏宁等各大系统总部，让各系统知晓海信管理串货的决心，确保合作过程中不再发生串货。有几个人因为工作不力，受到黄牌警告处理。接着，集团总裁办公室、市场与营销管理部联合下发了《关于对电视和空调产品串货管控不利的处理通报》，集团以及子公司的11位高管受到处分。

名单里有周厚健。处罚的结果是：当时其尽管不分管经营，发现后第一时间紧急制止并严肃追责，但对此事承担领导责任，给予集团范围内的通报批评，并罚款5万元。

串货的恶果就是价格秩序失控，正常合作商的利益受损，对品牌方失去信心，不愿意进货；品牌的形象和利润也会受到损害；消费者对品牌的好感度也会下降。

如今新零售环境催生了各式各样的渠道。品牌方线上渠道的商品有时会以更低的价格流窜到线下，对当地的专卖店造成冲击，一些经销商也蓄意向非辖区倾销货物。品牌方没有维护好价格体系，也给了串货可乘之机。

海信开展了打击串货的行动。诸多商家表示欢迎。串货问题是由商家反映出来的，主要发生在三、四线城市。海信按照相关规定，对线上的主销型号产品进行监控，如果某款产品出现乱价行为，严重时，海信将采取停止供货行为。

海信的渠道策略需要调整。

海信进入三、四线城市的时间较早，在2014年左右发力。

2013年底以及2014年初，《海信时代》分别发表题为《三星电视，真的来了》《三四级城市三星也来了》的文章。文章提到，三星正在加速下沉。海信对24个营销分公司做了调查，有21个认为有较大影响。一位海信的营销人称，一旦三星市场拓展重心向三、四线城市下沉，将对海信的渠道形成冲击。

当然，格力、美的的发展也得益于抢占三、四线市场。后来《海信时代》的一篇文章中提到，在海信的大本营山东，格力、美的自建了很多专卖店、旗舰店，乡镇的占有率很大。

发力一、二线市场和渠道是海信电视、冰箱、空调公司多年的工作重点，但对于三、四线市场却行动迟缓。

2015年3月初，刘洪新到湖南做市场调研，一天跑了三个城市。他批评个别终端形象问题。晚上，他在座谈会上说，要加强专卖店的建设，思考并规划三、四线市场新的增长点。

2015年4月2日，集团三、四级市场专题会议在河南漯河召开。刘洪新和负责市场营销区域的一把手到会，共计200余人参会。他们探讨的主题就是一个：如何打开看不见的市场。

刘洪新提到了专卖店的拓展，批评了过于追求建店数量却不注意店面形象的行为，强调专卖店要有专门的特供商品，且只在三、四级市场销售，"串货问题将成为今后集团三、四级市场巡查的重点"。他说，发现问题必将追究责任，每个专卖店各项指标任务将作为考核干部的目标。

刘洪新下达的指令是，7日给反馈，10日前完成任务分解，15日前拿出方案。海信开始行动。漯河会议后，集团制定了专卖店的考核办法。

2016年初，经过调查、梳理和清理，8000家专卖店剩下4900家。海信集团有意提高开店标准，即便门店减少，单店产出仍然在增长。这在一定程度上推动了下沉渠道的改善，但串货问题还在。

从2008年开始，海信渠道抓住大连锁，2010年又开始抓专卖店，接着又推动向三、四线下沉，接着开始抓TOP（头部）类大客户。渠道存在串货问题，需要解决，但另外还有一个问题，即三、四线城市之外还有下沉的空间，那就是县乡市场。

而周厚健接下来进行的一次重大渠道变革，便与县乡市场有关。

2012年末，《海信时代》做了一个150人的献言调查，一位海信人说，电子商务不应该仅仅是一个新兴渠道，而应是集团的渠道战略、信息化战略的一部分，目前来看，集团仍未真正从电子商务业务发展角度进行战略性规划。

京东CEO刘强东创业最关键的时期也就在当年。他在微博上放话给苏宁和国美："如果3年内，任何采销人员在大家电加上哪怕一元的毛利，都将立即遭到辞退！"刘强东发起了电商家电的第一场激烈的价格战。这是家电电商第一次向强势的传统渠道宣战，后来，双方动不动就爆发价格战。

2009年，是海信电视电商业务的第一年。当时海信的电商业务规模较小，电视、冰箱等线上平台各自为政。而且电商发展引起了争议，发展曲折。海信集团中国区营销总部副总裁胡剑涌称，当时线上发展产生短期行为，"比如降价，打价格战，对线下造成冲击，然后开始扭转这个事，中间可能有反复，集团不可能冲击线下市场去做电商"。

"在'双十一'的时间点上，价格放得比较低，线下串货的可能性比较大，因为线上线下全国都是同款的。为了避免串货，线上价格往上提。但提价之后电商市场份额会受影响，下一个'双十一'的时候，就会守不住，又开始降价，这样子可能有反复。"

线上线下的利益也没处理好。部分分公司对电商有抵触情绪，电商部门给京东、苏宁易购等平台送货，需要用分公司的物流，但分公司并不配合。线上的产品滞销，换机需要分公司去拉回，分公司也不配合。

海信视像科技营销电子商务部总经理周忠飞回忆："2011年，部门大约不到 15 人，那一年整个销售额也就是 1000 多万。2012 年，海信电视电商蓬勃发展，'双十一'的销售额就已经过亿了，是 10 倍的增长。我们在天猫、京东、苏宁建立合作，也为 2013 年奠定了良好基础。2013 年的'双十一'，仅苏宁渠道，就实现了大约 4000 万的销售额。2014 年，我们成立渠道运营部，从流量运营的细节化角度来单独扶持，积累了流量运营的经验。2015 年，线上竞争加剧，我们调整产品线，在竞品主打低端的情况下，我们主推中高端产品预售，得到市场和行业认可。这一年，天猫单渠道的销售额就突破 2 亿，全渠道突破 5 亿。"

2016 年"双十一"，海信电视线上销售额突破 7 个亿。

到了 2017 年，在集团经营专题会上，周厚健说："做好电商的集团战略，要举大家之力把电商做好。"

他指出，电视产品的电商渠道已占市场总量的三分之一，但海信的营销系统以及支撑前端营销的资源绝大部分仍集中在线下销售上，以人力资源配备为例，线下渠道的人力资源配备在数千人，甚至上万人，而线上的力量仅有数十人。纵观集团上下，整个组织、各产品公司及其营销公司了解电商、关注电商、关心电商、深度介入电商、与电商有明确的业务接口及机制联系的人少之又少。提到深入市场，各级领导干部深入线下渠道很频繁，但鲜有走访电商客户的。当前的模式切断了所有人和电商的联系，仅仅是从事电商业务的一小部分人员与电商有联系，这与电商渠道的市场容量比例极不相称，更无法感受线上销售与竞争。

刘洪新开始部署工作。他提出了打造 O2O（线上到线下）的格局，线上与线下要做好对接，"形成海信自己主导的线上活动节奏，同时带动线下人员和资源活跃起来"。

2017 年 6 月 27 日，海信集字［2017］72 号红头文件《关于成立青岛电子商务有限公司（筹）的通知》宣布：成立青岛电子商务有限公司（筹），作为集团直属公司，负责海信电商战略的整体推进、落地和管理实施；负责海信线上全品类旗舰店（自营）的运营及线下电商体验引流等工作；负责海信商城建设、维护运营工作；推动各产品公司电商专业化运营能力和管理水平的提升。

这是海信首次将电商纳入公司整体战略，此时，它的线上份额已经占到家电等营收的30%。

线上线下利益冲突的问题，是一个敏感而又必须要解决的问题。

但2018年末那桩令周厚健震怒的串货事件，实际上也证明海信在渠道的管控上出现了问题。他们采取了措施，对电商平台进行价格监控，若对方肆意降价，他们甚至会采取断供的方式。也就是说，串货的货源是以某些电商平台为起点的。但此举措也表明，线上与线下的利益分配存在问题，为三、四线地区的串货提供了机会。

串货问题发生不久，海信集团便成立海信商贸公司。它依旧由集团直接分管，只是将电商公司纳入进来。胡剑涌成为海信商贸公司常务副总。据他的描绘，商贸公司的主要责任是：将分散的各个电商平台的店铺收编、收权；进行T5市场的渠道开拓。所谓的T5市场，就是县乡市场。

周厚健将分散的电商平台统一管理后，由电商专门定制跟线下有一定区隔度的产品，在尽最大力度避免串货问题的同时，让电商的业务更加优质。

而县乡市场主要是靠吸纳社会资源加盟开设。根据海信公布的招商办法，专卖店将会得到包括市场、物流等12种支持。当然，还有线上的支持。也就是说，海信试图在县乡市场布局"线上线下一盘货"。据胡剑涌介绍，海信的电商将与专卖店结合，线上下单后，消费者去专卖店取货，店家就能收到一定的佣金。

海信以及中国的家电企业都躲不过互联网对传统渠道的影响。当下家电毛利低，市场疲软，中国的零售商们都在讲线上线下一体化，城乡一体化。

新成立的海信商贸公司意在整合四、五级市场中海信各品类专营店的渠道资源。在运行7个月后，其相关职能被海信集团中国区营销总部取代，同时原本分散在海信电器、海信家电的两个上市公司平台涉及海信电视、冰箱、空调、洗衣机等家电消费业务的营销职能，也迎来一轮大整合。

据媒体报道，此次海信集团推动了C端（客户端）消费板块所有家电业务的营销职能整合：面向客户（包括商家和消费者）的营销推广职能，将过去分散在各个产业的公司全面剥离，在海信集团层面组建成立中国区营销总部，承接海信电器、海信家电的电视、冰洗、空调等产品的全部营销业务；涉及用户和客户线，产品线，运营支持三大职能，包括渠道开发管理、市场推广、财务、人力、物流、IT。但是相关的产品推广、培训，以及企划定价等职能，则留给了原有的产品公司，而品牌宣传则还保留在集团品牌部。

简单来说，如果以产品为视角来看，海信集团的这次营销组织架构调整是将产品的前台与后台进行专业化分工和协同：产品前端面向用户和客户的销售、推广、促销等职能，全部保留在中国区营销总部；产品后端的技术研发、功能创新和产品企划、培训等职能，则继续保留在各个产品和产业公司中。

这样一来，首先可以让造产品的更用心，卖产品的更给力，双方可以共同面向用户进行协同整合。其次则可以整合分散在不同产品公司的产品营销资源，面向同一个渠道商进行整合营销，实现线上线下的一体化经营落地。最后就是顺应最近两年以来的智能家居市场化进程，推动家电成套化、场景化销售，避免过去产品公司营销各自为政的局面，面对用户

"一盘棋"。

"截至目前，海信在四、五级市场上已经新建了 3000 多家专营店渠道，而 2019 年 7 月初，海信集团再次整合家电业务的营销工作，组建中国区营销总部，搭建新的平台。目前，海信空调在全渠道的销售数据稳中有升。"接受媒体采访时，海信空调总经理别清峰认为，营销模式的变革，带来的是渠道多样化，最终这将会为海信空调的发展注入新动能。未来将通过"技术、产品和营销"三驾马车，带动市场、渠道和用户的多轮变革，形成体制制胜的持久战新格局。

大交易日

在海信历史上，有很多大交易日，并购科龙是大交易，但对国际化的海信来说，真正的大交易是那些跨国并购。因为它代表的不只是海信，还是中国。

1984 年，王希安作为青岛电视机总厂的技术人员，第一次来到日本。一下飞机他就被日本的繁华惊呆了，他对着远处的高楼大厦指手画脚，不料出租车以为他在招手。他从没见过出租车，吓了一跳，不敢再随便动胳膊了。

那是青岛电视机厂第一次派出技术人员去日本进行"联合设计和研修"，其实就是去培训。王希安要在日本待一个月，全面学习从厂房建设到设备安装、从电视技术到模具设计、从生产到工艺方面的技术，掌握彩电的生产技术，从而变成青岛彩电工业史上第一批也是至关重要的一批电视人。

可以想象，那一批青岛的技术人员如何在日本大开眼界。分体空调、无人售票的公共汽车、不宽但干净的马路、不闯红灯的日本人……当然，还有工厂里日本人的傲慢。

好像也不能怪那些对青岛一无所知的日本人。当日本翻译画了一个显像管，问中国人是否知道是什么时，耻辱感、自尊心，夹杂在两国复杂的来往历史中，弥漫在每一个角落。

两种文化的冲突，两种自尊的碰撞，自此开始，注定要上演多年。

通过一个月的学习，1984年来到日本的年轻人，身上多了一种强烈的责任感，这种责任感与自尊有关，与公司有关，与民族信仰有关，在他们回到青岛后将不断传递给身边一起工作的同事。

2015年，在严重损毁的日本福岛第一核电站有毒的反应堆建筑中，一台机器人仅工作了几个小时就因强辐射倒下了。人们更期待东芝集团的蝎形机器人。这个专门为核电站设计的拥有多个实时摄像头的机器人，提醒着日本以及全世界的人，深陷财务困境的东芝仍然拥有举足轻重的高精尖技术，不可轻视。

东芝的困境始于2015年初的会计丑闻，东芝被迫重新公布利润，下调金额至1520亿日元，也就是13亿美元。东芝内部的调查结论称，2005年至2009年5年时间，西田厚聪让手下将亏损伪造成盈利，西田厚聪后两位老板也延续了他的财务造假行为。

丑闻再也遮掩不住时，亏损、股价暴跌、信用评级降低、现金流崩溃接踵而至。在银行贷款到期之前，东芝必须出售自己的部分业务——像曾经通过抛售资产恢复元气的日立一样。人们不禁问，东芝怎么了？日本家电制造业怎么了？

《经济学人》那时评价，东芝和夏普是黯然失色的日本制造业的代表，日本与韩国作为制造业和出口大国，由于贸易放缓正在经历转型之痛，两国传统产业中的企业巨头首当其冲，部分已深陷危机。

中国有不少媒体做报道唱衰日本的家电制造业，日本企业接二连三地变卖自己的产业，任由其他国家的公司将之收购，它们资金短缺，消费力又不足。而中国国内的研发水平随着企业与企业家不断强化的技术立企观念，正蒸蒸日上。与之相应，曾经的"老师"日本好像逐年失去了教导"学生"的资本，毕竟一旦"学生"拥有了技术与研发能力，"老师"的优势又有什么呢？是相对便宜的人力成本，还是广阔的土地与消费者？

周厚健不允许海信的高管过于严厉地批评这位曾经的"老师"。在他看来，媒体人云亦云，很容易以讹传讹，中国的制造业跟日本的制造业还完全不在一个层次，"媒体以为日本不行了，其实日本的制造业比中国不知道好多少啊！日本的家电确实做得不好了，做得不好在于什么？原因有很多，其中之一就是越往高端研发，低端的支撑能力就越差，费用也支撑不住。但日本制造业的水平处于高端，那还是中国远远不能比的"。

2013年，由日本政府支持的基金INCJ（日本产业革新机构）整合了索尼、东芝、日立的中小尺寸液晶面板部门——竞争者过多且利润微薄的产业，成立了日本显示器公司。

20世纪90年代，周厚健并不认可日本一位学者关于股权高度分散的公众企业将带有公有制企业的性质这个观点。2018年底，当周厚健与我们坐下来追溯时，他说："现在看来还真让他说对了。2000年以后，从日本企业我们就能看出这点，包括我们接触很多的松下、东芝、日立等，而最早表现出来的就是东芝。股权分散企业共同的问题就是，没有一个人真正地来承担责任。最近这20年来，又开始肯定家族企业——不是不上市的企业，而是大股东非常明确的企业，目前来看，三星、LG属于家族企业，松下就完全不是家族企业了。"

在青岛电视机厂派出技术人员去日本学习的6年前，邓小平作为中国第一个访问日本的国家领导人，坐在日本新干线上对前来采访的记者说："就感觉到快,有催人跑的意思,我们现在正适合坐这样的车。"①

除了参观公共交通建设、汽车制造企业,邓小平还去了松下公司的大阪茨木电视机厂。那次访问最令人动容的,也许是邓小平参观完双画面电视机、高速传真机、汉字编排装置、录像机等产品与产线,并吃了用微波炉加热过的烧卖后,在闪光灯不断闪烁的会议长桌上恳切地说:"请松下老先生和在座诸位帮忙。"②

"无论如何,我们都将全力相助。"松下幸之助回答。

海信乘上了中国改革开放的快车。那批青岛的年轻人从日本回到青岛后,开始为新设备建产线。彩电设备安装的日子,他们提着一口气,通宵工作,最终如愿将进度提前,没有像日本代表团担心的那样造成工程延期,如此换来了日本人的第一声夸赞:"真没想到,这样又快又好地完成了,了不起。"

这样的故事在以后20多年里被频繁讲述,日本人傲慢的情绪被一次次由衷的鞠躬、鼓掌等动作带走,这些故事海信高管即使现在讲来依旧热泪盈眶。

1994年,海信引进了东芝第三代"火箭炮"的部分技术设备,自建产线,技术中心的研发人员以此嫁接了大屏幕生产线。那是20世纪90年代的先进水平。1994年那一年中国家电企业普遍经营不佳,全国50多家定点电视企业中只有15家赢利,大多处于亏损状态。曾经邀请周厚健一起合作引进日本老画王的牡丹牌电视也凋谢了,选择与东芝合作的海信使"国产彩电技术上了一个新台阶"。1998年,海信音像有限公司与日本东芝开展技术合作,推出DVD(数字激光视盘)、DVB(数字视频广播)和家庭影院等数字电子产品。

这些年,海信人不断给日本人更多机会,发出类似"真没想到""太快了"

---

① 党报引邓小平典故:中国仍有被催着跑的紧迫感 [OL]. 人民网, 2013-11-13.
② 日本经济界热议中国改革开放40周年与中日经济合作 [OL]. 中国新闻网, 2018-12-04.

的感叹。日本的家电制造业在相当长的一段时间内都代表着最高标准与最新技术，它们在乎这种有实力的对手的评价与态度。

周厚健说，海信到日本去，首先想到的不是赚钱，而是通过日本消费者的挑剔来把产品技术水平提升起来。"消费者的水平高，企业的水平就高，就像日本消费者对商品的挑剔程度，就提高了日本企业的水平。所以说商品的水平，根本上是消费者把它提上来的。"

2016年底，东芝陷入资不抵债的困境，资产净值为负2256.9亿日元，情况不断恶化。2017年，东芝公司董事会批准西屋电气申请破产保护，没过几天，富士康就开始激进竞标东芝芯片业务，并向东芝表示，已经准备好最多以3万亿日元，也就是270亿美元的代价收购东芝计算机芯片业务。

芯片的重要意义无须赘述，富士康的激进出价让日本官方为难，日本官方希望东芝的资产最好落入日本企业，再不济也是落入美日合资企业手里。但深陷泥潭的东芝自然很难拒绝出价最高者的现金。

那个月东芝终于公布了曾两度推迟的2016年4月至12月的财报，财报显示净亏损高达5325.1亿日元，东芝更是第一次承认，持续经营能力面临不确定性，希望借助出售资产来消除不确定性，并保持持续经营。

富士康，这个海信特殊的朋友，在欲收购东芝芯片业务之前，其母公司鸿海集团就已经于2016年4月花费3890亿日元，即大约35亿美元，收购了夏普66%的股份，那场收购历经4年半，遭遇了日本政府的阻挠、价格谈判破裂与债务疑云等曲折。如今郭台铭怒撕报纸，指责日本相关官员因为夏普收购案，在东芝案上有意阻挠，会把东芝丢进"不可知的未来"。只因媒体报道说东芝发表声明，优先选择INCJ与美国私募基金贝恩资本的美日联盟出售股权，而鸿海集团"抢亲"东芝恐落空。

2016年11月，海信电器股份有限公司与东芝株式会社联合宣布，东芝映像解决方案公司（TVS）股权的 95% 转让给海信。转让完成后，海信电器将享有东芝电视产品、品牌、运营服务等一揽子业务，并拥有东芝电视全球 40 年品牌授权。股权转让金额暂计为 129 亿日元。

2018 年 8 月 18 日，海信电器公告称，审议及批准了《关于收购 Toshiba Visual Solutions Corporation 股权议案》，同意公司以不超过 129.16 亿日元（约合人民币 7.98 亿元，最后的实际收购价格是 3.55 亿元）受让东芝所持有的 TVS 95% 的股权，TVS 正式成为海信的控股子公司。

2016 年 3 月，东芝的家用电器业务，即东芝生活电器株式会社 80.1% 的股权已经被美的集团收购，美的获得了 40 年的东芝品牌全球授权及超过 5000 项与白色家电相关的专利，东芝家电在日本、中国、东南亚的市场、渠道和制造基地，以及东芝家电约 250 亿日元，即 2.2 亿美元左右的债务。

郭台铭没有得偿所愿。2017 年 9 月，贝恩财团打败了鸿海集团、西部数据，用 180 亿美元的价格赢得了东芝的芯片业务——这是东芝最赚钱的部门。4 天之后，东芝又发声明，将旗下主营个人电脑业务的东芝客户解决方案部门 80% 的股份出售给夏普公司。导致东芝陷入危机的是东芝公司旗下的西屋电气核能部门，在超支数十亿美元后，2018 年 1 月以 46 亿美元的价格被收购，之前东芝在英国的核电资产也以 150 亿英镑被出售。

在纽约时代广场，一块属于东芝的巨型 LED 广告牌已经挂了 10 年，为了削减成本，这块广告牌被东芝撤下了。拥有 142 年历史，长时间在显示技术领域引领日本乃至全球科技潮流的东芝，撤下广告牌的这个动作令人唏嘘不已。因为就在 2016 年，它的电视销量在日本仍占领着前三名的位置。

"Toshiba, Toshiba, 新时代的东芝！"听惯了这句广告词的人不禁问，东芝到底怎么了？

李文丽是海信国际营销公司副总经理，日本公司总经理。1995 年，她从青岛大学电子技术专业毕业即加入海信的外经处（海信国际营销公司前身），一直做国际化业务。2001年，她在海信刚刚成立的美国公司，之后在澳大利亚海信办事处、比利时的海信欧洲公司、海信韩国办事处均有任职。从2011年开始，她在日本，一待就是7年。

在她看来，东芝集团有严重的大企业病，官僚化明显，凭着拥有对国家来说重要的业务，东芝越来越有"大而不能倒"的架势，电视产品和白色家电业务便顺其自然地在"大树"下乘凉。东芝品牌呈现竞争颓势，背后是员工无目标，工作效率低下，"干多干少，干好干坏，干快干慢都可以，我们一天能完成的工作，他们可能一两个星期才能完成，但没有人会说，你做得太慢了"。而且，东芝部长级的权力非常大，上亿日元，即100万美元以上的费用支出或合同签署自己就能决定，无须社长签字，而部长除了盖章签字好像又不做什么，具体的工作都有下一级科长及其以下的员工执行。

东芝这个进军海外时中国企业还未成长起来的百年品牌，在海信人还在艰苦奋斗的阶段，已经不讲求高效和创新了。加上日本对劳动者实行完善的保护体系，工会的力量、高昂的加班费和人力成本，以及东芝臃肿的组织，让李文丽觉得，东芝确实只能逐步变卖自己的业务了。

也有人认为，东芝经营危机的开始是在2006年，以54亿美元的超高价格收购了美国西屋电气公司，在竞标时东芝的出价本来是最后成交价格的一半。西屋电气强化了东芝的核电站事业，在美好预期还未实现时，2011年的日本福岛核电站事件如晴天霹雳，各个国家的核电站建设计划都骤然缩减。

西屋电气为东芝集团带来了巨额亏损，这种不利消息又被东芝隐瞒。明明没有新的订单，但却依旧列出64基核电站的业绩目标。

危机爆发后，东芝先后出售了不动产、医疗器械子公司、东芝电梯子公司、白色家电业务、TVS以及最赚钱的芯片业务。

海信是从 2010 年才成立日本分公司的，日本市场一切从零开始，2012 年时业绩不到 700 万美元，产品线仅仅是 19~32 英寸的低端电视。

李文丽去了后才知道，自己太无知无畏了。没有人愿意去做日本市场，因为日本是家电王国，海信想在日本卖电视、开辟市场，可谓难上加难。

海信进入日本市场较晚也是这个原因，仅数字电视的标准全部用日文写成这一点就让不少企业头疼，加上日本是个岛国，各地的电视信号效果都不同，同一台电视在东京没问题，到了福岛也许就会信号极差，这为产品制造增添了不少麻烦。

不用说，保守的日本人对其他国家品牌电视的接受度也不高，较早进入日本市场的三星在 2006 年就已经打道回府了。LG 一直坚守的也只有 2.2% 的市场份额，如此低的市场占有率，对比非常高的市场投入，必然是赢利困难。

周厚健去过日本 100 多次，直到现在每年还要飞两趟。即使日本的市场体量很小，但日本是他最重视的市场之一，其余两个是美国和欧洲。高要求的市场出高质量的产品，细致到苛刻的日本人让海信必须在日本市场把电视的精细化程度做到最高，这点让曾在欧美市场工作的李文丽深有体会——做好欧美市场的人也很难做好日本市场。

这些困难恰恰是海信收购东芝的原因之一。"如果我们不去收购东芝电视，在日本市场的路就要走得更长了，在日本的发展可能还要更慢一些。"李文丽说道。

汤业国认为，即使东芝集团败落到了如今这个程度，东芝电视也依然是全球的标杆，拥有全世界最顶尖的研发团队，不管在技术、质量还是工艺上，都能为海信的人才培养提供难能可贵的帮助。

在收购初期，除了海信，TCL、创维、长虹，还有土耳其的一家企业也有意买下东芝电视。但这五家企业中，只有海信一家企业当时已经进入日本市场，对日本市场更了解，这是海信能买下东芝电视的先天优势。

再加上海信出口全球的70%的电视都是自有品牌，这更容易让东芝对海信产生信任——自有品牌、已经进入日本的海信团队、自建的渠道，这些代表了海信在为自己的日本市场做长远考虑。"你不太可能做着做着就不干了，综合这些因素，对东芝电视高管层动之以情，晓之以理，我们就把它买下来了，而且也没花多少钱。"汤业国说。最终海信收购TVS的实际支付价格为3.55亿元人民币。

收购的谈判过程总是枯燥又艰辛的，即使海信想买，东芝想卖。

汤业国回忆："倒不是因为价格，卖家都想高价卖，买家都想低价买。就是具体业务问题的博弈，谈着谈着两方就打起来了，我们把他们撵出去过，他们也把我们撵出去过，分手的狠话都说过——过两天，又谈起来了。"

汤业国喜欢亲力亲为，作为海信集团的高级副总裁，他总是坐下来与对方律师一项一项过合同条款，为海信争取最大的利益，聘请的律师更多只是做翻译与文件工作。这一点让当时国际营销公司法务部的蔚丽华觉得"非常震撼"，她之前从来没有见过在谈判时如此"锱铢必较"的领导。

据现任海信集团投资与产业发展部副总经理、证券部总经理的夏峰描述，当时的谈判过程非常困难，东芝请的中介机构、律师团队、财务团队讲三种语言，律师讲英文，东芝总部讲日文，翻译讲中文，直接把谈判时间拉长了两倍，再加上"日本人认死理，很难说动，并且不直接表达诉求，总是绕一个大圈子"，整个谈判显得格外沉闷、漫长。

曾经的财务丑闻也让东芝在谈判时有所遮掩，在尽职调查阶段没有给足资料信息。"他们每补充一点信息，我们就会发现和原来想的不一样，好在报价阶段我们也留了后手，当对方说价格不能变时，我们的应对理由是我们当时的报价针对的情况和现在不一样了。"夏峰回忆，整个谈判过程就是这样来来回回，反反复复。

最终海信电器以 3.55 亿元的价格收购了东芝电视，而不是一开始拟定的 7.98 亿元。

东芝电视厂区外景

LG 比海信进入日本市场早，如今其电视产品与日本本土品牌相比，仍然不算符合日本消费者的使用习惯，无法很好地满足日本消费者的需求。海信收购东芝电视，能快速破除原本较高的技术壁垒，加上海信的供应链能力、智能化的云平台，海信希望尽早实现在日本市场拥有举足轻重地位的战略计划。同时，海信还会在除了日本之外的其他国家市场启用东芝品牌。

海信收购东芝电视时，TVS 处于亏损状态。周厚健的态度是，在全球市场，东芝电视曾经非常辉煌，如今依然具有品牌影响力。同时，东芝电视一直是一家追求技术的公司，"这些技术我们要去研发，需要投钱，收购以后就可以拥有这些技术"，并且日本家电业和海信产业的技术互补性非常强。

2018年，海信在日本的业绩是1.16亿美元，卖了30.4万台电视，14.4万台洗衣机。在2010年时，电视还只卖了2.3万台。从电视、冰箱到洗衣机和空调，海信日本公司在不断扩充产品线。日本的七大家电连锁店里，海信从最初只开拓了两个小型客户，到后来的五大家电连锁商加亚马逊，海信日本公司持续攻城略地。

其中，东芝电视凭借着多年的品牌优势，一直拥有日本几乎所有的优质渠道。2018年，东芝牌电视在日本电视市场的市场占比是13.2%，排名第四，海信电视占比7.2%，排名第五。前三名分别是夏普、松下和索尼。

如果把东芝牌和海信牌电视的市场份额加起来，那么海信在日本电视市场的份额排第二位，略超过索尼。

海信电器2018年的财报不太好看，其中TVS公司的亏损是一个原因。回看海信在日本成立分公司的目的，周厚健当时的表述是，提升海信集团各产品公司的质量水平，毕竟如果能把日本市场做得让消费者满意，那么海信的产品在全世界就可以畅通无阻。"其实一开始也没有希望海信日本公司能赚很多钱，给公司带来多少盈利，这些都不是主要考虑，"主要考虑的就是以上战略意义，李文丽补充。

为了更好地实现这种战略意义，除了尽快让TVS扭亏为盈，东芝与海信的文化融合、渠道优势整合都是重要的步骤。

李文丽在去日本之前完全不会日语。刚去时，她可以在喧闹的会议室工作，因为周围人用日语谈论的声音完全入不了她的耳，如今她用日语交流沟通无阻，便再也无法坐在喧闹的场合办公了。一向讲究吃苦耐劳的海信人似乎有着很强的生存能力，在非洲、欧美、日本都能以最快速度适应、融合。

但面对内部问题已日积月累的东芝电视，加上两国员工、两个企业的思维差异，融合工作似乎要费一番力气。

收购协议规定，海信在一年之内不能对TVS原本的员工施行降工资、裁员等指令。但人力成本还不算是最棘手的问题，最让李文丽头疼的是无处不在的内部关联交易。比如，TVS之前委托日本最大的广告公司电通，为自己做包括市场广告在内的所有市场工作，但从来不去商谈价格，电通给的报价永远能直接通过。诸如此类浪费资金的情况不是少数。

TVS有200多名技术研发人员，在海信开始接手TVS的2017年，他们的平均年龄已经达到了47岁。日本制造企业分工极细，一个员工长年如一日地只做一个模块，完成度高、工艺细致、出错概率低，但整体效率低下。海信的研发人员常常有多面手，而在日本企业最多的是一颗颗精密运转的"螺丝钉"。

现任海信日本分公司服务部高管的高宏霞，是最早去科龙的海信28个高管之一。2017年底，退休后又被海信返聘的她，开始到日本分公司建"日本赛维"。她说，日本人和中国人的整合，比当年科龙人和海信人的整合还难。

在海信收购TVS之前，东芝是把电视的售后服务等业务交给外包公司来做的，后来东芝集团将白色家电业务卖给美的公司，于是这家服务公司也属于美的所有。为了避免技术泄密与高昂的服务管理费，高宏霞需要在日本为海信自建服务部门。

"17：45下班，高总，你看着表，多一分钟也要付加班费。"高宏霞知道日本员工严格区分上班时间、下班时间与加班时间，但其严格程度还是让她在为店长做培训时大开眼界。她必须在招人时完全兑现劳务合同，为了降低人力成本，必须在17：45结束工作安排，哪怕她还有最后一句话没有说完，也要散会。没有一个日本籍员工会觉得领导在加班，自己就不能下班，当她偶尔超时，日本员工会告诉翻译，已经超过工作时间了，他要休息，你这是违法的。

这是跨国收购案例中常见的故事，其中更微妙的心理是，高宏霞能感觉出日本人对海信抱有一种不太认同的态度——原本是"学生"的海信，收购了一家发达国家的、"曾为人师"的企业。对于高宏霞来说，管理这些人需要智慧。

"日本人是有民族精神和品格的，他们坚守很多东西到近乎顽固。他们有很强的职业精神，如果是他们认同的工作，他们会交付给你一个精品，不会投机，不会欺骗，这其中有很多值得我们学习的地方。但如果不认同的话，他们不会交付给你东西，你走不到他们心里去。"高宏霞的管理智慧是以身作则。

这个不服输的老海信人加班加点，甚至不是为了海信，而是自己不服输的性格使然，她只想让上百个日籍员工亲眼看到中国人工作起来是什么样。"就觉得应该跟他们展示，让他们看到眼前这个中国人比你强，完全是这么一种驱动力。"

东芝电视的技术对于海信来说也是一笔可贵的财富。东芝在电视画质芯片上的优势帮助了海信芯片公司，3720 芯片上用了东芝电视的 3 个 IP，而这种技术优势也转化成了成本优势。虽然 TVS 芯片的成本低，但几十年的技术储备还是让芯片的性能和质量处在世界前列，这让海信芯片公司的研发团队更有信心对标世界高端芯片。

除了电视画质芯片，东芝电视在 OLED 上的技术专利也让海信得以低成本丰富产品线。

2015 年时周厚健反复强调，"我从来没有否定 OLED 是一种好的显示技术。只是说 5 年内，OLED 不会成为显示产业的主流。OLED 显示方式在手机上已经得到广泛应用，小屏幕 OLED 显示技术已经成熟，但对于大尺寸而言，还是有一些关键技术问题没有解决。"

东芝电视在被海信收购之前，已在日本本土和欧洲等地区销售 OLED 电视，它拥有一项名为 OLED Engine Beauty Pro 的画质优化引擎技术。海信收购 TVS 后，并未弱化东芝电视原本在 OLED 上的布局，反而借助其技术和渠道优势，丰富了自己的电视技术路线与产品布局。

2019 年 3 月 7 日，海信在位于青岛的全球研发总部正式发布了在 OLED 领域取得的技术突破，一周后，在 AWE（中国家电及消费电子博览会）上，与激光电视和 ULED 电视一起亮相的，多了海信的 OLED 电视。

这是继 ULED 和激光电视后的"第三驾马车"。海信等到了 OLED 技术与市场日渐成熟的时机，借助东芝电视的技术，自主研发了 6 项防残影技术、暗场细节提升技术和 OLED 色彩精准设计，解决了困扰 OLED 市场多年的残影、图像衰减等技术难题，一举推出了"更好的 OLED"。

早在 2010 年，海信就作为唯一一家电视企业参与了国家科技部"863 计划"新型平板显示技术重大项目，承担了大尺寸 AMOLED（有源矩阵有机发光二极管）关键技术及工艺研究项目，并于 2010 年和 2012 年成功开发出了 12 英寸和 15 英寸 OLED 电视样机。此后，海信围绕 OLED 材料、器件、驱动、画质等方面进行了深度技术研发和技术储备，并在 OLED 驱动系统设计、OLED 显示器结构、曲面 OLED 模组以及 OLED 使用寿命、对比度等方面掌握了关键技术。

但海信之所以迟迟没有加注 OLED 电视，是因为 OLED 电视发展了 5 年左右，无论从技术还是从市场表现情况来看，都远低于预期，2018 年国内 OLED 电视全年销售量只有 17 万台，远远落后于全球其他重点市场。海信的判断是，这并非中国市场特殊，根本原因在于一些电视厂家仅仅充当了 OLED

屏幕组装厂和搬运工的角色，对研发难度较大的OLED残影等深海区根本无力触及，使得OLED电视"看起来并没有宣传中那么好"，导致中国OLED电视市场迟迟不见起色。而OLED电视在日本市场的成熟度非常高，所以TVS对于海信来说，战略意义不仅仅在于国际化，提高产品质量，还在于能够使海信进一步掌握前沿技术，让东芝电视的研发团队反哺国内市场。

李文丽喜欢转发一篇名为《日本或将迎来10年黄金期》的文章给同事看，这篇文章用一系列事件来论证日本未来10年的经济发展会更好，比如2019年日本首次举办G20峰会、2020年东京奥运会、2025年大阪世博会、2030年将再次突破的旅游业等等，日本首相安倍晋三上台后的一系列经济指标也显得对企业非常友好。"全世界都在谈论发生在硅谷和深圳的事情，但没有意识到，日本在创新能力方面没有得到充分认可。"这是世界经济论坛执行主席、"中国改革友谊奖章"获得者克劳斯·施瓦布的观点，支撑他观点的是日本一直着重研发的人工智能、大数据、物联网和机器人。

李文丽喜欢日本，她的女儿在日本上学，她的生活也跟着海信分公司一起搬到了日本。她相信自己的事业以及海信在日本市场都能闯出一片新天地。

海信的收购大致可以分为三个阶段：20世纪90年代为了扩产能的收购，科龙时期的收购，以及现在以扩大品牌规模、掌握技术纵深为重点的收购。

其中，海外收购考虑的重点是扩大品牌影响力，扩展当地的生产能力。为了实现此诉求，海信在海外收购的原则包括：一是必须有品牌，因为海信品牌进入国外培育市场总是需要时间且承担风险的；二是解决关税和物流问题，即必须有生产基地；三是收购企业必须掌握专利技术，并且这些产品技术必须与海信的产品重叠或高度相关。在这几个收购战略的指导下，海信于2015年收购了夏普墨西哥工厂，2017年收购了东芝电视，2018年收购了斯洛文尼亚白电品牌Gorenje。

夏普墨西哥工厂是当时海信一直在寻找的标的。

2014年，国际化战略已经作为海信重要的战略方向，稳步推进了8年，经过这8年的铺垫和积累，海外渠道已经越铺越广，在北美、欧洲、澳大利亚和南非几个重点品牌区域的发展态势越来越好。

当市场发展到一定程度，考虑到物流费用、货运时间周期、本地化支持等因素时，便产生了需要生产基地来支撑海外市场销售的需求。海信在选择中遇到了处于危机中的夏普。夏普是公认的"液晶之父"，林澜表示过，无论是技术积累、生产能力还是渠道资源，夏普都是海信心仪已久的收购目标。收购夏普墨西哥工厂，有利于解决海信在美洲的产能瓶颈，更多地获取渠道资源，从而实现海信在美洲市场的快速成长，增强海信在渠道以及规模上的议价能力。

当时夏峰就是寻找收购目标的一员，他说："即使不买生产基地，海信也要自己投资建厂，当时两种方案都在考察中。这是海信目的性明确的内需。"

2015年7月31日，海信出资2370万美元收购夏普墨西哥工厂全部股权及资产，占地面积为300亩，建筑厂房面积为12万平方米，配备齐全的电视机模组生产线、SMT（表面贴装技术）和加工生产线，年产能力达400万台。同时海信获得夏普电视美洲地区（巴西除外）5年品牌使用权和所有渠道资源。

2016年初，墨西哥工厂交割完成。年中，美国等周边几个国家的产品已经在海信的运营下开始正常周转。就在这个阶段，富士康母公司鸿海集团历时4年的收购愿望终于正式达成，2016年4月，鸿海集团整体收购了夏普，占股66%。鸿海集团开始重组夏普，收回了夏普在欧洲的品牌授权，同时还想从海信手里收回夏普在美洲市场的品牌。

这场战争恶化是从鸿海集团起诉海信开始的。

2017年6月9日，在美国加州法院，已经归鸿海集团所有的夏普，以海信在美国以 SHARP 品牌贩售低质低价的液晶电视损害夏普品牌形象为由，要求海信停止使用 SHARP 商标，还向海信提出至少 1 亿美元的损害赔偿。

海信国际营销总经理朱聃，在当时以及后来回忆此事时都提到这是个"农夫与蛇"的事：夏普在困境时曾三番五次地拜访海信，希望为"北美夏普"这个"孩子"寻找一个最好的"人家"，被海信拒绝后，又采取了"破坏式"行动。

在夏普提起诉讼的 8 个月前，来自富士康的夏普社长戴正吴来到海信，他代表了富士康的态度，即从海信手中拿回夏普品牌，这是理所当然的。对富士康手中的夏普来说，品牌完整自然是最理想的状态，北美市场也是夏普不可或缺的重点市场之一。

在海信直接拒绝了对方的无理要求后，富士康采取了一系列敌对手段。"停止向海信供屏，在美国不断碰瓷找碴，在美国违背合同向海信渠道串货，向海信单方面发函，要求停止履行合同，等等，其根本目的是干扰和破坏夏普在北美正常的经营秩序。"朱聃称。

在富士康不断骚扰期间，海信与北美夏普工厂的融合工作正日渐完善，夏普在美洲的销售表现稳定，在海信的管理下，工厂的效率也在不断提高——收购前期投入的精力，收购后为整合的付出，加上为夏普品牌做的市场准备，没有哪个企业在做完这些后愿意将其拱手让人。夏普提出的索赔金额 1 亿美元，相当于海信电器当年第一季度利润的近 3 倍，上一财年 16.8 亿元净利润的近一半。这个金额的诉讼案在国外也引起了不小的轰动。

诉讼状总是骇人。事实上，2017 年 4 月 17 日，在接到夏普发来的又一份要求收回授权通知后的两周，海信国际营销公司的法务部变被动为主动，在新加坡申请了仲裁，要求仲裁庭告诉夏普，违约解除合同的要求是不合法的。

5月7日，夏普在美国法院提起诉讼之前，新加坡的仲裁庭已经发了禁令，禁止夏普在案件最终审理结果尚未出现时收回品牌，品牌依旧归海信所有。

在后来漫长的诉讼与辩护过程中，这张禁令成为海信的护身符。海信之所以提出仲裁的地点在新加坡，是因为品牌授权与收购墨西哥工厂是两个独立的交易合同，品牌授权的合同规定，如果双方有纠纷，应该在新加坡仲裁。

而夏普在美国提起诉讼，是因为美国对于产品质量问题管理严格，政策更倾向于消费者保护，有时对于企业处罚性的赔偿非常高，尤其是加利福尼亚州，夏普是在加州和纽约两地同时提起诉讼的。

蔚丽华是海信国际营销公司的法务部总监，她深度参与了夏普诉讼案的全过程。她认为，夏普所谓损害品牌的质量问题是无中生有，每个厂商的产品都有次品率、故障率的概念，挑刺儿的话，没有一家厂商能做到产品质量百分之百的合格。

2017年9月，海信律师团队在美国开始参与开庭，他们应战的策略是，提交各种证据将此案终止，理由是双方已经在新加坡开始仲裁了，无须再在美国打官司。法官接受了海信的意见，停止了案件的审理。

此时夏普已经在纽约撤诉，但其向美国国际贸易委员会（United States International Trade Commission）申请，以海信侵犯夏普知识产权为由，提起了337调查。同时，夏普又在纽约地方法院提起了另一个知识产权侵权诉讼，与337调查的起诉原因相同。但这个诉讼对海信的经营影响并不大，于是海信采取了拖延战术，并申请将案件审理从纽约州转移至佐治亚州，因为佐治亚州是海信美国公司所在地，各方面都具有优势，纽约地方法院支持了海信的转移地区审理申请，案件迁移后，佐治亚州法院的诉讼程序又相对较慢，于是夏普这个诉讼的威胁程度被降至了最小，海信得以集中精力去应对337调查。

337调查是指美国国际贸易委员会根据美国《1930年关税法》第337节及相关修正案进行的调查，禁止的是一切不公平竞争行为，或向美国出口产品中的任何不公平贸易行为。

这是一项比产品质量问题更加严厉的指控。

很多中国企业都遭遇过美国的337调查，在这类调查的过程中，美国国际贸易委员会有权发禁令，禁止中国的某类产品在一段时间内不能进入美国，且这种程序的特点是非常快速，杀伤力极大。海信的产品如果没有注意规避风险，就有可能因为337调查而真的无法进入美国。尤其是在美国针对中国知识产权保护日益趋严的情况下，即使独立的地方法院有相对独立的司法体制，美国国际贸易委员会在某种程度上也会受到美国联邦政府的政策影响。

海信为此开始寻求各方资源支持。

夏普攻击的目标对象是Wi-Fi芯片。于是，海信调动了芯片供应商一起做技术分析，联合抗辩。中国商务部有一个公平贸易局，其下属的贸易救济调查局专门负责337调查，主管所有中国企业在海外遭遇的反倾销类调查，海信积极与其沟通。海信集团领导积极联系各个部委，介绍案件情况，希望获得支持。

2017年10月，夏普又在华盛顿联邦法庭提起了诉讼，诉讼理由是新加坡仲裁庭给出的禁令，禁止夏普散播纠纷消息，而新加坡仲裁庭无权发这种禁令，故夏普申请此禁令在美国不能施行。蔚丽华对11月14日这一天印象深刻，这一天，TVS的并购协议签署，同时，夏普的诉讼请求在华盛顿联邦法庭被驳回——这是海信在两个海外国家取得的阶段性胜利。华盛顿联邦法庭的驳回理由是，既然夏普和海信双方约定了在新加坡仲裁庭仲裁，那么新加坡仲裁庭便有权力发布这种禁令，禁令一旦发布，在美国便可以按照禁令执行。

12月，夏普方有所退却，在纽约提起的诉讼早已撤销，在华盛顿的诉讼请求被驳回。蔚丽华说："对方既然想缓和局势，我们这边也打得差不多了，毕竟这种纠纷，打也都是以打促和，不可能真的打到最后，两败俱伤的情况谁也不想看到。"

于是海信接招，与夏普在庭外继续谈判。

2018年初，夏普开始撤诉，将337调查申请、在美国遗留的诉讼、海信在新加坡提出仲裁后夏普提出的反申请，全部撤销。根据之前的谈判，海信会在夏普全部撤诉后撤诉。

这一年富士康在A股上市也成为海信反诉讼胜利的一个隐性因素。夏普与海信闹纷争期间，正是富士康上市前的准备阶段，如果案情一直持续，那么富士康也许真的会成为舆论里的"全民公敌"。

当时海信国际营销公司原本只有3个涉外律师，但为了这场官司，海信集团特别成立了专案组，在新加坡和纽约针对案情都聘请了专业的外部律师团队，海信内部的律师与外部的3个律师团每周开电话会议沟通进展，同步分享信息。富士康为夏普配备的律师团非常强大，海信应战的律师团也旗鼓相当，光聘请外部律师团队就花费了约700万美元。而夏普方聘请的律师花费只会比这个金额更高。337案件能取得胜利，其中一项重要的工作是无效夏普的两项专利。这是异常烦琐的工作，需要检索海量文件。周厚健对此案的关注在这个阶段发挥了巨大的作用，他带领团队发动所有能利用的力量进行检索，分散工作量，避免了重复性的检索工作。

包括周厚健在内的海信集团的7个高管都在诉讼过程中有所参与，发挥了重要作用。"这是一个增加了我们凝聚力的案子，各个领导、各个公司、各个部门都凝聚在一起。我当时的感觉就是我们不惹事，但我们也不怕事，大家都铆足了劲儿，在新加坡、美国、国内各个铺开的战场上去跟对方打。"蔚丽华回忆。

这种亲力亲为的风格传递到了法务部的每个员工身上,不光是在开庭现场,哪怕是向法官补充一个文件,海信都要先经过内部审核,然后亲自递交,并向法官直接表达诉求和海信集团的侧重点,而不是委托外部律师。

迎战夏普诉讼的胜利,是海信在国际法庭如此大规模法律事务中取得的第一场胜利,这成为海信国际化战略中鼓舞人心的一部分,也为海信法务团队积累了难得的经验。

Gorenje 诞生于斯洛文尼亚,是一个有着 70 年历史的品牌。这家成立于 1950 年的公司在全球 42 个国家拥有 1.1 万名员工,以及两个全球品牌和 6 个区域品牌,产品销往 90 多个国家和地区,每年制造大型家电超过 500 万台。在家电生产以及销售领域,Gorenje 和 Bosch(博世)、西门子、induce 一起名列欧洲前四大家电品牌,在北欧以及东欧的市场占有率中排第一,是斯洛文尼亚最大的生产型企业和最大的出口商。

2017 年,Gorenje 营收达 13.1 亿欧元,其中 95% 来自海外市场。但也正是 2017 这一年,Gorenje 的净利润下降了 84%,面临生存危机,它开始寻找战略合作伙伴。在中国,海信集团、海尔电器和美菱电器这 3 个家电厂商都想收购这个欧洲高端品牌。

汤业国的判断是,Gorenje 在东欧市场拥有 30% 的占有率,生产能力、技术储备、品牌口碑都属优质,只是在投资建厂时失误了,"恰恰符合海信的条件"。

汤业国带着集团投资与产业发展部的两个下属,一行 3 人飞了五六个来回,与 Gorenje 管理层沟通,沟通重点无非 3 点:海信的优势,海信为什么收购,收购有什么好处。

海信的国际品牌战略使得其在与其他两家竞争时,被评定为拥有国际市场优势。成熟企业的并购是公平竞争，海信只需要一个最接近于完美价格的竞标策略。

另外，Gorenje 的股东较为分散，没有能完全拍板的大股东，汤业国最担心的情况是，公开招标后，如果有股东对价格不满意，不愿意 Gorenje 出售股权，那么海信只能买到一小部分股份，无法绝对控股 Gorenje。耐心应该是汤业国最不缺的东西，他能跟东芝电视的日本人一条一条抠条款细节，便能与法务、财务团队准备五六套方案，与 Gorenje 的股东、管理层、政府一家家挨个沟通，而 Gorenje 的股东则分布在西班牙、克罗地亚、日本、捷克、塞尔维亚各个地区。

最终，2018 年 7 月，海信集团旗下海信卢森堡家电控股公司，以每股 12 欧元的价格收购 Gorenje 95.4% 的股权——只比竞争对手的出价高出 0.2 欧元，合计 1.831 亿欧元，约合人民币 14.514 亿元。

此时，政策方面的好消息也一个个接踵而至：斯洛文尼亚监管机构正式批准中国家电品牌海信集团收购斯洛文尼亚白电制造商 Gorenje。紧接着，欧盟委员会宣布，经过全面调查，认为海信收购 Gorenje 没有违反任何国际法律法规，不会构成行业垄断，也不会引发行业恶性竞争，因此欧盟委员会宣布批准这一收购交易。

Gorenje 的产品无疑可以称得上高端，2018 年底在北京的发布会现场，有媒体将 Gorenje 称为"家电界的 LV 与 Gucci"。

在斯洛文尼亚语中，Gorenje 意为"燃烧"，其产品也以厨房电器为主，并大多由欧洲著名的设计师设计，外观惊艳。Gorenje 的厨电能补充海信集团家电产品所缺少的部分，其在欧洲的工厂、品牌和渠道也都能为海信带来供应链和市场拓展方面的帮助，更不用说研发资源了。

Gorenje 是海信继收购科龙之后，规模最大的一次收购。

第三章　未来已来（2016年至今）

海信旗下核心品牌

　　海信的收购历史从20世纪90年代开始，根据不同历史时期的发展需要，自然形成了不同的3个阶段，这3个阶段又体现出了海信不同的诉求。收购科龙壮大了海信的规模，但如今海信的发展阶段，需要的是Gorenje这样拥有高端产品和研发技术的公司。

　　这些大大小小的交易日，拼凑出了国际营销公司的成绩，也拼凑出了海信集团的发展战略——向世界进军，走出一个更高端、更有国际影响力的海信。当然，收购只是目标的开始，在未来，多品牌管理、团队融合、赢得市场和消费者都是海信将面对的挑战。

第四章　成为海信

为什么海信流淌着蓝色血液?
为什么在无数炫目的名字当中,海信亮到了现在?

海信何以成为海信？

关于海信的线索就摆在那里：8万名员工，商店里的电器，周厚健的讲话，工厂里的机器，墙上的标语，世界杯上的广告，等等。它们都是媒介，总会无时无刻地传递着海信经验，但它们又会纠缠、吵闹，偶尔让人目眩。

海信一直在成长，当你穷尽了线索，它又长高一截儿，于是又有了一堆线索，到头来这些也不过是皮毛而已。它一直在往前跑，当你想定格它的时候，它已经跑到未来，或者成为另外一种模样了。它一直低调内敛，然后一项技术突然就出来了。

它成长，它跑，那是因为它有生命，是一帮人赋予了它生命。当你观察它的皮肤，观察它的脚趾头的时候，就是盲人摸象，所以，你应该去观察分析它的大脑，去看看它的心脏，这两处才是关键。如果你剖析它的大脑、心脏，表面的庞杂线索便可以忽略，那种本质的奥秘就会出现。

海信之所以成为海信，奥秘也就是区区8个字：技术、质量、诚信、稳健。技术、质量是大脑；诚信、稳健是心脏；连接大脑和心脏的是组织、管理。

1977年，李德珍女士受到了刺激，她感到企业毫无出路。那一年在广州举行的全国第一届黑白电视评比中，展厅最显眼的位置摆放的是"淘汰产品"——青岛-2101，35厘米电子管黑白电视机。经过震动实验后，它能够分离的部件几乎全部脱落，电视机的屁股朝外，方便观众一眼就能看到这个差劲质量产品的典型。

这种耻辱感伴随了李德珍10年，直到1986年她执掌青岛江西路11号的权力后，开始洗刷这种每天折磨自己的标签——她洗刷耻辱的方式是狠抓质量，让质量作为海信生命的第一要素，"折磨"每一个海信人，如果他们不重视质量，在质量上犯错误，便会失去作为海信人的位置和荣耀。

她热衷于质量测试和评选，花几千万元盖起了楼，起名"品保楼"，品质保证之意。后来海信著名的"消声室"就是从那时候建起的，从零开始建起了质量监测中心，花500多万元买设备。检测设备的生产线引进有困难，下属对她说："在这年月，没有哪个外商愿意我们中国有质量保证体系，他们连资料都不肯给我们，怎么会给我们设备，怎么会让我们有自行设计的能力，这件事只有我们自己干了。"

李德珍当然全力支持，她明白质量对这个厂未来的重要性，没有质量便没有未来，即使李德珍曾是一个醉心于高新技术的研发人员，曾经被任命为电视机厂质量科科长，但她找遍了厂里领导，申请调任设计科。

品保楼里有了质量保证系统，当国家电视研究所所长到江西路11号见到这套系统后很是眼红，唉声叹气，不想吃饭。那位买回检测设备的下属后来很得意，"我们花钱不多，但买了实实在在的东西回来，据说上海一家电视机厂还买了一些烧杯什么的回来……"

对于周厚健来说，李德珍为他留下的，不只是日本的生产线，还有的就是这套完整的"质量基础"设备。所以1999年海信被认定为中国驰名商标时，周厚健第一个想到的便是海信的"质量史"：没有四获国优，五获国际金奖的底子，海信不会成长得这么快。

一直以来，海信坚信质量是企业的生命

如今海信的经营理念中，很重要的一条便是质量为先——海信始终秉承"质量不能使企业一荣俱荣，却足以让企业一损俱损"的理念，将质量作为"一把手工程"和企业长久发展的基石，坚持质量为先、质量经营和用户标准的原则，打造高水准的产品设计、研发和质量管理体系。

创新是必需的，但绝对不能拿创新冒质量的风险。"重典"管质量永远没有错，因为这是百年海信的根基。海信经营的核心就是做高质量的好产品，让用户满意，让客户赚钱。市场能记住企业的只有质量，产品功能、性能、可靠性等都是质量的概念。而技术和质量是经营的桶底，其他因素都是桶壁，没有桶底，桶壁再高，水平也是零。

不论是什么样的产品，对于客户或者消费者来讲，首先考虑的是质量，而不是市场营销手段如何，广告做得多好。产品的质量是1，其他的是0，有了这个1，0就都生效了，否则0还是0。服务和质量决定了消费者明天还买不买你的东西，能不能推荐别人来买你的东西。

消费者不会衡量企业管理、经营，只衡量产品和服务是否让他满意。《海信家风·质量》里有一个案例，那是成年的海信在国内已经有了颇有保证的质量基础后，在极端挑剔的日本市场里得到的再一次质量升级。

2013年，经过两年多的磨合，国际营销日本分公司终于与日本主流销售渠道——上新电器，通过电视产品建立起了信任关系，正当它们为争取到白电产品进入该渠道销售、开创海信牌白电首次进入日本主流渠道而欢欣鼓舞时，首批订单到货却给了它们当头一棒：到货的2914台产品，在客户仓库验货时发现包装破损、内胆及外观脏污、划伤等严重质量问题，导致现场返修达1960台。产品脏污、包装箱破败等一眼就能发现的问题，到底怎样经过层层把关，并最终发到质量要求最为苛刻的日本市场的呢？

集团调查发现，生产现场脏乱、执行标准低是造成产品及包装脏污的原因，该批产品在30台试产和正式生产时，国际营销公司虽然均提出了清洁度问题，但生产环节并没有立刻统一并贯彻落实清洁度标准，也没找到问题源头，更谈不上采取针对性措施，导致产品未出厂就发生了返包，但返包过程依然失控，产品"被合格"发往了日本市场。

这是冰箱公司的耻辱，更是海信的耻辱！集团、冰箱公司、国际营销公司依据查明的责任对此次质量事件责任人做出严厉惩处：从集团副总裁到生产基地现场管理者，免职7人，黄牌警告5人，通报1人。

如今在海信管理思想与方法中，质量要求被规范地写成了"三个一原则"：

一个标准。用户标准是海信的最高质量标准，用户是质量的唯一裁判。在质量上，国际标准是最低标准，国家标准也仅仅是一个国家的最低标准，质量始终是海信的生命。

一把手工程。质量是一把手工程，严肃一把手对质量的责任，明确质量下降就砸各级一把手的饭碗。一把手作为质量责任承担者，必须做好三件事：首先要亲自抓好质量队伍建设，设置合理的机制，汇聚优秀人才做质量管理；二是要抓好全员质量意识，这是抓好质量的基础工作；三是坚决避免不分具体责任、出了质量问题就处理质量干部的倾向，质量讲符合性、有效性，业务环节不符合是业务环节人员的责任，但作为质量管理人员若没管就是质量管理人员的问题。

杜绝"一损俱损"。质量不能使企业一荣俱荣，却足以使企业一损俱损，海信在质量层面通过"内精外美"让顾客满意。"内精"体现为精专，精于本行、专于本行；精品，产品精美、过程精细、管理尽善尽美；精湛，认真的过程、精湛的工艺。"外美"体现为产品美观、服务美好。通过技术与人本支撑精美的要求。

"三个一原则"最早来自 2002 年海信的"质量军规"，直到现在"质量军规"四个字也被子公司高管挂在嘴边，在采访时时不时冒出其中一句。

七条"军规"如下：

1. 质量不能使企业一荣俱荣，却足以使企业一损俱损；

2. 用户是质量的唯一裁判；

3. 技术创新是产品质量的根本；

4. 善待供应商就是善待自己；

5. 质量，就是人品；

6. 创新是重要的，但绝对不能以创新为由改变质量标准和传统但适用的方法；

7. 质量是企业业绩的红绿灯。

海信质量管理"七条军规"

1. 质量不能使企业一荣俱荣，却足以使企业一损俱损
   Good quality may not prosper an enterprise, but bad quality will definitely destroy it.
2. 用户是质量的唯一裁判
   Customer is the only judge of quality.
3. 技术创新是产品质量的根本
   Innovation is the foundation of quality.
4. 善待供应商就是善待自己
   To benefit our suppliers is to benefit ourselves.
5. 质量就是人品
   Personal quality determines product quality.
6. 创新是重要的，但绝对不能以创新为由改变质量标准和传统但适用的方法
   Though innovation is important, it is never the excuse to change quality standards or traditional but proper methods.
7. 质量是企业业绩的红绿灯
   Quality is the traffic light of enterprise performance.

海信质量管理"七条军规"

有军规便有处罚，在海信，如果所辖公司出现了质量管理问题，集团质量部就有权直接处罚总经理，甚至有权对分管质量工作的领导做出降职、免职处理。周厚健说过，在质量问题上心软的结果，就是产品在市场上没有立足之地。

周厚健第一次开除人，便是因为质量问题。

1994年，青岛电视机厂即将蜕变成"海信"的前几天，周厚健在质量专题会上碰到了一件令他无法原谅的事。

有部门无视规章制度，将不合格件投入了生产线，在出了质量通告后，竟然还有员工明知故犯，为明知有问题的线路板制定了代用制度，代用数量高达8000件，对产品质量造成了严重影响。

为此，周厚健召集管理层开了紧急会议，他在会上说："线路板代用极其不负责任。市场竞争非常激烈、残酷，我们有些人太不负责任，甚至没

有意识到错误的性质。没有质量意识就不能发展……抓质量要通过抓系统，质量手册也公布出来了，但没有后续工作就不会有效果。例如信息系统，信息不准或是准了也没有人处理，等于没有。质量信息工作到现在也没有抓上去，销售、技术等部门都对信息不重视。我们有控制程序，但不按程序行事。文件下达后要抓好审核，初期审核频次要密，不能对执行不好的人迁就。"

这起质量事故的犯错员工，最终轻的给予了经济处分、留厂察看，重的便直接被开除了——这是周厚健直接做的决策，在1994年，这些都算得上严厉处罚。他甚至处罚了当时的一个厂长，因其对质量事故处理的速度不够快，被罚没一个月奖金，"谁袒护就处理谁！处理质量事故要狠，否则质量下去了，工厂就没饭吃"。

那是周厚健掌握海信权力后，最为严厉的一次处罚。2018年周厚健参加全国"两会"时，质量仍然是他所提的重点之一。他说，对于企业而言，高质量发展的落脚点在于做高质量的好产品，做高质量的好产品则需要企业不断追求技术和质量的提升，这是一个久久为功的过程，除了精耕细作，别无他途。

他的"两会"观点，响应的是2018年政府工作报告中李克强多次强调的高质量发展战略，报告还专门指出国有企业要通过改革创新走在高质量发展前列。

"在这场中国制造的品质革命中，企业需要有一个意识上的转变，即将单一的降成本概念转变成讲成本概念。这个意识上的转变十分重要，前者往往以压降成本为目的，而后者要根据产品价值实现的需要，将该降的成本坚决降下去，该增加的成本必须增加。一个好的品牌最大的内涵就是质量，海信在整个集团层面，将单一的降成本转变成讲成本，将该降的、能降的成本坚决降下去，该增加的成本、该提上去的成本必须增上去，来保证产品质量，让消费者满意。"这是周厚健对于海信质量管理最新的表态，这和海信的高端产品路线相吻合，也代表着中国制造向高端制造迈进的方法之一。

中国彩电业的几次价格战，大多发生在技术更新换代的关键时期。以黑电崛起的周厚健自然知道技术的重要性。

在2005年的年度经营工作会议上，周厚健说："我时常在想，尽管海信已保持了十几年的连续高速增长，但细想我们的业绩，也是很不均衡的，经营质量也不完全是随着收入的增长而同步增长的。分析原因，我们会清醒地发现，得与失无不都与产品有着密切的联系，而产品的背后就是技术。近6年来，我们的彩电可以说好的年景居多，但细想，好年景都有好产品和好的产品结构，都是来自推陈出新的节奏与对时机的良好把握。而我们的空调近几年发展不尽如人意，甚至一度出现问题，真正的原因是产品出了问题，产品的背后是我们的开发出了问题，甚至是开发水平在相对退步。当然，这些是决策者应该反思的。"

在这次会议上，他也提到跨国公司带给他的恐惧。

"中国是世界第一大组装国，让我们越来越掉以轻心的日本仍然保持着从20世纪60年代开始延续到现在的，与德国、美国等同的国际制造业中心地位。因此，从这个层面上来讲，虽同为'制造大国'，但在很多日本家电企业眼中，我们虽是它们的竞争对手，但只是可轻易摧垮的竞争对手。这种想法并不无道理。"

"再次强调，要把技术立企提高到一个相当的战略高度，决不允许动摇。"他说。他担心芯片技术被外国人垄断，失去主导权，沦为组装厂。在21世纪初期，海信便开始了研发芯片的征程，几年之后，画质芯片"信芯"诞生。

接着，海信又研发SoC级画质芯片。这是中国电视行业首颗自主研发的画质引擎芯片。在芯片之后，模组对家电业的重要性日益凸显，海信随后上马了模组生产线，阻断了外资对中国家电业的"入侵"。

正是因为模组技术获得突破，海信 ULED 的诞生才成为可能。"如果没有（模组）这个阻断，那就根本不可能有我们的 ULED。ULED 就是用每小块面积的图像来调制其对应的背光亮度。制造业是要伴随研发的，加工业不需要研发。如果任'他人'延伸到电视生产的全部，而不做上述'阻断'，何谈中国电视制造业？"周厚健说。

海信多年来坚持技术引进，消化吸收，自主研发的道路。技术孵化模式是海信常用的工具。激光电视就是一个例子。海信的技术孵化产业模式，是把新的创新活动从已有的经营活动中分离出来，开发、孵化到最后转为正常运营，从而实现企业家精神的培育，鼓励承担责任和风险，并使技术开发人员获得创业回报。

资金变技术是第一步，而技术变资金则是第二步。也就是说，投钱研发，研发投入市场能变成钱，形成循环。

2017 年，周厚健在芯片公司上海研发中心发表讲话，主题是"研发人员的使命就是做最有用的技术"。他讲到了以下几点——

> 客户是我们的衣食父母，是企业持续经营的唯一保证。我们一直讲客户很重要，那客户到底是谁？为什么我们反复强调客户？客户是我们的衣食父母。大家一定不要把它当成是一种客套说法。
>
> 卖低端产品对企业的未来积累没有意义。那类只追求低端、唯有便宜概念的客户，是不相信品牌的。他明天选择产品的时候绝对不会去想我昨天、前天选择了谁，只会选择那个最便宜的。所以说，当你的收入不是凝结着可以延续到明天的客户时，你收入中未来的意义就没有

了。因此，我们要重视客户，让客户能够成为明天的、可持续的、能够重复购买和推荐购买的客户。如果产品做得很好，保障也很好，那么中高端客户就可能来关注你的产品，当他用得好的时候，明天、后天还会再用。

这一点请大家在研发产品、定义产品时也要想到。我亲眼见了很多做低端产品的企业发展，至今能做起来的就沃尔玛一家。但是你仔细想，沃尔玛是做低端吗？它是从低端起步，逐渐往高处走，最后的结果是沃尔玛做成了世界第一。

技术仅仅是满足客户需求的一种手段。"企业"定义的最后一句话是"实现利润最大化的组织"。既然企业的目的是为了实现赢利，那么过程是通过什么来保证的？那就是全心全意为客户服务。如果一个企业不懂得全心全意为客户服务，那么这个企业绝对不是一个能够长期生存和发展的企业。追求技术是对的，但技术本身绝对不是做企业的目的，它仅仅是满足客户体验和需求的一个手段。如果我们把技术当作目的，或者把技术本身当追求、把技术当爱好，那么我可以告诉大家，连过程的目标都是错的。

....

大家知道，我是一个学技术的，而且我很爱技术。现在像在我这一岗位却看这么多技术书、花时间在网上来找技术资料和文章看的人可能不多了。但是，我对技术的理解完全颠覆了我以前的看法。大家可以想象一下，我进海信只有两年时间就当了设计科的副科长，这说明我对技术是热爱的，而且技术做得也不错，但在我当了厂长助理后的很多年里，都没有看过管理的书。因为我当时认为：只有技术才叫真正的科技，管理有什么技术含量啊？经营有什么技术含量啊？但是后来随着工作的持续，我认为我的想法不对，我把原来的想法颠覆了。因此，大家如果仅仅把技术当作一种爱好、一种特长来看待的话，绝对没有出路。

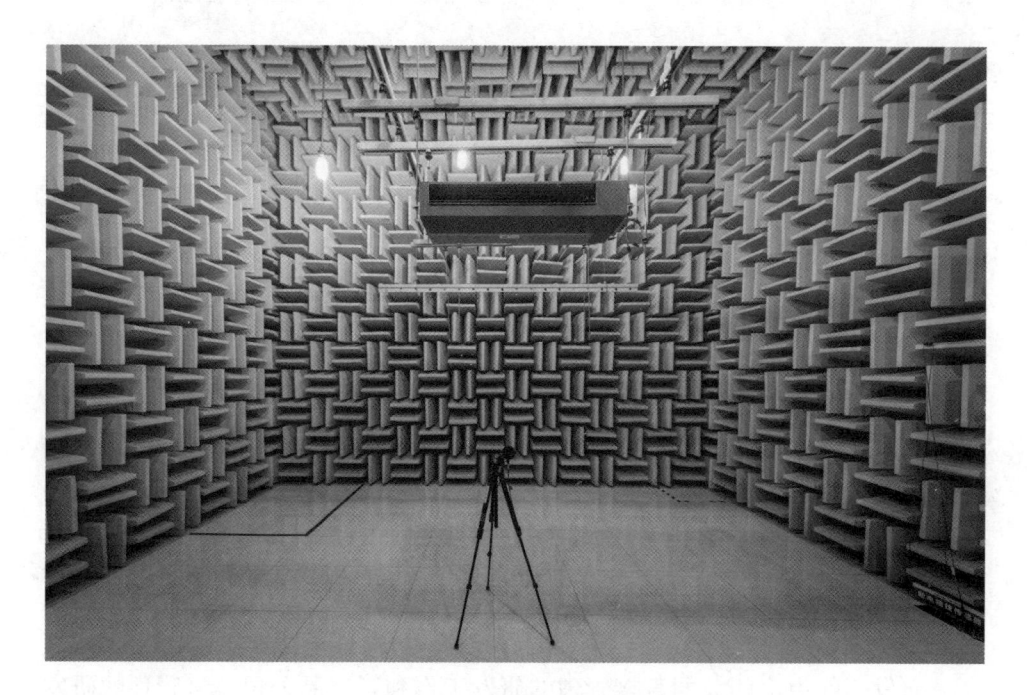

海信坚信技术是最大红利

技术立企，一直以来是海信在人们心目中最鲜明的印象。

从地方性的电视机厂，到全球知名的电子信息和家电产品制造商，海信的发展历程几乎可以说就是技术创新的过程。要实现更大的发展目标，海信最核心的依仗依然是技术。

但是，没有客户意识的技术不可取。

2018年，海信集团组织架构进行了一次调整。它涉及集团10个职能部门或平台，并将产业相近、技术相近或业务模式相近的产品公司进行整合，实现资源共享，提升科技研发的效率。

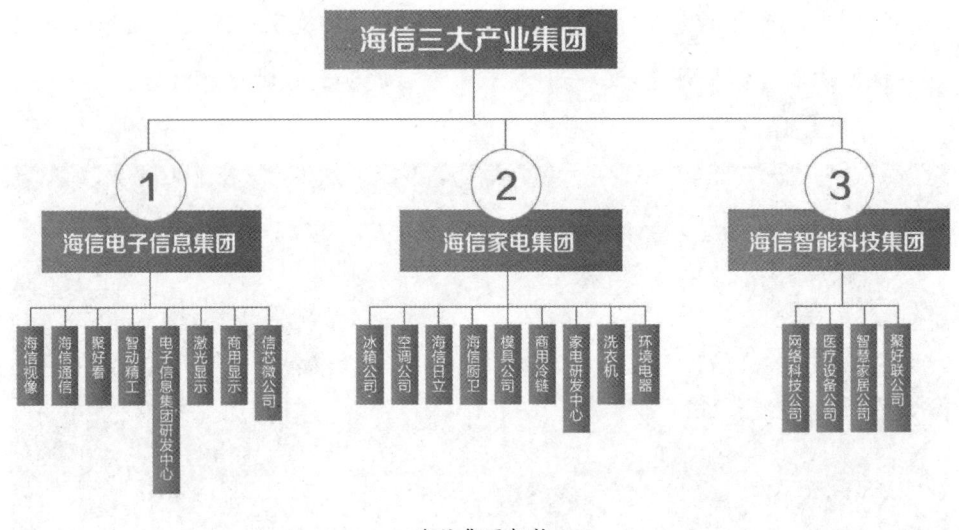

海信集团架构

　　海信鼓励协同创新，海信的技术、研发管理模式选择的原则是追求"1＋1>2"的协同体效果，在依靠一套管理标准严格执行以外，还依靠各部门、各单位之间的协同与配合。

　　研发工作由集团公司直接管理的研发工作和各产品公司直接管理的研发工作构成，各研究开发机构的纵向管理关系不变，各产品公司必须根据经集团公司审定的发展目标和发展规划（有的需要进行适当的调整），研究制订相应的研发计划，同时报集团公司研发中心备案，并确保研究开发工作的有效进行。

　　研发工作有一套研发标准，包括研发纲要和全部研发流程等一整套管理体系文件，每一次研究过程与结果都会被记录。

　　到目前为止，海信集团研究发展中心是国家创新体系试点企业研发中心、国家级企业技术中心，拥有数字多媒体技术国家重点实验室、国家城市道路交通装备智能化工程技术研究中心、国家级博士后科研工作站、光电器件关键技术国家地方联合工程实验室、国家级工业设计中心,是国际科技合作基地、国家"863计划"成果产业化基地。

海信集团研究发展中心现已建成国内较为完善的研发平台体系,全球建有18个研发中心。研发中心承担着海信核心技术与前端技术的研发、新产品的开发与产业升级、产品结构调整的重任。

海信的技术研发中心分为三个层次:一是前瞻性、关键性和共性技术研究开发机构,由集团直属的应用基础研究中心承担,主导产品开发工作;二是面向市场的产品开发和研究机构,由各业务部门提供费用,开发适销对路的产品;三是研究开发的公共支持平台,由集团提供费用,为所有研发工作提供平台支持。

自1998年"融智"行动以来,海信开始在全球网罗人才。对于人才选聘,海信从来不遗余力。2011年开始,海信坚持总裁亲自带队,去美国、日本、加拿大、韩国招人,重要的人才都是董事长亲自去招。同时,每年海信都会对研发队伍的扩充提出明确指标,并且会在年底对相关人员进行考核,凡是管理层都有为企业寻找人才的义务和责任。

"能招到人才,再贵也是利润;招不到人才,再便宜也是费用。"这是周厚健始终强调的理念。

海信创立了独特的"求人、用人、育人、晋人、留人"人力资源管理机制,并设置了集团、产业集团、产品公司三级人才管理和培训体系,其中集团和产业集团层面还成立了技术专家委员会。

海信不但重视领军人才,吸纳了一大批优秀专家的加入,还十分注重年轻的研发骨干人才和复合型人才的培养。近年来,海信集团研发中心人才规模持续扩大,目前已有各类专职技术开发人员6000多人,其中一半以上人员拥有高级、中级职称,高级专家和博士近160多人,硕士3000多人,建立起了规模化、高端化、年轻化的人才梯队，并不断涌现出优秀人才，例如年仅30余岁的激光研发专家刘显荣博士。

为了形成有效的激励机制，海信集团将各层次研发人员的薪酬机制作为一种非常有效的激励因素，而非考核措施，形成了独特的创新型薪酬体系。

周厚健深知技术创新的重要性，他掌舵下的海信，宁可减少在其他方面的投入，也不吝啬在技术上的投入。

1992年，周厚健刚任厂长就首先在研发队伍中破除"大锅饭"，实行奖金与开发成果挂钩的方法，大幅度提高技术人员工资，形成了推动海信技术发展的"特区"制度。也是在这一年，海信确立了"技术立企、稳健经营"的发展战略。

海信集团副总工程师、智能家居总经理王志刚，是海信人才特区的亲历者。1996年，王志刚毕业于西安交大制冷专业，获博士学位，那时可谓"中国制冷专业的黄金时代"。毕业之时，有几家企业都向王志刚发出了邀请，经过几番权衡，王志刚决定"跟着海信走"。

"我来海信的时候年薪12万。要知道，那个时候有句话叫'拿手术刀的不如拿剃头刀的，造原子弹的不如卖茶叶蛋的'，就是在这样一个宣扬知识无用论的时代，海信却在建研究中心，下大力气引进博士、招聘硕士来做产品，完全是逆形势而行。"他表示：海信自上而下，从制度到体系等，真真正正对技术和研发人员的重视，令他很感动。"对于热爱技术的研发人来说，这是对我们自身价值的认可。"

现在，海信设置了双通道晋升体系和"工资特区"，使得研发人员有多种独立发展通道，既可以通过钻研先进技术成为技术专家或科学家，也可以通过完成高难度项目成为研发管理人才，获得高薪。

另外，采取股权激励的方式激发研发人员和相关负责人的开拓创新精神，设立"产权特区",推行投资主体多元化和管理层、技术骨干大比例持股,通过分红建立长期激励机制。

双通道发展

海信以"专业晋升通道为主,管理晋升通道为辅"的双通道发展任职机制,让有突出业绩的研发、工艺质量、业务和销售人员从待遇和地位上不被埋没。

通过融合职位价值、能力水平、贡献等因素的"职衔制"鼓励员工长期积累,鼓励有能力、干得好的人做专家!

专业晋升通道为主　　管理晋升通道为辅

海信人才双通道发展

鼓励技术人员主动学习、跟踪和掌握先进技术,探索前沿,深层次开发和突破无人区技术,容忍非主观性失败,激发员工潜力与工作热情,通过不断创新成功获得更多的成就感,这也是海信创新文化中非常重要的部分。

"其他岗位的同事搞砸一件事情受到的处罚比较严厉,但研发人员有犯错的机会,相对宽松。"钟强记得,研发模组时出了一次质量问题,他第一次见到了当时分管集团质量工作的高玉岭。"我们原以为他会 K(收拾)我们一顿,结果他说公司会给我们交学费,希望我们从中吸取教训,不要犯了这个错误就畏首畏尾,不敢创新了。"

这种完善的激励机制极大程度上提高了研发人员的工作积极性,同时增加了集团、产业集团、产品公司不同层级研发团队间的协同性,创造研发协同效应,极大程度上提升了集团研发效率。

在海信,完成高难度、高水平项目是研发人员晋升的必要条件。两年内没有承担职级相对应难度项目的研发人员要进行降级处理。对于难度系数高的新创新产品研发,在确定项目方案时,通过明确课题难度系数来确定报酬的基数,再用项目进度和产品市场表现等指标来确定报酬的系数,以尽可能保证效率与公平,激励整个研发团队。

"要么不做,要做就做最好。"周厚健在内部会议上曾多次表示,一个进取的企业,一定要有强烈的创新意识,要在创新上有敢为天下先和冒险的精神。

这一点,激光显示研发部总经理钟强深有体会。他将自己2008年研究生毕业就能加入刘卫东的模组研发团队视为一种幸运。"要做就做行业内领先、全球领先,事先就论证清楚,通过什么方式来领先行业内其他产品,我们一直按这种定位和思路做科研项目。自豪的是,我们真的能达到这个标准,做出来的几乎是全行业领先的。"

"海信能够做到今天,能够做得比很多企业要好的原因是风气。"周厚健说。

研发团队的风气是他非常看重的。

2016年,周厚健在集团召开的务虚会上说,目前研发团队工作缺乏目标,不敢触及矛盾,不实事求是,缺乏攻坚精神,严重影响了研发的氛围。比如一款产品研发了4年却没有形成技术积累;一位工程师给项目造成了八九个月的时间浪费,管理者竟然没有批评一句;部分研发人员不学无术。

他进一步指出,研发管理干部不能果断决策,是因为与客户交互不够,不能把握市场需求;研发干部不学习管理,不认为管理是一门科学,凭经验管理很容易滋生出生来骨子里就有的官僚气息。

　　海信的研发风气，一靠干部，二靠机制，说到底就是抓管理。研发干部要以与客户交互为基础，准确把握市场需求，果断决策；要学习管理，杜绝经验管理；要善用激励机制这一管人的根本机制，调动人的积极性，将权力机制作为辅助机制。

　　"技术"与"诚信"，一是"自强之本"，一是"处世之道"。周厚健曾说，海信持续健康发展的根本是干部风气好、企业文化氛围好。

　　对德行有问题的人，周厚健决不手软，从不给机会。

　　1992年5月的一天，周厚健拍了桌子："对工厂的蛀虫，不要怕得罪人，大张旗鼓地处理。""蛀虫"是指一个小车司机，他的汽油账出现了问题。审计人员查证、处理后，周厚健的愤怒还未平息："为什么还让他开车？为什么不处理，不通报？不能做好人！处理要大张旗鼓地让大家都知道。"

　　从20世纪80年代开始，采购员就是企业里最有油水的一群人，他们拿着高额回扣，彼此心照不宣，担任采购员是一件值得庆幸的事，这意味着他从此将成为工厂里最富裕的人之一。很长一段时间内，海信仓库里6000多种常用材料、零部件的采购价格被采购员操纵，他们说多少便是多少。

　　这些周厚健都知道，他想降低这块看不见的灰色费用，命令财务、供应、生产几个部分将这些年的进货发票全部重新登记汇总，计算出每种材料的平均进价，以此为基数再降低6%，作为今后外购材料的目标采购价格。

　　周厚健精通财务，也许与此有关。

　　进货时由专人审核后办理入库，超出目标价格不准入库报账，还要追究责任。有一次工厂核算检查时发现进货价格比目标价格多支出材料费190万元，财务处处长因此被免职，供应处三位工作人员被要求限期追回多支款，追款期间停发工资、奖金，追不回开除。这笔款后来很快被全部追回。

周厚健由此相信，"降耗"并不是不能完成的任务。那一年，加强采购成本管理，使工厂降低成本 2240 万元。那一年所进行的所有降耗行动，使全年成本比上一年降低 3250 万元，接近海信当年 3400 万元的利税总额。

但当时 35 岁的周厚健还是要面对更多的不诚信事件。一种叫作"交压磁电"的配件在 3 年前就已经国产化，但外经部门却还是一直从国外进口，不但价格高于国产产品，还使仓库超储。在此过程中，供应部门接到的供货单从来不通知外经部门，他们在价格计算和汇率、税率计算方面动了一些脑筋。

这时的周厚健对此类事情的愤怒已经不再流露那么多，他只是加紧清查，然后严肃处理："我厂工作人员没把工厂的利益放在心上，人的素质和工厂管理水平不高，应该引起重视……出现这种问题，有意无意都不行，有意是品质，无意是责任，长此以往会削弱我们的力量，降低我们的诚信。"

在海信内部，周厚健在大会小会上常说：道德比利润重要，发展比近利重要，追求了无德的利润实际是为企业未来埋下祸根。2002 年，讲述同仁堂百年诚信经营的电视剧《大清药王》热播，周厚健买了 500 套分发给各分公司学习。

对于风气的看重是海信几十年的常态。2013 年，海信发布了《海信集团诚信守则》，这是海信所有管理办法的上位法。其中明确指出，"诚信"是铭刻在海信品牌标志中永远恪守的基本理念，是所有海信人必须恪守的准则。

海信每年都有两个重要报告：一是《年度经营工作报告》，一是《年度诚信工作报告》。诚信报告就是给自身做"诚信体检"。"我宁要无能关门，不要失德的发展。"周厚健说。直到今天，诚信依然是《海信时代》上最常出现的专题之一，也是最容易让周厚健发怒的原因之一。

1998年，海信因为虚假确认收入的问题，免掉了一个副总裁。副总裁尚可免掉，分公司总经理还在话下？但为什么这么严厉的惩处之下，依然有人敢去铤而走险？

这是周厚健对自己和企业高管的发问。20年后，他还是没能免于在诚信问题上激动。

"我们宁可承担短时间的损失，也绝不能做饮鸩止渴的傻事！此风不杀，海信将永无未来！"2018年12月6日，周厚健在集团经营情况通报会上说。会议上集团公司经营与财务管理部、市场与营销管理部、电子信息产业集团的工作通报中针对当时曝出的以海信电器分公司为主的诚信问题、短期行为和整肃措施进行了通报。

被通报的不诚信典型案例包括：已被严肃处理的海信电器长沙分公司虚假确认收入案；海信电器郑州和广州分公司营销员擅自使用商家DMS（数据库管理系统）账号更改并调整进销存数据，通过弄虚作假完成指标，损害商家利益事件；在安徽铜陵市场发现还未来得及处理的海信电器业务员胡某谋私利、强行给商家压货，严重抹黑海信形象，导致客户对海信失望的行为。

周厚健说："数字造假在海信是不可触碰的红线。这说明此前在这些方面对分公司总经理的培训、教育是不够的，这是错误；现在，必须下决心让这些人定期回来培训，拿出专门的时间进行培训。只管用、不管教、不管理，最后的结果就是完全没有规矩，结果就会走向堕落。"

几十年来，海信一直在强调诚信文化，但不时有员工犯错，这并不代表着诚信文化在海信失效，企业的人员是流动的，长期强调诚信文化对海信来说是文化建设必要且最重要的一部分。

2019年海信客户大会主题"信赖无价——诚信是海信产品最大的卖点"

还有一种不诚信是官僚主义。

2018年大年初六，周厚健参加子公司的经营分析会。他提醒自己保持过年的"愉快氛围"，但参会的干部不知道2018年的主要工作思路，他开始发怒。"我们有的干部在工作中不理清思路和目标，不知道深究问题和根因，不知关注落实和闭环。这种'金玉其外败絮其中'的官僚作风，中层、高层都有，同时已经蔓延到了主管层。"

"为什么大企业的官僚作风严重，因为大企业是必须依靠规则来运行的。如果规则管理不好，规则就成为降低效率、推脱责任的一种借口。官僚作风是企业死掉的直接原因，以前讲大企业病，实际上大企业病更准确地讲就是企业官僚主义作风。"他在接受采访时说。

官僚主义，首先在官，它指向的是管理层。海信的八大工作作风中，提到了"讲正气"。精力要放在业务上，不要放在关系上。要做到廉洁自律，光明磊落、不拉帮结派，忠于职守、唯企业不唯领导。它还提到了"讲公心"。首要原则是要摒弃"好人主义"。直言是金，要敢于直言、实事求是、表里如一、敢于揭露问题。同时，无论是员工还是各级管理人员，都要树立大局意识，维护企业和员工的利益，处理好今天和未来的关系。

海信工业设计中心总经理王涤非是在一次亲身经历后，深刻感受到了"海信确实没有官僚主义，不会武断地做出决定，而且对人才尊重，可以容忍'确实有两把刷子的人'犯错。"

2002年，也就是王涤非工作5年之后，他第一次被派出国学习。周厚健亲自带队，到达目的地之后，王涤非发现团队里的同事都换上了西装，打上了领带，只有他一个人身着便装，毫无准备。他只好钻进酒店旁边的商场里现买。因为语言不通，买完西装领带回到酒店，考察团拜访日企的大巴已经开走，寻呼机没有信号，没有全球通和微信，他傻眼了。

"你想象一下，国企代表团出去，有一个人失踪了，这是要叛逃还是干什么？"王涤非意识到自己捅了娄子，做好了被开除的准备。

代表团回来后，周厚健约他到房间谈话。日本酒店逼仄的房间里，两个吸烟者对谈了三五个小时，烟雾缭绕。周厚健在了解了情况后，如实地表达了自己的愤怒和担心，他说改革开放后往外派的代表团，从来没有遇到这种情况，性质严重，然后周厚健问王涤非有什么想说的。王涤非想，反正最后一次了。

他表达了自己的设计理念，以及所有对工业设计的看法。多年以后，王涤非回忆这次交流，称其为意料之外的"重大启发"。周厚健认可他的设计理念，在此之上，给了他几点建议：建议他以后重视学习管理方面的知识；看淡荣誉；重视市场，艺术家不要搞自己喜欢的东西，要研究用户喜欢什么。

"那之后我才开始真正研究所谓管理，以前根本不重视；以前我很在意设计奖要不要写我的名字，现在很多创新都是我发起的，但我已经不在乎了；自那以后我不光研究人与物的关系，还研究人与人的关系，要不然设计搞不好。"王涤非说，后来周厚健经常用这件事批评他，是对他所犯错误唯一的处理。

在此后的17年里，他努力发挥自己工业设计的专长，在让老牌变潮牌的道路上，取得了诸如三桶洗衣机、苹果派空调等在全球工业设计领域都有竞争力的胜利。

好人主义在海信没有市场。他们的榜样是李云龙。

在海信集团运动会上，《亮剑》总是呼声最高的保留节目。周厚健更是多次在讲话和文章中强调一个观点："附和领导，怕自己说错、干错，明哲保身，此风不改，不但影响企业文化，更将严重影响经营管理效果。"

"你无法想象，一个由乖孩子组成的团队，能和像狼一样凶狠的对手过招。"周厚健常拿"亮剑"精神寄托对干部的期待——他希望带出一支"嗷嗷叫"的队伍。

周董更是多次撰文指出：在企业经营中，好人主义根本上是品质问题。

2006年，海信正式提出"大头在海外"的战略，林澜接棒海外市场，也接过了海信向世界级企业进化的梦想。他说，自己当时的压力很大，因为国际营销不仅没钱，还欠债。集团董事长周厚健曾跟他开玩笑说："你接受这个差事，祝你好运，顺便告诉你，你们还欠集团两亿美元呢。"

也是从这一年开始，林澜成为集团经营工作会议上那个敢于"放炮的人"，产品公司在海外业务上出现问题，他不留情面公开批评。"大会发言稿基本都是我自己写出来的,光脚的不怕穿鞋的,我们什么都没有,就得折腾大家,只有大家观念转变过来我们才有希望。"

这种习惯一连持续数年,大胆直言成为他的标签。"我不希望扮演好好先生,重要的是要彻底解决问题。"

周厚健在内刊头版亲自撰文公开表达对林澜的支持:"希望更多的干部学习这种精神,亢奋起来,敢于为企业发展直言。"

一把手的信任支撑林澜带领国际化团队做自主品牌,在海外开疆拓土,并在此后的十多年里保持年复合增长率超过 20% 的发展态势。

"一个是我敢讲,一个是领导愿意听我讲,这两方面的条件都得具备,缺一个都不行。"林澜说。

2013 年 2 月 17 日,周厚健给集团全体管辖干部发出重要邮件:我们不提倡越级指挥,但坚决支持越级反映问题。邮件要求干部要大力倡导这一管理文化,并请人力资源部考虑将此要求在干部管理中有效体现,并就如何受理隔级反映的问题等工作制定相关要求和标准。

周厚健说:"较长时间以来,我发现干部队伍中有很多违反我们企业文化倡导的和管理办法规定的做法和行为。员工怨气很大,我们却不能及时了解下面的问题(如对员工评价办法不公,没有执行集团的考评和晋级规定普遍存在)。同时,我们的干部队伍中较普遍存在不允许或不愿意下级将问题汇报到上一级领导那儿,使很多不当的工作不能得以及时的纠正。"

他指出,"不提倡越级指挥,但坚决支持越级反映"的管理文化是海信 20 年来一直倡导的,目的就是让广大员工帮助企业发现问题,提升工作。让大家一起来监督干部的行为,来揭示不能以身作则、不关心员工、不能公平对待部属的行为。这是我们改进工作的重要依据。

然而,我们有的干部很抵触下级越级反映,如此做法,说轻了是心胸狭隘，说重了是行事不公，害怕上级知道。否则，没有其他解释。这种现象必须坚决杜绝，对这样的干部要批评教育，对严重者坚决不用。

2015年，周厚健在内部邮件中称，自己节日期间曾收到员工短信暗示要来送礼，对此他非常气愤。他说："节日里有人给我和洪新发短信——要来看看我们。这不就暗示要送礼吗？！收到短信我十分震惊和忧虑，联想到我们有些干部竟然甘愿给领导拎包，我目睹此情景，感到很不舒服！这是不是海信文化在倒退？我很警惕企业文化走向庸俗化！一个企业，上下级如果需要依靠'关系'，那就是这个企业消亡的开始。"

在周厚健看来，下级对领导最好的"回报"就是尽职尽责，领导对下级最好的"奖赏"就是公平公正，绝不是其他。"任何人希望取悦上级的做法都是庸俗的！而任何享受于下级的过分'关心'的风气都必须'打掉'。"

他反复强调，作为领导，要清楚并非任何时候你都是领导。只有三种情况下你是，且必须是领导：当决策意见发散时，你需要来决策（当然这要求你先于别人思考）；当下达指令时，下级必须服从；当出现问题时，你必须承担，而不是推卸责任。除此之外，应该是平等的同事关系。

周厚健对干部的要求是"往前站"。几年前，他曾在一次电视讲话中指出，海信有一支整体优秀的干部队伍，这是海信事业发展的主要资源和核心动力，这批干部的文化和作风在某种程度上正是海信健康发展的"核心能力"。

但后来集团发现部分干部高高在上，作风出现滑坡甚至倒退，这是企业发展的危险信号，也是集团"坚决剔除坏利润"扎实行动的大忌。对此，周厚健明确指出了四方面的具体要求，分别是：

其一，干部的价值在于深入实际发现并解决问题。"干部的价值在于带领大家实现组织目标。当下级的工作目标不清晰，对存在的问题无法及时发现、分析和解决时，领导却高高在上，无法给予下级帮助和指导，这样的领导能干好吗？他分管的工作会干好吗？"

其二，高高在上的干部作风既害了企业，也害了干部自己。"一个高高在上、不深入一线的干部，不会有工作热情高、责任感强的下级，因为每一个人都会上行下效，根据领导的工作热情和姿态来调整自己的工作作风。"所以，这样的干部不仅有碍于当前的工作，而且损坏了队伍的风气。

其三，干部至少要有70%的时间在一线。他对干部深入一线的时间进行了明确的指标化要求：在你管理对象的主要工作现场不得低于70%的上班时间，管工厂的领导在办公室最多待30%的时间，要深入车间、深入部室、深入仓库等，通过看、听、与大家交流，去发现问题，找到改进的办法；同样，管市场、服务、人力资源的干部也应该深入工作现场去发现问题，帮助下面解决问题。

"我们的干部不善于在现场工作已经成为很坏的习惯，办公室越来越豪华，在办公室的时间越来越长，我到各地去看，很多现场很不像样子，可我们的干部却没有亲自去那些混乱的现场看看，令下面的工作标准越来越低，干部标准也越来越低，工作越来越差。长此以往，海信还讲什么发展？我个人认为，如果这种作风不快速扭转的话，海信质量还会大幅下降，海信的管理效率和制造效率也会下降，尤其是管理效率是不会提升的。"

其四，员工要大胆监督，让那些不到位的干部下来。"我认为最好的办法是让广大员工动起来，让员工们知道，长期见不到自己的领导，那就是他领导的失职，让他们懂得什么是好干部。海信要人人监督，用这种制度来约束干部，通过员工监督，把不好的干部淘汰下来。"

1992年，周厚健成为青岛电视机厂（海信前身）厂长时，提出了一个古怪的名词，"成本倒算"。那年春天，周厚健要求财务部门根据生产成本构成的各个项目，计算并确定低于上年成本3%的目标成本，随同其他经济指标一起，由生产车间和部门承包，低于目标成本则奖励，超过了则要扣除承包商的工资总额。

接着，他还加强了物资消耗管理，每个品种制定出消耗定额和不能超过0.2‰的合理损耗比例。这种方法在降能耗的同时，还减少了元器件的丢失。一份资料显示，两年后，海信的物耗费用与产业价值之比为70.8%，接近发达国家的67%，远低于国内行业82.9%的平均水平。

这个喜欢研究财务的厂长，后来将"成本倒算"演化为稳健财务的理念。周厚健一直强调，"健康是第一位，利润是第二位，反对以利润为代价的盲目追求规模"，"企业经营没有什么技巧，最主要的是搞清楚短期利益与长期利益的统一问题，不是比谁做得火，而是比谁做得久"。在周厚健看来，企业经营的先后顺序是，首先规避掉经营风险，然后是追求利润，最后才考虑扩大规模。

海信具体的实施办法有7条：

1. 明确定位。

财务是企业的血液，如果血液不畅，企业就会休克乃至死亡。在企业发展速度和财务健康选择上，海信宁可牺牲前者，也要保持企业财务的健康。

2. 决策权集中，建议权下放。

集团统一收回所有子公司的对外投资权、筹资权、收益分配权和工资奖金分配权。子公司仅有预算内的资金调配权，且也在集团监督之下。集团虽拥有对外投资决策权，但由于子公司对所处行业更熟悉，因此拥有投资建议权。集团对投资非常谨慎，没有一定程度进入壁垒的项目不投，集团会和子公司一起做项目论证，以最大程度保证资金安全。

3. 资本运作。

资本运作的最大意义是提升企业的核心能力。海信的资本运作以发展和创新为前提，通过资本杠杆来撬动价值链创新，并基于资本运作获取利润、投资、品牌效益、产业地位、市场布局等收益。通过投资控股（双方投资海信控股、直接购买股权、先合作经营后操作股权），债权转股权，国有资产异地划拨，开拓海外市场，非主业优良资产出售变现，股份制改造并上市等具体方式，企业实现并购重组，基于资本运作获取利润、投资、品牌效益、产业地位、市场布局等收益。

4. 资金管理。

海信抓资金就是为了抓管理、抓赢利能力的提升，一方面为降低企业资金风险，另一方面为从资金管理中获得效益，根本目的是追求利润的提升，而不是为了抓资金而抓资金。抓资金的根本是要抓存货和应收账款资金的周转，减少资金占用，提升管理能力，而不是只盯着超期款。

5. 资金分阶段合理周转工作方法。

存货资金和应收账款资金按产品、区域、过程环节、主要对象等类别分类，以最近5年和竞争对手的标杆为参考依据，确定各类别理论（合理）周转时间，将现实周转时间与理论周转时间的差异，确定为以时间为轴的阶段改善措施，分环节、分类别地推进管理提升。通过资金分阶段合理周转工作方法，提升企业日常经营管理能力。

6. 财务要介入业务。

财务要做到业、财融合。财务一定要深深介入业务，不介入业务的财务不是好财务。要明确的是，一定不是总经理交代什么才做什么，而是财务要有方案告诉总经理有好的做法，供其选择和决策。

7. 降低资金占用。

每个公司都必须降低资金占用，这是海信经营的一次革命，具体包括三个着力点：一是计划，具备以创新、供应链和客户流程为支撑的计划；二是压缩交付时间，这是各公司必须培养的能力；三是按单型号或品类来设定周转标准，每个物料都要画出采购周期与安全库存图。

海信多年来一直将降低资金占用作为年度经营方针，在集团内贯彻实施。海信之所以能将濒死的科龙拯救，也是因为践行了稳健财务的理念。

决定并购科龙，周厚健称：“当时我们内部主要分析的就一件事，就是假定，如果海信用了15个亿收购了它，会不会影响到海信的生死。最坏的情况是，15个亿血本无归，而海信不会死掉。”

周厚健的稳健，是一种底线思维。在财务上，他会做最坏的打算。“我们总会按照最坏的情况来决策，这个底线、最差的情况我接受不了，我就不去碰它。这是海信做很多事的一个原则。”

海信并购科龙时，拯救行动中的一条重要原则便是"清理资金占用、加速资金周转"。科龙仓库里报废的零件，过大的仓库投资，仓库的无效使用都让资金运转迟缓。居家过日子，是一个积累实物资产的过程，当然是攒的东西越多越好；企业是一个经营性组织，最根本的宗旨是要利用最少的资金来源形成最少的资产，创造最大的生产经营规模和效益。

因此，海信决定清理掉一批仓库。当时有媒体批评海信掏空科龙资产。海信人解释：“我们处理闲置资产是为了科龙公司的利益最大化和股东利益的最大化，不能把企业的这种经营行为和家庭居家过日子相提并论。”

稳健是为了企业活得更长。稳健需要对抗短期行为，需要拒绝诱惑，将那些看似很好的财务数据给剔除。

2013年，海信集团罕见地召开了"经营行为纠偏专题会"。周厚健首次提出：我们必须有系统、有规划地坚决剔除"坏利润"。这是一个新鲜的提法。在海信的定义中，遵循企业核心价值观、与海信发展目标以及品牌承诺相符的利润是好利润。刻意降低工作标准，影响企业经营安全，危及消费者利益，透支海信未来所换取的利润都是坏利润。所以，在干部的考核上，又加了坏利润指标。为了建立长效机制，集团在2013年8月的月度经营讲评会上宣贯以《海信集团诚信守则》为主体的诚信管理体系。

如何铲除"坏利润"？海信明令严禁诸如社会常见的数字造假、指标虚标、偷税逃税、骗取补贴等做法。十几年来，海信免掉了三个总经理，只要是报假数，没有任何的理由，就得从岗位上下去。坏利润有什么危害？"坏利润"是毒品，一旦迷恋则海信就没有未来。如何剔除"坏利润"？剔除坏利润的工作要落脚在企业用工和员工待遇上，合作与合作伙伴的选择上，对社会和消费者的诚实守信上，工作环境标准的提升上。首先要明确企业的定位：海信必须成为境界高、层面高、受人尊敬的企业。这个境界和层面包括员工、股东、合作商以及政府，海信必须以诚相待，而且对"善"满怀敬畏之心，我们必须牢记：安全重于利润，发展重于近利。

除了宏观上的要求，海信还出台了一系列具体的做法。

首先，要剔除企业内部的坏做法。剔除"坏利润"，首先要剔除企业内部的"坏做法"，要善待员工，善待服务商、供应商和合作商。只有善待了员工，员工才会善待顾客。善待员工，首先要给予其匹配的薪酬：对员工收入的定位即是对员工素质的定位，对员工素质的定位即是对企业生命力的定位。善待合作者才能得到高质量的产品和服务，这也决定了我们产品的质量和用户满意程度；善待就必须支付匹配的价格。

其次，要建立洁净有序的场所和环境。剔除"坏利润"，要建立洁净有序的工作环境。看看你的工厂、车间、办公室、仓库、维修车间的内外环境，有什么样的环境就有什么样的工作标准。因此，你的"差环境"就意味着你在寻求"坏利润"。

最后，政策规定要经得住评论。一是用工要守法，政策要经得住考验，亮在桌面上，让大家评头论足。二是人才流动大的岗位工资采用行业标准，流动小的岗位工资采用本地标准，工资水平一定不能低于50分位线，即使是基层员工，薪酬也必须是中上水平，只有这样才可能招聘到优秀人员。当然，不给慵懒者以滥竽充数机会的淘汰机制也是剔除"坏利润"的有效途径。

技术、诚信、质量、稳健，指向的是一个持续经营的海信。

事实上，周厚健在企业内部曾多次强调，企业是一个持续经营的组织，企业所做的事情一定要兼顾今天和明天。

他说，"做生意"和"做企业"有明显区别：只考虑今天如何提高收入、提高利润，不考虑明天的发展，就是做生意。做企业是任何事要考虑今天、明天的统一。企业发展要讲长远、讲未来，这是企业经营工作的根本目的。

他在内部推荐《持续增长》《基业长青》等书，并在工作中坚决摒弃投机、短视的做法。

在海信，上上下下已经形成共识：只有立足长远，着眼于长期，在技术上不断改革创新、更新迭代，才能让企业拥有持久的生命力和竞争力。

海信的产业布局和结构调整更能体现出"持续经营"这一理念。

无论是激光电视，还是智能交通，抑或是光模块产品，这些行业内优势明显的冠军企业无一例外都走过了类似的路径——总是走着人才引进、建立课题组、建立研究所、设立新的公司的程序。所用的时间都在10年左右。

也是因为如此，海信被观察者备注上了"长期主义"的标签。

那所大学

海信集团在每年的经营工作会上都会提出简短的几条战略方针，这些战略方针会成为当年海信人工作的风向标。

2007年，海信战略方针的其中一条是加强战略人才的培养。那是海信的一个转折期，2005年芯片研发成功，2005年又开始收购科龙，到了2007年，科龙庞大又分散的管理态势需要开展大规模的干部整合，海信派了不少精兵强将去到顺德，海信大厦第一次显得有些空旷。

所以培养人才成为当年的战略性工作。如今的海信人力资源部副总经理谷云盛就是在那个时期来到海信学院的，他的任务是重建海信学院。

海信学院在中国企业大学史上具有特殊地位，行业评价海信学院是中国最早的企业大学。

海信学院成立于1998年5月，之后被合并至海信集团的人力资源部。2007年重建，意味着推翻过往，建立一所全新的海信学院。

之前海信学院的资产只有一个投影仪、一堆桌椅，甚至没有教室，如果需要上课，只能借用海信大厦的会议室来开展培训工作。实际上，那时的海信学院只是集团人力资源部的一个培训组，仅仅两个人负责组织培训工作。管理人才班分为初级管理、高级管理和研发人才管理，课程体系参照国内大学的MBA（工商管理硕士）设置，课程量少，但邀请的老师多来自清华大学、长江商学院等。

重建筹备工作进行了一年，于2008年3月重建完成，研发中心的一整层楼作为海信学院教室，仅仅半年后，一层楼又不够用了。自此，海信学院开始有针对性地开发具有海信特色的课程，建立具有海信特色的培训体系，并建立一支既能授课，又能研究解决企业内部管理问题的教师队伍。

2015年海信新的研发中心落成，海信学院拥有了一整栋楼。学院被赋予新的职能以支撑战略，以贴近经营、解决问题为导向开展人才培养、课题研究和训战模式，从而满足海信集团未来10年人才发展的需要。

2008年至2018年被称作企业大学的黄金10年，不光是海信，很多企业都在这个阶段建立了自己的企业大学。

与很多企业大学不同，海信学院工作的出发点和落脚点始终是"围绕经营、服务一线解决问题"，结合企业的战略和经营需要，学院为海信培养具有海信价值观、具有国际化意识和能力、具有创新意识和能力、能解决实际问题、具有岗位胜任力、具有领导力等六类人才。

如今，在海信学院的课程体系中，包括管理干部培训（包括现任高管、继任高管及现任中层、继任中层等）、国际化人才培训、企业文化培训、专业人才培训（设置了人力资源、财务管理、精益生产、质量管理、研发管理、采购物流、市场营销、专卖店主等专业培训班）。授课的老师既有来自高校、企业、组织等外部的著名老师，又有千余名内部专兼职教师。

因为教学质量良好，海信学院的结业证书在青岛市颇有分量，让谷云盛骄傲的是，"在青岛拿着海信学院毕业证求职，肯定是可以求得一个好岗位的。"

海信学院会严格筛选能入学的员工，要求必须有潜质，入学后强制上课，一个月一次，一个周期一年，出勤率低于70%无法毕业，毕业考试是另一道获得毕业证的坎儿。

每个入学的员工必须准备三个"问题"：公司急需解决的问题，所在部门急需解决的问题，个人急需解决的问题。

海信学院外景

海信通过校招的新员工入职，先要经过15天的企业文化培训及军训，这意味着他们一进海信的大门，就已经是海信学院的学生了。融入海信第一课，由集团内训师授课：国际营销人力资源部培训专家于游海主讲《海信的理念与发展史》；集团人力资源部副总经理张龙吉主讲《海信人力资源管理》；集团品牌部副总经理朱书琴主讲《海信的品牌理念——输出信赖的力量》。《海信的技术观》《海信的质量观》都是必讲的课程，它们分别由海信集团管理提升部副总经理曲泰元、海信冰箱公司副总兼质量部副总于洁讲授。

新员工的集训比大学军训还严格，集训期间，大家一起同吃同住，员工最初的凝聚力便由那几天开始培养。军训的最后一晚上依照惯例是文艺汇演，由新员工自编自导自演，谷云盛说，跟周杰伦演唱会似的。这是最好的让大学毕业生感受海信文化的方式，每年 8 月，青岛最热的几天，海信领导和老员工会带着水果看望集训的新员工，让他们在吃苦的同时感受海信的温暖。有海信人说，后来回忆起来，职业生涯最美好的便是那段时光。

海信学院曾为海信各个子公司做过一场内部控制培训，当时一期四天的紧密培训，参与培训的学员绝大多数认为课程内容实用性强、理论结合实践，对内部控制有了更深刻的认识。

与人力资源部门的紧密配合也是海信学院工作的一部分。海信学院另一位副院长王芝辉就兼任着人力资源部副总经理。1997 年海信学院筹建阶段他即加入，陪伴着海信学院从诞生一直走到今天。收购科龙后的整合时期，王院长便奔赴顺德挑起了人力资源管理的大梁。他总结了这些年海信任免干部的几条红线：弄虚作假、拉帮结派、业绩不好。

在海信管理思想与方法中，与用人有关的是以下几条：

用人：用人关注的是岗能相宜，用人所长。海信建立的是一个岗位与能力相宜，充分考虑人的禀赋特点与家庭式文化氛围，以及具有安全感和远景激励的用人体系。通过上下级之间的交流，相互信任与相互承诺，让员工参与决策，对员工提供关怀、帮助和指导等来完成用人工作，使岗位设置让位于能力提供。

人才晋升：人才晋升考察的是业绩加潜质，品质加才干。海信以"术业有专攻"为导向，建立业务、行政的双层晋升渠道，让技术骨干专注于技术攻关的同时，在职务等级、待遇水平上也同样能够得到有效提升。同时，建立"能者上、平者让、庸者下"的干部遴选考评体系，定期评价、定期遴选，坚决杜绝"靠关系晋升、熬资历晋升"等不良现象。

留人：留人依靠的是事业、待遇和氛围。海信的留人，是以前面从"求人"到"晋升"为基础的。从"求人"的源头开始，找到那些与海信需要的特质相匹配的人才，然后通过系统的内部培养和晋升激励措施，使整个集团的人员能够尽心尽力为企业发展出谋划策，身体力行。

内部人才市场：海信施行内部人才市场机制，确保对人力资源实行市场化管理，内部人才市场机制的关键环节是，不得以任何借口阻拦员工的调动。

人才结构调整：海信的转方式、调结构，必须将人力资源体系建设作为重要的工作并保持适度的超前。其中，结构调整的关键是人才结构的调整，创新型、复合型高端人才是"宝中宝"，高端人才引进很关键，大批高素质的产业工人为主体的智力资本升级十分重要，调整人才结构将是海信产业结构调整的关键和集团经营方针的"重中之重"。

股权激励：为了更好地吸引人才和留住人才，一方面，在各子公司逐步实施股份制改造，引入外部投资者并吸引员工参股，按照公司法的要求进行权力配置。另一方面，母公司依靠出资者的权力，积极参与子公司治理，设计以年薪制和股权激励为主导的激励及约束机制，进一步扩大激励范围，促进海信长期稳定健康发展。

海信集团副总裁、电子信息集团总裁于芝涛在2018年末接受采访的一个下午，刚刚开除了一个员工，因为他最不能容忍的就是对团队氛围的破坏和对用户问题长时间的淡漠，"你可以能力不够，但是这两点我是没有办法接受的。看一个人称职不称职，就看两件事：一是当期的结果有没有完成，二是你做的事情是不是真正能继续支撑你工作结果的达成，这两者缺一不可"。

对于芝涛来说，如果只看当期结果，容易被不真诚的结果蒙蔽，必须反过来再深一步，看看支撑当期结果实现的要素，过程的改进、能力的提升是不是有效支撑，如此管理者就可以识别出哪些员工是说说而已，哪些员工是真正踏实做事的人。

近两年时间，于芝涛还辞掉了三四个技术总监，其中有他亲自培养的人才，还开除过包括部门经理在内的公司高管。

聚好看是海信旗下的互联网电视平台运营公司，有全球最多的互联网家庭用户，还是山东省首批互联网独角兽公司，这是于芝涛必须将不在乎用户的人清出队伍的原因。"开除人很简单，但你要想想开除后自己能改善什么，如果你亲自提上去的人，素质很高、能力很强，但是在这个岗位上长时间不适应，你说这是员工的错吗？"于芝涛说道。

对整个海信来说，集团已经拥有了越来越完善的人事考评体系。海信集团高级副总裁、党委副书记、人力资源部总经理陈彩霞在海信从事了多年的人力资源工作，据她介绍，海信的职衔制度根据管理职位和技术职位做区分，每位员工将同时拥有一个"职位"和一个"职衔"，也意味着每位员工同时拥有了"行政"和"专业"晋升的双通道，不再只有"行政"晋升的"独木桥"。这一变革在保证激励和待遇的公平性同时，也为大幅减少管理层级和管理边界的组织变革奠定了基础。

此前，集团内仅在技术研发序列实施了"双通道"晋升机制，且在这一领域的专家通道设计和实施也不彻底，在技术研发序列之外，没有专家通道。

此次职位职衔制，将双通道机制在研发领域由目前的仅设置到"专家"层级，向纵深打通，向上设置了高级专家及不同等级的资深专家，同时，将专家通道覆盖至全集团各序列员工。目的之一是解决原来单一晋升通道带来的留住人才的瓶颈和弱化专业积累的问题，鼓励员工在岗位专业上专注积累和提升价值，专业价值好一样可以获得晋升，进而导向提升员工队伍整体专业能力和水平，达到员工和企业双赢。

"好处是什么呢？就是建立了两个发展的通道，你可以走你专业路线，比如你做人力资源或财务，不一定非得当人力资源部经理或是财务部部长，你可以在你的专业方面成为专家。举例说，假如我是一个人力资源专家，我的特长是做薪酬或做绩效考评，在这方面全集团没人能跟我比，这样即使不做管理层，也有可能跟人力资部部长拿到一样的薪酬。"这种职衔评定的范围甚至包括集团领导。

同时，职衔评定避免了论资排辈的情况。工作了20年的中层干部，薪酬加奖励不一定比两三年工龄的年轻员工高，这种情况在海信已经切切实实地出现了。这是海信的激励政策，优厚对待更有能力、更愿意为企业付出的员工，无论年龄。这种考评每年一次，有人升职亦有人降职。

"人力资源工作对于任何企业来说都是非常重要的，尤其是在海信这样向国际化发展、不断扩张的企业。企业不断发展壮大，对人才的需求也就会越来越高。"如今令陈彩霞感到焦虑的问题也来源于此——海信的国际化步伐加快，但建立国际化的人才梯队却没有跟上企业的步伐。

海信从提出国际化战略开始，便已经开始做国际化的人才储备，比如重视语言技能；在海信学院里开设语言课程，针对不同层次的干部做外派培训计划。但人才永远是不够用的，这是每个成长中的企业都要面对的焦虑。

结论 "无人区"中的赶路人

一群人正义无反顾地走出舒适区、走进无人区。他们并非不喜欢安适，只是他们清楚，中国需要有人探索无人区，需要有人在无人区建立新的游戏规则，需要用技术改变人们对中国的认知。

海信想做，并且正在做这样的事情。

结论 "无人区"中的赶路人

1923年，戴维·萨尔诺夫写了一份备忘录。他预测了电视的光辉未来："电视是一个技术名称，指人们用无线电来看而不是听。"

索贝尔·西西里亚在《企业家》中写道：

> 他默想着观众将有可能在当时就看到和听到发生在全球各地的事情，也想到了电视同电影的联系。"我还相信，用无线电收发影片将会在下一个10年里研制成功。结果将是由无线电如实地把时事和有趣的戏剧演出通过适当的传输设备广播出去，在私人家庭或大会堂里接收下来，使原来的图像再现在屏幕上，就像现在的电影一样。"

萨尔诺夫的预言最终都变成了现实，"这显示了他作为一个发明家和大企业战略家的高超才能"。

"戴维·萨尔诺夫一生的经历说明，一位强有力的、活力充沛的工商业者如何能够创立一种产业——在他的情况下是创立了不止一种产业。"

戴维·萨尔诺夫是一位典型的企业家，也是一位充满战略远见的探索者——在他手中，诞生了世界上第一台彩色电视机。

"他们想象着以一种新的方式把已存在的或潜在的因素结合起来，使机会成为现实；他们甘愿冒风险并竭尽全力去实现这一理想。"

在人类文明的漫漫长路中,他们是走在最前面的人。他们的前方是充满风险的未知,没有向导与指路牌,风险与机遇并存。他们行走在无人区,勇敢而坚定。他们相信,这是他们的使命,也是他们的幸福。

任正非正带领着华为的工程师在无人区奔走。他曾说:"重大创新是无人区的生存法则,没有理论突破,没有技术突破,没有大量的技术积累,是不可能产生爆发性创新的。华为正在本行业逐步攻入无人区,处在无人领航、无既定规则、无人跟随的困境。华为跟着人跑的'机会主义'高速度,会逐步慢下来,创立引导理论的责任已经到来。"

在青岛,周厚健也在带领着海信的赶路人奔走在无人区。

海信已经经过了 50 年,这 50 年的历史,以 1994 年为中继,前一半属于"青岛",后一半属于"海信",属于"世界"。前半段历史当中,海信探索的是生存,后半段历史当中,海信探索的是未来。

1994 年,确切的"海信"诞生,工程师出身的周厚健为海信确立了诚信与技术并行的根本。诚信是红线,容不得任何挑战,凡越红线者,"斩立决"。技术是追求,是海信孜孜以求的梦。

25 年来,海信在光通信、激光电视、画质芯片上的技术突破,以及体现在产品上的创新,已使其在全球电子信息产业拥有了不可撼动的地位。

周厚健未雨绸缪,在中美贸易战爆发之前很多年,就收购了日本与美国的芯片公司,为海信提供了"芯"的支撑。这不是心血来潮的偶然之作,而是深谋远略的战略远见。

周厚健知道,海信要走得长远,就必须在技术上找到突破口。在电视领域,激光电视就是最好的突破。电视的未来确切无疑是"大屏",但是"大屏"受制于面板厂商和面板尺寸与成本,而激光电视则可以打破这些桎梏。

对于周厚健来说,选择激光电视,既是主动进攻的选项,也是被动防御的动作——海信没有自己的面板，如果海信有自己的面板产业，周厚健还会用激光电视自己颠覆自己吗？

会的。

海信的历史上，周厚健已经很多次自己颠覆了自己。每一次颠覆，他付出的是勇气，得到的是海信的自我更新。

周厚健能够保持对技术的敏感，缘于他对业务的认知。中国家电业的巨头当中，只有周厚健还活跃在技术一线。他曾经说过，他是激光电视的产品经理。在这个产品经理的带领下，海信的激光电视，如今在大尺寸电视机市场上一骑绝尘。

在智能交通领域，在光通信领域，在画质芯片领域……在无数个人们从未想到海信会进入并赢得未来的领域，海信进入了，并且赢了。

甚至在互联网平台领域，海信都建立了其在整个中国不可撼动的地位。海信的"聚好看"，因其软件与硬件的协同，使其迅速拥有了千万级的用户，并且实现了赢利。对于一家视频网站来说，这是多么不可思议的事，但是聚好看却用很短的时间做到了。

对于海信来说，当它成为若干个领域的领导者之后，它将变得极度孤独。前方便是无人区，没有向导和路牌，甚至没有任何光亮，只有周厚健带着那些赶路人深一脚浅一脚地往前走。

这是一幅壮阔的画面。它就像是一场长征。一群人义无反顾地走出舒适区、走进无人区。他们并非不喜欢安适，只是他们清楚，中国需要有人探索无人区，需要有人在无人区建立新的游戏规则，需要用技术改变人们对中国的认知。

海信想做，并且正在做这样的事情。

列奥纳多·达·芬奇说："有人能看到，有人在别人指给他时才看到，有人根本看不到。"

尤利乌斯·凯撒在泽拉战役中打败本都国王法尔纳克二世之后给罗马元老院写了份捷报:"我来了,我看到,我征服。"

我们相信,这就是海信要去看到与征服的未来。

这样的未来,值得他们去砥砺前行,再奋斗上 50 年。

我们愿意在无人区边上为他们呐喊、助威和鼓掌。

附录

50，海信仍少年

周厚健在海信集团 50 周年晚会上的演讲

（2019 年 10 月 12 日）

海信 50 年庆典，海信集团董事长周厚健致辞

亲爱的海信员工们、家属朋友们：

大家晚上好！今天，我们在此相聚，庆祝海信成立50周年，并为本次当选的功勋人物和卓越贡献奖获得者颁奖。50年，对于立下"建百年海信"愿景的全体海信人来说，无疑是一个重要的时间节点。不过，在今天这个值得庆贺的日子，我们不做具体的叙事、不唱赞歌。今天，就是海信每隔5年必须要有的家人的团聚，亲人的相许。感谢在座的员工以及员工家属们，感谢全球通过直播平台收看晚会的同事们，感谢参会的老领导、老前辈、老员工们。今天历届功勋人物也都专程赶到现场，大家济济一堂，谈笑风生，无拘无束，意气风发，恣意高歌！这，正是我们心目中家人相聚最美好的样子！恰如我们今天的主题：50，仍少年。希望大家永葆青春、永远年轻！海信亦然！

岁月不居，时节如流。1969年的秋天，"国营青岛无线电二厂"正式成立，开启了白手起家的海信奋斗之路。在那个连厂房和办公桌都只能靠借的艰苦年代，第一代海信人以"革命加拼命"的精神，生产出了第一台收音机，组装出山东省第一台黑白电视机。之后，在改革开放初始，海信的前任老领导高瞻远瞩，在当时远离市区仍然算是农村的湛山脚下的一片田野中，建起了厂房和生产线，让海信真正有了一块属于自己的"立足之地"；随后又正确决策引进了世界先进的产品和生产设备、技术，让海信见识到也学习到了什么是先进的产品、制造以及管理；在90年代初，社会上"造原子弹不如卖茶叶蛋"论调最盛行的时期，海信逆其而行，设立了技术和人才特区，由此建立了海信新的研发人员工资体系；在计划经济和市场经济交替的珍贵窗口期，海信放开手脚，以产权为纽带，低成本扩张规模；打破论资排辈，论功行赏，公平激励机制；按照市场规律学管理、抓经营，倡导技术立企的理念。把别人的犹豫变成了自己的机遇……黑格尔说，历史不是杂乱无章的偶然事件的简单堆砌，而是有其内在的发展逻辑。上述这些变革与发展正是符合了企业和市场的内在逻辑，所以它是必然而不是偶然。感谢这些时代背景下的先行者们，大胆和决绝背后，正是海信人不服输、不畏惧、不投机的本色，这也是海信之所以成为今日之海信的气质本源！

岁月作证，青春为歌。50年来，一代又一代的海信人，前赴后继，始终保持勤奋和拼搏的激情，毫无保留地把自己的青春、汗水、泪水甚至是健康，一点一滴汇入了海信的大江大河。我们记得办公室、实验室那一盏盏亮到天明的灯光，我们记得车间里、售场中、路途上海信人额头滚动的汗水和和面对客户时的真诚笑脸。我们不会忘记，海信不会忘记，时代不会忘记！兴家如同针挑土，辛酸甘苦我自知！感谢过去50年为海信发展拼搏奉献的员工们！今天，是你们创造了历史；明天，我们还将携手并肩，共创新的未来！

岁月不语，自有答案。50年来，海信不乏大胆的想象和义无反顾的行动。原来，电视可以这么好，智能技术可以这么强；原来，世界舞台那么大，海信应该去看看；原来，技术没有止境，先进技术也并非专属，我们也能引领世界！感谢为梦想坚守并努力的海信人，念念不忘、必有回应：今天的海信，在商用多联机、智能交通、光通信等产品或领域做到了中国乃至全球第一；今天的海信，不仅保持着多年中国电视占有率第一，还有工信部授予的单项制造冠军和山东省首批互联网独角兽公司；今天的海信，虽是从消费电子和家电产业起步，却稳步迈向了高科技产业，并不断积蓄着技术能量。我们在产业结构调整和升级上用了漫长的10年、20年证明：只有持续经营战略，才能带来长期繁荣，才能孕育出厚积薄发的力量！

今天，有太多要感谢的人和事；今天，有太多值得纪念和回望的阳光和风雨。海信的每一代人都不能忘记，今天的海信是沿着前人铺就的人梯走到如今的高位，要饮水思源。前事不忘，后事之师。我们也要甘做后人的人梯，坚持持续经营理念，摒弃短视，绝不投机；海信的每一代人都不能忘记，是亿万用户成就了海信，我们要永远把他们的利益放在第一；海信的每一代人都不能忘记，海信的发展有赖于客户的不离不弃，我们要达成生死相依的命运共同体。

历史，选择了海信。有大时代的成全，有中华民族崛起的同频共振，有些许的运气和偶然，但关键是海信50年不改的初心和坚持，团队的风清气正和昂扬斗志！50年来，海信一心一意踏踏实实做好每件事。企业慢了，不怕；企业快了，不骄。因为我们坚守：质量，是海信的生命；人才，是海信的底气；诚信，是写进海信名字里的承诺；技术，是海信最坚实的护城河！

今天，站在前人为我们奠定的坚实根基上，面对瞬息万变的全球市场和社会变革的洗礼，面对无处不在的压力、冲击、诱惑和陷阱，我们将以"建百年海信，成为全球最值得信赖的品牌"为愿景，以"诚实正直、务实创新、用户至上、永续经营"为价值观，去拥抱世界，感恩用户。今年，海信的海外收入占比已接近40%，发展大头在海外的海信，正从黄海之滨快速驶向广阔大洋，开启一个属于海信的波澜壮阔的大航海时代！

雄关漫道真如铁，百年海信从头越。在中国，百年企业屈指可数。纵观全球，我们却看到，日本百年企业超过35 000家，千年企业有7家，我们熟知的花王、卫浴品牌TOTO等，直到今天依然充满活力；我们看到，德国处处是百年老店和数以千计的"隐形冠军"，用专注和永不盲从应对外界的变化。它们共同的特点是精益求精、执着专注的工匠精神，是看似没有日行千里的扩张但始终积累着世代相传的后劲。从这一点看，50年，海信依然是少年。行百里者半九十，"建百年海信"，就应该胸怀强烈而持久的愿望，倾注全部的感情，长期、持续经营下去。

　　海信员工们！海信是一个企业，更是一项事业，需要千千万万的海信人、世世代代去成就。回看过去，一代又一代海信人，已经把成就和光荣写在了时间的深处；展望未来，一代又一代海信人，一定会在新的画卷中绘就新的历史和奇迹！

　　让我们为海信加油！

　　让我们为海信人喝彩！

　　让我们为海信的明天奔跑起来！

　　谢谢大家！

"中国道路"丛书

学　术	《解放生命》	智库报告	《新模式：走向共享共治的多元治理》
	《谁是农民》		《新征程：迈向现代化的国家治理》
	《香港社会的民主与管治》		《新动能：再造国家治理能力》
	《香港社会的政制改革》		《全面依法治国新战略》
	《香港人的政治心态》		
	《币缘论》	企业史	《与改革开放同行》
	《如何认识当代中国》		《黎明与宝钢之路》
	《俄罗斯之路30年》		**《海信史（2003—2019）》**
	《大国新路》		
	《论企业形象》	企业经营	《寻路征途》
	《能源资本论》		《中信创造力》
译　丛	《西方如何"营销"民主》	专　访	《中国道路与中国学派》
	《走向繁荣的新长征》		《21世纪的中国与非洲》
	《国家发展进程中的国企角色》	人　物	《重读毛泽东，从1893到1949》
	《美国社会经济五个基本问题》	政　治	《创新中国集体领导体制》
	《资本与共谋》	战　略	《国家创新战略与企业家精神》
	《国家发展动力》	金　融	《新时代下的中国金融使命》
智库报告	《新时代：中国道路的延伸与使命》	管　理	《中国与西方的管理学比较》
	《新开局：中国制度的变革与巩固》		
	《新常态：全面深化改革的战略布局》		